JN298191

信用金庫のアイデンティティと
役　　割

滝　川　好　夫　著

千　倉　書　房

はしがき

　国際連合は，2009年12月の総会で，国際年の共通テーマとして「協同組合」を選び，2012年を「国際協同組合年（International Year of Co-operatives：IYC）」とすることを宣言し，それを受けた日本の「2012国際協同組合年全国実行委員会」は「これは，協同組合がもたらす社会経済的発展への貢献が国際的に認められた証で，特に協同組合が貧困削減・仕事の創出・社会的統合に果たす役割が着目されています。」と述べている。私は，国際協同組合年に『大学生協のアイデンティティと役割―協同組合精神が日本を救う―』（日本経済評論社）を刊行し，その中で，「本書は金融経済学者としての懺悔の書，転換の書，決意表明の書」という小見出しのもとで，「私が金融経済論を学び始めたのは山崎豊子の小説『華麗なる一族』（1970年 3 月から1972年10月までの，神戸銀行をモデルにした連載小説）の時代であり，そこでは金融が実体経済の原動力であり，金融のダイナミズムがとても好きであった。しかし，神戸大学経済学部で金融経済論を教え始めるようになってからは，金融は批判の対象になるばかりで，日本経済がどんどん衰退していく中での市場の暴走を目にしたときに，それは金融の暴走であり，金融の混乱が実物経済を駄目にしてしまったのではないかという自責の念ばかりである。私はすっかり金融嫌いになってしまったが，金融経済学者としての懺悔の念をいだきながら，『なんとかして日本経済を再生しなくてはならない』という前向きの気持ちにならせてくれたのが『協同組合精神』であり，自助，公助のいずれでもない第 3 の道の担い手になって欲しい協同組合主義であった。」（p. 149）と述べた。付言するならば，私が好きであった金融は「実物（雇用量・生産量）のための金融」であったが，「金融の現在の実業・学界は私にとっては金融のための金融に化したように思える」と言いたい。

　ICA（International Co-operative Alliance：国際協同組合同盟）は，1995年 9月23日のマンチェスター全体総会において，「協同組合のアイデンティティに

関する声明（The International Co-operative Alliance Statement on the Co-operative Identity)」を採択し，それは「協同組合のアイデンティティに関するICA声明」（以下，「1995年ICA声明」と略称）と呼ばれている。1995年ICA声明は現在の協同組合原則であり，それは「協同組合とは何かの定義」，「協同組合の価値観と組合員の信条」，「協同組合の7つの原則」の3つからなっている。拙著『大学生協のアイデンティティと役割―協同組合精神が日本を救う―』はICAの「協同組合のアイデンティティに関する声明」を意識しての書名であり，本書は金融経済の学術書ではあるが，自助，公助のいずれでもない第3の道の担い手である協同組織金融機関に日本の金融経済を再生してもらいたいという願いから敢えて経済専門書らしくない『信用金庫のアイデンティティと役割』という書名にした。

したがって，本書は，単なる経済専門書ではなく，私の経済価値観・経済ビジョンを裏付けとして，信用金庫のアイデンティティと役割に関する歴史・理論・実証の総合的分析を行った研究書であると明言したい。すなわち，第1に，金融経済学者としての懺悔の念をいだきながら，「なんとかして日本経済を再生しなくてはならない」という前向きの気持ちにならせてくれたのが協同組合精神であり，協同組織金融機関について研究したいと思っていたことから，第2に，信用金庫についての先行研究が信用金庫の一般金融機関性のみを分析していることに不満であったことが私のチャレンジ精神を刺激したことから，第3に，日本経済の復活には地域経済の再生が重要であり，信用金庫は地域経済の活性化・個性化に役立つという金融経済学者としての目利きから，第4に，神戸大学大学院経済学研究科社会人コースの滝川ゼミナール生のうち，新田町尚人，須戸裕治，井上貴文の3氏が信用金庫についての博士論文を作成していることによる刺激が私のモティベーションを高めたことから，信用金庫についての研究書をまとめたいと思うようになった。

本書の経済学術書としての独自の貢献は以下の3点にまとめられる。

(1) 金融と実物の1対1の対応

　地域金融機関に関する従来の研究では，例えば大阪府，兵庫県，和歌山県などで営業している池田泉州銀行（本店は大阪市）について言えば，池田泉州銀行の貸出全体と大阪府内総生産でもって，金融と実物の1対1の対応をとらえている。しかし，これは正確な対応ではない。本書では，信用金庫の定款にある地区（事業地区）に記されている市区町村を1つ1つ取り上げ，各市区町村の実物変数（面積，人口，高齢者人口，課税対象所得など）を合計する形で，地区の実物経済を計算している。このようにすれば，事業地区限定の信用金庫の金融と実物の1対1の対応を正確に把握できる。金融経済論の普遍の課題の1つは金融と実物のかかわりあいを明らかにすることであるが，従来の諸研究では金融と実物の1対1の対応を正確にはとらえられていなかったように思える。本書は信用金庫の地区限定性を研究課題に活かし，金融と実物の1対1の正確な対応を明らかにしている。

(2) 「信用金庫らしさ」とは何か

　全国信用金庫協会のホームページ（「信用金庫とは」）には，信用金庫と銀行・信用組合の違いについて「信用金庫は，地域の方々が利用者・会員となって互いに地域の繁栄を図る相互扶助を目的とした協同組織の金融機関で，主な取引先は中小企業や個人です。」，信用金庫のビジョンとして「信用金庫は，中小企業や地域住民のための協同組織による地域金融機関です。」が記されている。この文面からは，「信用金庫らしさ」のキーワードは「協同組合性」，「地域金融機関性」，「中小企業金融機関性」の3つであるように思われ，この種の解釈を信用金庫の経営陣に聞くと，「私たちも協同組合性，地域金融機関性，中小企業金融機関性の3つを信用金庫の特徴として理解しているが，ではそれらを何によって測り，自らの信用金庫が協同組合性，地域金融機関性，中小企業金融機関性といった3つの特徴をどの程度有し，したがって『信用金庫らしさ』がどの程度あるのかは考えたことがない」との回答が返ってきた。本書は協同組合性，地域金融機関性，中小企業金融機関性といった3つの行動特性を

どのように測ればよいのか，そのうえで各信用金庫がこれら3つの行動特性をどの程度有し，したがって「信用金庫らしさ」をどの程度持っているのかを主成分分析を用いて実証的に明らかにしている。

(3) 信用金庫の理念と実際

　諸先行研究は地域金融機関として地方銀行，第二地方銀行，信用金庫，信用組合を取り上げ，それらをさほど区別することなく地域金融機関・中小企業金融機関として一括して分析している。しかし，地方銀行と第二地方銀行は株式会社組織，信用金庫と信用組合は協同組合組織であって，地方銀行・第二地方銀行と信用金庫・信用組合は異種である。一方で第二地方銀行は株式会社組織の形態をとりながら，旧相互銀行として相互扶助性を有し，他方で信用金庫は協同組合組織の形態をとってはいるが，ますます一般金融機関化（銀行化）しているといった具合に状況は複雑であるが，本書は従来の研究では明示的に取り上げられてこなかった協同組合性を全面的に検討し，制度上協同組織金融機関として位置づけられている信用金庫の理念と実際を明らかにしている。

　本書は，金融経済論・金融機構論を研究・教育している者の1つの，ささやかな果実であり，今回も故矢尾次郎先生のご厚恩に十分お応えできるものでないことを恥じ入るが，協同組合精神「一人は万人のために，万人は一人のために」でもって日本人および日本の金融経済を再生しようではないかという，真摯な呼びかけのために書き始めた中の1冊である。本書を完成させるにあたって，神戸大学大学院経済学研究科社会人コースの滝川ゼミナール生である新田町尚人氏の緻密な実証研究作業，須戸裕治氏の摂津水都信用金庫常務理事としての実務的識見からのご教示がたいへん役立ったことをここに記して謝意を表したい。両氏からの研究補助がなければ，本書は完成しなかったと思う。また，神戸大学大学院経済学研究科研究助成掛の岩本　恵さんには図表の整理・分類の協力をいただいた。ここに記して謝意を表したい。千倉書房の関口　聡氏には私の願望と本書の企図を理解していただき，出版の機会を得られたことを，

ここに記して感謝の意を表する。本書の刊行には神戸大学六甲台基金の出版助成金をいただいている。衷心より謝意を表したい。

 2013年7月25日（三回目の二十歳の日）

滝川　好夫

目　　次

はしがき
第1章　協同組織金融機関のアイデンティティと役割 ……………1
　　　　――協同組合原則――
　1　内務省の信用組合法案 vs. 農商務省の産業組合法案： ………………2
　　　協同組合立法の嚆矢
　2　協同組合の整理分類と存立条件……………………………………………5
　3　組織形態としての協同組合の位置付けと性質……………………………10
　4　1995年「協同組合のアイデンティティに関するICA声明」……13

第2章　信用金庫のアイデンティティと役割 ……………………23
　　　　――信用金庫法と定款――
　1　信用金庫法 …………………………………………………………………23
　2　信用金庫の定款 ……………………………………………………………32
　3　信用金庫のアイデンティティ：4W1H …………………………………38
　4　信用金庫のガバナンス ……………………………………………………45
　　4-1　信用金庫の組織とガバナンス ………………………………………46
　　4-2　信用金庫の決算開示とガバナンス …………………………………48
　5　信用金庫の連合会：信金中央金庫 ………………………………………49

第3章　信用金庫の存在意義と役割 ………………………………53
　　　　――金融制度調査会・金融審議会――
　1　「協同組織形態の金融機関のあり方について」：1989年5月 ……54
　2　「新しい金融制度について（中間報告）」：1989年5月 ……………57

2　目　次

　　3　「協同組織金融機関の業務及び組織のあり方について」：……… 58
　　　　1990年5月
　　4　「地域金融のあり方について（中間報告）」：1990年6月 ……… 60
　　5　「新しい金融制度について（調査会答申）」：1991年6月 ……… 62
　　6　「地域密着型金融の取組みについての評価と今後の対応に ……… 62
　　　　ついて」：2007年4月
　　7　「規制改革推進のための3か年計画」：2007年6月 ……………… 65
　　8　「中間論点整理報告書（協同組織金融機関のあり方に関する ……… 67
　　　　ワーキング・グループ）」：2009年6月
　　9　「我が国金融業の中長期的な在り方（素案）」：2012年3月 ……… 69

第4章　協同組合金融の効率性 ………………………………………… 73
　　　　──借入者志向 vs. 預金者志向──
　　1　金融仲介機関の経済的特質：普通銀行 vs. 協同組織金融機関 … 74
　　2　協同組織金融機関のモデル ……………………………………… 78
　　3　協同組織金融機関の金利設定と余剰： ………………………… 82
　　　　借入者志向 vs. 預金者志向
　　4　借入者志向と金融仲介の効率性：C, j ………………………… 84
　　5　預金者志向と金融仲介の効率性：A, i ………………………… 85
　　6　借入・預金選好の加重平均志向と金融仲介の効率性：B ……… 86

第5章　信用金庫の特性と事業パフォーマンス …………………… 89
　　1　信用金庫の所在地別・規模別特性：信用金庫による選択 ……… 90
　　2　信用金庫の地域別特性：信用金庫による選択 ………………… 98
　　3　信用金庫の所在地別・規模別事業パフォーマンス： …………… 102
　　　　信用金庫による選択の成果
　　4　信用金庫の地域別事業パフォーマンス：

信用金庫による選択の成果 ……………………………………108
　5　信用金庫の位置：信用金庫 vs. 他の地域金融機関 ……………112
　付表 5-1　信用金庫の主なる特性：全体，大都市圏 vs. 大都市圏以外， ……118
　　　　　　規模別，地域別

第6章　信用金庫事業の総合的指標 ……………………………………125
　　　　　──主成分分析──
　1　信用金庫の規模：預金積金と貸出金 …………………………126
　2　信用金庫の健全性：自己資本比率と不良債権比率 …………130
　3　信用金庫の収益性 ………………………………………………131
　　3-1　総資産経常利益率と経常収益経常利益率 ………………131
　　3-2　総資産経常利益率と純資産当期利益率 …………………132
　4　信用金庫の効率性・経費効率性 ………………………………132
　　4-1　効率性：常勤役職員1人当たり業務純益と1店舗当たり業務純益 …132
　　4-2　経費効率性：人件費率と物件費率 ………………………133
　5　信用金庫の生産性 ………………………………………………134
　　5-1　常勤役職員1人当たり預金残高と1店舗当たり預金残高 ………134
　　5-2　常勤役職員1人当たり貸出金残高と1店舗当たり貸出金残高………134

第7章　信用金庫の行動特性 ……………………………………………139
　　　　　──所在地別，地域別，規模別──
　1　協同組合組織性の総合的指標：主成分分析 …………………139
　2　地域金融機関性の総合的指標：主成分分析 …………………143
　3　中小企業金融機関性の総合的指標：主成分分析 ……………144
　4　リレーションシップ・バンキング性の総合的指標：主成分分析…148
　5　信用金庫のリスクテーキング度 ………………………………151
　6　「信用金庫らしさ」の指標：主成分分析 ………………………152
　付表 7-1　信用金庫の行動特性 ……………………………………155

付表7-2　信用金庫の行動特性のランキング ……………………………158

第8章　地域金融機関としての信用金庫 ……………169
1　地域金融の定義 ……………170
2　信用金庫の「地区」設定 ……………174
   2-1　信用金庫はなぜ地区を設定しているのか：法制定の歴史 …………175
   2-2　なぜ地区を定めるのか：文献サーベイ ……………176
3　信用金庫の地区の意義と地域集中リスク ……………181
   3-1　信用金庫の地区の意義 ……………181
   3-2　地域集中リスクへの信用金庫の対応 ……………184
4　信用金庫の地域金融機関らしさ：預貸率 ……………186
5　信用金庫貸出金の地区経済への影響 ……………187
6　金融市場における競争の激しさと信用金庫 ……………188
   6-1　信用金庫をめぐる市場競争環境：ハーフィンダール指数 ……………188
   6-2　市場競争環境における信用金庫：H統計量 ……………191
補論　信用金庫の互助性（非営利性）……………195

第9章　中小企業金融機関としての信用金庫 ……………199
1　中小企業金融の特徴 ……………199
   1-1　中小企業金融の特徴：『中小企業白書』……………199
   1-2　中小企業の資金調達の困難性 ……………201
2　中小企業専門金融機関としての信用金庫の存在意義 ……………203
3　信用金庫のリレーションシップ・バンキング ……………204
4　信用金庫のリスク管理：尼崎信用金庫 ……………215
5　信用金庫貸出と「担保 vs. 保証」……………219
補論　信用保証に関する先行研究のサーベイ ……………223

第10章 信用金庫の貸出金利決定 ……………………………229
1 金融仲介機関の経営目標と貸出条件： ……………………………229
　普通銀行 vs. 協同組織金融機関
2 中小企業の資金調達条件：『中小企業白書』……………………233
3 貸出金利決定についての文献サーベイ …………………………235
4 貸出金利設定の理論と実際 ………………………………………237
　4-1 貸出金利設定の理論 ……………………………………238
　4-2 貸出金利設定の実際 ……………………………………240
5 貸出金利設定の実証分析 …………………………………………244
　5-1 貸出金利設定の特徴：所在地別, 地域別, 規模別 ……245
　5-2 貸出金利設定の実際と実証分析…………………………246
　5-3 信用金庫の特性と貸出金利設定…………………………248

補章 『尼崎信用金庫70年史』に見る信用金庫の特質 …………255
1 信用組合の時代：1921年〜1951年 ………………………………255
　1-1 有限責任尼崎信用組合の創立 …………………………255
　1-2 有限責任尼崎信用組合の営業 …………………………257
2 尼崎信用金庫の時代：1951年〜……………………………………259
3 信用組合の誕生 ……………………………………………………263
4 信用組合から信用金庫へ …………………………………………265

参考文献 …………………………………………………………………275
索　　引 …………………………………………………………………283

第1章　協同組織金融機関のアイデンティティと役割
──協同組合原則──

　村本［2010］は，協同組織金融機関を理論的に理解するアプローチとして，協同組合論と経済学的アプローチの2つの代替的アプローチがあり，協同組織金融機関の特性（組織内の相互扶助性（非営利），メンバー制，限定された地域での事業展開）をどのようにとらえるかによって，協同組織金融機関を理解するための3つの経済学的アプローチ（内部補助の理論・保険の理論，公共経済学におけるクラブ財，密度の経済性の理論・ネットワーク経済性の理論）があると論じている[1]。しかし，協同組織金融機関は cool head で行う事業と warm heart で行う運動の二面性を有し，信用金庫は協同組合性と一般金融機関性の二面を有しているので，協同組合論と経済学的アプローチを代替アプローチではなく，補完アプローチと認識すべきである。協同組織金融機関の特性として村本が挙げている3つを and ではなく or として，協同組織金融機関の1つの特性を理解するために1つの経済学的アプローチがあるとするのはミスリーディングである。協同組織金融機関の3つの特性はワンセットであり，3つの経済学的アプローチを総合して信用金庫を分析しなければならない。本書では，協同組合組織性，地域金融機関性，中小企業金融機関性といった3つの行動特性をワンセットでとらえ，協同組合論と経済学的アプローチの両方を用いて，信用金庫を分析している。
　1995年「協同組合のアイデンティティに関する ICA 声明」（以下，「1995年 ICA 声明」と略称）はすべての国・地域の，あらゆる形態の協同組合に関するものであるので，日本の，信用金庫を規定している「信用金庫法」と齟齬があっても不思議ではない。信用金庫の実際の事業・運動は，一方で1995年 ICA 声明といった協同組合原則を守り，他方で信用金庫法を遵守しようとするので，いくつかの矛盾が顕現化してくる。私は，1995年 ICA 声明，信用金庫法，信

用金庫の定款の3つを理解してはじめて，信用金庫の実際の事業・運動の意味を正しくとらえることができると思っている。本章では，信用金庫の実際の活動（事業と運動）を正しく理解するために，協同組合の原則を取り上げる[(2)]。

1 内務省の信用組合法案 vs. 農商務省の産業組合法案：協同組合立法の嚆矢

日本の協同組合の法制上の元祖は「信用組合」・「産業組合」である。「信用組合法案」が1891年（明治24年）12月1日，第2帝国議会（貴族院）において，品川弥二郎・内務大臣，陸奥宗光・農商務大臣，平田東助・法制局部長によって，「産業組合法案」が1897年（明治30年）2月18日，第10帝国議会（貴族院）において，榎本武揚・農商務大臣，樺山資紀・内務大臣によってそれぞれ上程された。

日本における協同組合立法の嚆矢は，信用組合法案の第2帝国議会貴族院上程であるが，信用組合法案は審議未了で不成立に終わった。農商務省の官僚は，信用組合法案は都市の中小商工業者に適用するシュルツェ（ヘルマン・シュルツェ・デーリッチ）式の信用組合であり，農民を対象にするのであれば，むしろドイツの農村において発達をとげたライファイゼン（フリードリッヒ・ライファイゼン）式の信用組合であるべきであると論じた[(3)]。協同組合に関する立法準備は，信用組合法案を批判した農商務省の官僚の手に移り，「（第1次）産業組合法案」が第10帝国議会貴族院の審議にかけられた。同法案は，第14帝国議会衆議院における審議で1900年（明治33年）2月17日修正可決され，衆議院修正議決（「産業組合法案」）は同月22日貴族院で可決成立したが，修正ポイントは次の3点である。

① 産業組合には所得税・営業税を課さないと修正された。修正議論の中で興味深いのは，第1に，産業組合が一般公衆に対しても営業を行うのであれば所得税を課さなければならないが，組合員の便宜の範囲内で事業を行うのであれば，所得税を課さなくてもよいというものである。第2に，政府は産業

組合をさほど保護しないので，課税を免除するくらいの保護を与えても当然であるというものである[4]。
② 修正法案の第1条は，産業組合（協同組合）の種類として，信用組合，販売組合，購買組合，生産組合の4つを挙げている。（第1次）産業組合法案における製産組合と使用組合は一括されて生産組合になった。
③ 修正法案の第1条の3項で，購買事業の中に「生計＝必要ナル物」として，生産に必要な原料品の共同購入のほかに，消費にかかる購買事業が認められた。

品川弥二郎・内務大臣の信用組合法案提出の要旨説明は次のとおりである。「今日立法上又は行政上に於きまして自由交通の新経済社会に適当すべき組織を起しまして実体上の進歩と法律制度の進歩と並進む様にすることが誠に必要（中略）地方経済を維持し又其改良進歩を計ることが最も今日の急務であらうと存じまする，（中略）全国の国民中十中の七八は小地主即ち小農又小商人又小さい職工（中略）此要部なる中産以下の人民は次第に其生産力の衰へます傾きがございまして（中略）信用組合法案（中略）は即ち此中産以下の人民のために金融の便を開いて低利に資本を使用することを得せしめ兼て勤倹自助の精神を興し以て地方の実力を養成せんとする目的でございます，」品川内務大臣の信用組合法案提出の要旨説明からは，次の4点が分かる。
① 信用組合は行政機関の一つと位置付けられ，信用組合は組合員の自主的協同にもとづいて組織されたものではなく，官僚主導のもとで形成されたものである。
② 信用組合は地方経済の活性化策として組織されたものである。
③ 信用組合は弱い立場にある供給者（生産者）のために組織されたものである。
④ 信用組合は「勤倹自助の精神」を興すために組織されたものである。

榎本武揚・農商務大臣は産業組合法案提出の要旨について「産業は国家経済の根源でありまするから，従て其盛衰は国運の消長に大関係があります（中略）目下我邦産業社会の有様を見渡しまするに或る一部の工業を除く外は大抵

皆中等以下に位する人民の製産に係るものでありまして（中略）是等の中等以下の産業者は概ね皆資産に乏しく（中略）先づ第一に彼等の金融を円滑ならしめ更に進んで勤倹貯蓄の便利を与え又営業上の費用を節しまして其産物を成るべく画一整頓ならしむることを奨励致させませねばなりませぬ，（中略）勧業農工両銀行の如きも（中略）其利潤の及ぶ区域と申すものは恐らくは大資産家に止まりまして中等以下の産業者には普及致さぬ憾がありまする，（中略）中等以下の産業者間に信用組合を設けますると共に，共同購買，共同販売，共同製造及び共同使用此四種の組合を設けまして（中略）相互に連絡を致して大に其各自の業を改良発達を得せしめんがために」と説明している。榎本農商務大臣の産業組合法案提出の要旨説明および第14帝国議会衆議院における修正審議からは，次の6点が分かる。

① 産業組合は産業政策の一環として組織されたものであるが，政府は産業組合をさほど保護しない。
② 産業組合は弱い立場にある産業者（生産者）のために組織されたものである。
③ 産業組合は金融（資金調達と資金運用）の円滑化，営業費用の節約，生産物の画一化のために組織されたものである。
④ 産業組合は産業者（生産者）間で金融，共同購買，共同販売，共同製造および共同使用を行うために組織されたものである。
⑤ 産業組合は組合員の便宜の範囲内で事業を行うものである。
⑥ 購買組合は産業者（生産者）のみならず，消費者のための共同購買も行うために組織されたものである。

　信用組合法案と産業組合法案はともに，協同組合（信用組合・産業組合）の区域（事業地区）を1市町村以上にわたることを不可としている。区域を1市町村以上にわたることを不可とする理由として，政府委員は「互いの対人の信用，相互の信用が能く密着して居る所の人の利便を計るというのが目的で（中略）なるべく一市町村以上に亘らせぬ方針」と説明している。

　「産業組合法」は，協同組合を規定した画期的な法律として，1900年（明治

33年）3月7日公布，同年9月1日施行された。本書は，信用組合，販売組合，購買組合，生産組合（製産組合・使用組合）のうちの信用組合（現在の協同組織金融機関）のみを取り上げているが，現在の協同組織金融機関の設立目的はもともとは「地方経済の活性化」，「弱い立場にある供給者（中小零細企業）のためのもの」，「勤倹自助の精神を興すためのもの」，「産業政策の一環」，「産業者（生産者）間の金融の円滑化」，「組合員の便宜のためのもの」であった[5]。

2　協同組合の整理分類と存立条件

　ICA（International Co-operative Alliance：国際協同組合同盟）は，「ICAのメンバーは，農業，銀行業，漁業，保健，住宅，産業，保険，旅行，消費者の協同組合を含むあらゆる活動セクターにおける国内および国際レベルの協同組合である。現在（2013年1月30日現在―引用者注），ICAは96カ国からの270の協同組合全国組織からなり，世界全体の約10億人の組合員を代表している。」(http://www.ica.coop/ica/index.html）と述べている[6]。1995年ICA声明は「各協同組合の創設者の伝統において，協同組合の組合員は正直，公開，社会的責任，他人への配慮といった4つの倫理的価値を信じている。」と述べ，文中の「各協同組合の創設者の伝統において」は，多様な経済社会でさまざまな形態をとり，発展してきたあらゆる種類の協同組合が，唯一の源から発生したわけではないことを示している。1995年ICA声明には「それぞれの創設者の伝統を受け継ぎ」との記述はあるが，農業，銀行業，漁業，保健，住宅，産業，保険，旅行，消費者などの協同組合の整理分類については何ら言及されていない。

　日本の1897年（明治30年）2月の「(第1次）産業組合法案」の第1条は，産業組合（協同組合）の種類として，信用組合，購買組合，販売組合，製産組合，使用組合の5つを挙げていたが，1900年（明治33年）2月成立の「産業組合法」の第1条では，製産組合と使用組合は一括されて生産組合になり，産業組合（協同組合）は信用組合，販売組合，購買組合，生産組合の4つに分類され

た[7]。

賀川豊彦は，協同組合として保険協同組合（生命保険・国民健康保険），生産者協同組合（農業生産者協同組合，絹生産者協同組合，漁業協同組合など），販売協同組合（商業協同組合），信用協同組合，共済協同組合，利用協同組合，消費者協同組合の7種類を取り上げ，Kagawa [1937] は，それら7種類の協同組合が協同組合連盟において調整されるのであれば，「産業の諸問題，そして一国の国内産業問題のすべて―特に，所有，相続，契約の3つの大問題―が検討されることになるであろう。」（訳書 p. 130）と述べている。

国際連合は，2009年12月の総会で，国際年の共通テーマとして「協同組合」を選び，2012年を「国際協同組合年 (International Year of Co-operatives：IYC)」とすることを宣言した。日本は「2012国際協同組合年全国実行委員会」（以下，2012委員会と略称）を組織し，同委員会幹事団体には，全国農業協同組合中央会（JA 全中），全国農業協同組合連合会（JA 全農），全国共済農業協同組合連合会（JA 共済連），農林中央金庫，社団法人家の光協会，株式会社日本農業新聞，日本生活協同組合連合会（日本生協連），全国漁業協同組合連合会（JF 全漁連），全国森林組合連合会（JForest 全森連），全国労働者共済生活協同組合連合会（全労済），日本労働者協同組合連合会（日本労協連），全国大学生活協同組合連合会（全国大学生協連），社団法人全国労働金庫協会（以上の13団体のみが ICA に加盟している），全国中小企業団体中央会（全国中央会），生活クラブ事業連合生活協同組合連合会，日本コープ共済生活協同組合連合会，全国厚生農業協同組合連合会（JA 全厚連），株式会社農協観光，日本医療福祉生活協同組合連合会，社団法人全国信用金庫協会（全信協），社団法人全国信用組合中央協会（全信中協）の21団体が挙げられているが，2012委員会はこれらの協同組合全国組織を構成する各協同組合を「一次産業に携わる協同組合」，「安全・安心な消費生活へ貢献する協同組合」，「地域振興，暮らしの改善につながる金融の協同組合」，「地域に密着した医療・福祉の協同組合」，「助け合いの精神を形にした共済の協同組合」，「自ら就労機会を創出する協同組合」の6種類に分類している。表1-1は主要協同組合の現状を示すものであるが，事業協

表1-1 主な協同組合の組合数・組合員数および職員数

(2009年3月末)

	組合数	組合員数(千人)	職員数(千人)
農業協同組合(JA)	770	9,494	224
漁業協同組合(JF)	1,092	362	13
森林組合(JForest)	711	1,575	7
生活協同組合	612	25,320	53
全労済	58	13,900	4
労働者協同組合	66	47	11
大学生協	228	1,509	2
労働金庫	13	10,058	11
事業協同組合	32,384	2,305	156
医療福祉生協	117	2,680	30
信用金庫	279	9,311	111
信用組合	162	3,698	22
計	36,492	80,259	644

(注)一部推定.組合員数は重複あり
出所:2012国際協同組合年(IYC)全国実行委員会

同組合が上記6種類のいずれに属するのかは明らかではない。

　協同組合についての諸文献を読む限り,協同組合の整理分類法は確定していないが,本書では,以下のように,協同組合の分類を行う。すなわち,協同組合は経済事業体であるので,経済の観点からまず,経済主体を「生活者」,「事業者(中小企業者等)」に分け,生活者には労働者と消費者の二面があることから,労働生活者をサポートする「労働者協同組合」と,消費生活者をサポートする「生活協同組合」とに分類する。次に,事業者(中小企業者等)には金融事業者と非金融事業者の2種類,さらには非金融事業者にはモノ生産事業者とサービス生産事業者の2種類があることから,金融事業者をサポートする金融(信用)協同組合,モノ生産事業者をサポートするモノ協同組合(事業協同組合など),サービス生産事業者をサポートするサービス協同組合(医療福祉生協など)に分類する。

図1-1　協同組合の整理分類

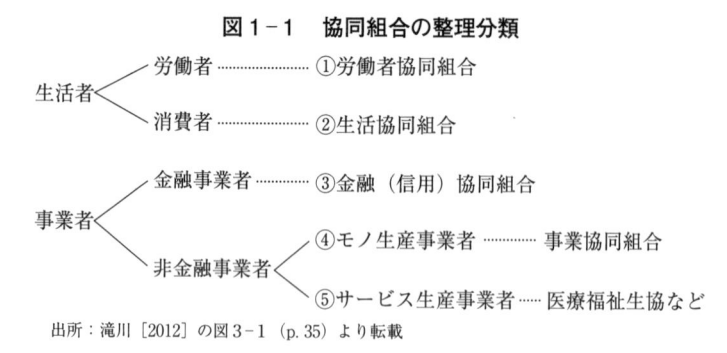

```
                ┌ 労働者 ……………… ①労働者協同組合
        生活者 ┤
                └ 消費者 ……………… ②生活協同組合

                ┌ 金融事業者 ……… ③金融（信用）協同組合
        事業者 ┤
                │                    ┌ ④モノ生産事業者 ………… 事業協同組合
                └ 非金融事業者 ┤
                                     └ ⑤サービス生産事業者 …… 医療福祉生協など
```

出所：滝川［2012］の図3-1（p.35）より転載

　日本の現在の協同組合に関しては事業内容ごとに特別法が制定され，「法人税法」の「協同組合等の表（第二条別表第三）」には，協同組合の名称と根拠法が一覧表の形で出ていて，37種類の協同組合が掲記されている。協同組合に関する個別法を，本書の分類法で整理すると，以下のとおりである。カギ括弧（「　」）内は法律名，丸括弧（（　））内は協同組合名である。

(1) 労働者協同組合
(2) 生活協同組合
・「消費生活協同組合法」（消費生活協同組合，消費生活協同組合連合会）
(3) 金融（信用）協同組合
・「農林中央金庫法」（農業組合法人，農林中央金庫）
・「商工組合中央金庫法」（商工組合中央金庫）
・「信用金庫法」（信用金庫，信用金庫連合会）
・「船主相互保険組合法」（船主相互保険組合）
・「労働金庫法」（労働金庫，労働金庫連合会）
(4) モノ生産事業者
・「農業協同組合法」（農業協同組合，農業協同組合連合会）
・「水産業協同組合法」（漁業協同組合，漁業生産組合，漁業協同組合連合会，水産加工業協同組合，水産加工業協同組合連合会，共済水産業協同組合連合会）
・「森林組合法」（森林組合，生産森林組合，森林組合連合会）

・「たばこ耕作組合法」（たばこ耕作組合）
・「中小企業等協同組合法」（中小企業等協同組合：事業協同組合，事業協同組合連合会，事業協同小組合，火災共済協同組合，火災共済協同組合連合会，信用協同組合（信用組合），信用協同組合連合会）

(5) サービス生産事業者
・「生活衛生関係営業の運営の適正化及び振興に関する法律」（生活衛生同業組合，生活衛生同業小組合，生活衛生同業組合連合会）
・「中小企業団体の組織に関する法律」（商工組合，商工組合連合会）[8]
・「商店街振興組合法」（商店街振興組合，商店街振興組合連合会）
・「内航海運組合法」（内航海運組合，内航海運組合連合会）
・「輸出入取引法」（輸出組合，輸入組合）
・「輸出水産業の振興に関する法律」（輸出水産業組合）

以上の整理分類から，次の2点を指摘したい。
① 上記の諸協同組合は法人税法では「協同組合等」と一括されているが，協同組合等についての「協同組合基本法」のような一般法はない。協同組合に関する個別法はまったく整理分類されず，したがって協同組合の整理分類が行われていない。
②「事業内容ごとに特別法が制定されている」と一般には言われているが，同一の特別法を根拠法とする協同組合は同一の事業内容を行っているわけではない。例えば，「中小企業等協同組合法」を根拠法とする事業協同組合，事業協同組合連合会，事業協同小組合，火災共済協同組合，火災共済協同組合連合会，信用協同組合（信用組合），信用協同組合連合会，企業組合は同一の事業内容を行っているわけではない。逆に，同じ預金・貸出・為替の業を行っているにもかかわらず，信用金庫は「信用金庫法」に従い，信用協同組合は「中小企業等協同組合法」に従っている。

3 組織形態としての協同組合の位置付けと性質

　私法（私的利益の利害調整のための法規整）の基本法である民法は組合や法人（公益法人）を，商法およびその特別法たる有限会社法は各種の会社（株式会社，有限会社等）や匿名組合を，さらに，各種の特別法は協同組合，相互会社といった各種の法人をそれぞれ設けている。日本銀行金融研究所「組織形態と法に関する研究会」[2003] は，組織形態を法人格の有無，組織の目的，組織の債務に対する構成員の責任の態様といった3つの視点から分類している。

① 法人格の有無と組織形態：法人，組合，信託形態

　法人格の有無で，組織形態は，法人格を有する法人形態，法人格を有しない組合形態（任意組合，中小企業等投資事業有限責任組合，匿名組合），信託形態に分類される。

② 組織の目的と組織形態：営利，公益，講学上の中間法人

　法人形態は，組織（法人）の目的に応じて，営利法人（株式会社等），公益法人（社団法人，財団法人等）および講学上の中間法人（中間法人，各種の協同組合等）に分類される。

③ 組織の債務に対する構成員の責任の態様と組織形態：無限責任 vs. 有限責任，直接責任 vs. 間接責任

　組織の債務に対する構成員の責任の限度の観点から，組織形態は，無制限に責任を負う無限責任の形態と，一定の限度額（例えば，出資額）の範囲内でのみ責任を負う有限責任の形態に分類される。また，責任の直接性の有無の観点から，直接に組織の債権者に対して責任を負う直接責任と，組織に対して義務（出資義務）を負うにとどまる間接責任の形態に分類される。すべての構成員が直接無限責任を負うものとしては任意組合や合名会社が，一部の構成員が直接無限責任を負い，他の構成員が直接有限責任を負うものとしては中小企業等投資事業有限責任組合や合資会社が，すべての構成員が間接有限責任を負うものとしては株式会社や有限会社がある。

協同組合は、法人格の有無で言えば法人格を有し、組織の目的で言えば「講学上の中間法人」である。組織の債務に対する構成員の責任の態様で言えば間接有限責任、つまり責任の限度の観点から、出資額の範囲内でのみ責任を負う有限責任の形態、責任の直接性の有無の観点から、組織に対して義務（出資義務）を負うにとどまる間接責任の形態である。「中間法人」は、営利、公益のいずれをも目的としない中間目的の法人を総称する語としてかねてから使用されてきたが、中間法人法の制定により、同法に基づく中間法人（有限責任中間法人および無限責任中間法人）が創設されたので、本書では、中間目的の法人一般を、中間法人法上の中間法人と区別する意味で、「講学上の中間法人」と指称する。日本銀行金融研究所［2003］は、「協同組合は、組合員の相互扶助（組合員の事業または生活の助成）を目的とするため、非営利法人ないし講学上の中間法人に分類される。」（p. 20）と述べ、協同組合を「営利目的でない法人」、「営利、公益のいずれをも目的としない中間目的の法人」であるとしている。

現行法制上、協同組合に関する一般法は存在せず、各種の協同組合は個別の協同組合法に基づき設立されている。このため、協同組合の一般的定義に関する法律上の規定は存在しないが、「私的独占の禁止及び公正取引の確保に関する法律（独占禁止法）」第22条は同法の適用除外に次の4つの要件を満たす「組合」を挙げ、それは組織形態としての協同組合の理念型とみなすことができる。

(1) 小規模の事業者または消費者の相互扶助を目的とすること
(2) 任意に設立され、かつ、組合員が任意に加入または脱退できること
(3) 各組合員が平等の議決権を有すること
(4) 組合員に対し利益分配を行う場合には、その限度が法令または定款に定められていること

独占禁止法第22条は、小規模の事業者、消費者を経済的弱者とみなし、小規模の事業者、消費者は相互扶助を目的とする協同組合を組織することによってはじめて同法の理想とする公正かつ自由な競争の競争単位となり得ると考え、各協同組合法は、上記の4つの要件を満たす協同組合の理念型に合致するか、

相当程度接近している団体を協同組合と呼んでいる。

わが国の法人法制においては，営利，公益といった法人の目的に応じて組織形態が設けられている。すなわち，法人法定主義のもとで，次の3つの組織形態が設けられている。
① 公益法人（社団法人，財団法人等：「民法」第34条）

公益を目的とし，かつ営利を目的としない法人は公益法人である。
② 営利法人（株式会社等：「民法」第35条第1項）

営利を目的とする法人は営利法人である。
③ 中間法人（「中間法人法」第2条第1号）

営利も公益も目的としない（社員に共通する利益を図り，かつ，営利を目的としない）法人は中間法人である[9]。

「営利性 vs. 公益性」は法人の目的であり，営利性・公益性の内容は以下のとおりである。

(1) 営利性の内容

何をもって「営利性」があるのかについては，次の3つの学説がある。
(1) 構成員に対して利益を分配する（利益分配基準説）
(2) 利潤の獲得を目的として事業活動を行う（事業目的基準説）
(3) 「構成員に対して利益を分配する」，「利潤の獲得を目的として事業活動を行う」といった両基準のいずれか一方により営利性が認められれば営利性がある（両基準併用説）

「独占禁止法」第22条は，協同組合の理念型の要件として，「小規模の事業者または消費者の相互扶助を目的とすること」，「組合員に対し利益分配を行う場合には，その限度が法令または定款に定められていること」を取り上げている。協同組合が「構成員に対して利益を分配する」，「利潤の獲得を目的として事業活動を行う」といった"営利性"を有しているにもかかわらず，協同組合は「非営利法人」と一般にみなされている[10]。「営利 vs. 非営利」は「営利は利潤を獲得することをめざし，非営利は利潤を獲得することをめざさない」としば

しば解釈されているが，それは大きな誤解であり，営利は利益獲得をめざし，その利益を非人格的資本の論理で資本家に分配し，非営利は利益獲得をめざし，その利益を人格的利用の論理で利用者（組合員）に分配すると解釈されるべきである。

(2) 公益性の内容

「公益性」は，不特定多数の者の利益を図ることを意味すると解されているが，法律上は「祭祀，宗教，慈善，学術，技芸其他公益ニ関スル」（「民法」第34条）とされるのみであり，公益性の内容に踏み込んだ定義はない。協同組合は，組合員だけの経済的，社会的，文化的ニーズと願いを満たすことを目的としているので，公益法人ではない。

「営利性 vs. 公益性」は法人の目的であり，公共性は法人が営む事業の性質にかかわる概念であるので，「営利性 vs. 公益性」と「公共性」はそれぞれ別の座標軸である。「銀行法」に基づく銀行業，「信用金庫法」に基づく信用金庫業のように，当該事業を規制する法律（業法）上，明文で公共性を有するとされているほか，明文の定めがなくとも，有価証券市場の開設や保管振替業のように，解釈上，公共性を有するとされているものが存在する。公共性の実質的な内容は，事業によって大きく異なり，その意義を一律に明らかにすることは困難であるが，事業が何らかの意味で社会的に有用なインフラストラクチャーを提供し，当該インフラストラクチャーの利用が正当な理由なく制限ないし排除されることは適当でないとされることが公共性の内実であろう。

4　1995年「協同組合のアイデンティティに関する ICA 声明」

ICA は，1995年9月23日のマンチェスター全体総会において，「協同組合のアイデンティティに関する声明（The International Co-operative Alliance Statement on the Co-operative Identity）」を採択し，それは「協同組合のアイデンティティに関する ICA 声明」（以下，「1995年 ICA 声明」と略称）と呼ばれてい

る[11]。1995年 ICA 声明は現在の協同組合原則であり，それは「協同組合とは何かの定義」，「協同組合の価値観と組合員の信条」，「協同組合の7つの原則」の3つからなっている。協同組合原則は，ICA の定款の中で，ICA への加盟資格要件として位置づけられている。

(1) 協同組合の定義

1995年 ICA 声明は，「協同組合（co-operative）は，共同所有され，かつ民主的に管理された事業体（enterprise）を通して，共通の経済的，社会的，文化的なニーズと願いに応えるために，自発的に結合された人々の自治的な組織である。」と定義している。これは「協同組合とは何か」に真正面から答えるICA のはじめての公式定義である。「自発的に結合された人々の自主的な組織である」中の「自発的に」は組合員の加入・脱退は自由であることを意味し，「人々の」は個人，法人のいずれであることも可能であることを意味し，「自主的な組織」は政府・私企業から独立していることを意味している。「共通の経済的，社会的，文化的なニーズと願いに応えるために」は，協同組合の存在理由が組合員共通の経済的，社会的，文化的目的を満たすためであることを示している。「共同所有され，かつ民主的に管理された事業体」は，協同組合を他の種類の組織（政府・私企業）と識別する際に重要であり，「一人一票」の協同組合民主主義を示している。組織形態としての協同組合のアイデンティティの3つの構成要素の第1は「一人ひとりの経済的，社会的，文化的なニーズと願いについて，共通性を有すること」，第2は「共通の経済的，社会的，文化的なニーズと願いを個人的方法よりも共同事業によってより良く充足できること」，第3は「自発的に結合された人々（組合員）によって共同所有され，民主的に管理された，自治的な組織であること」であり，これら3要素が協同組合であるための要件である。

(2) 協同組合組織の6つの価値

協同組合事業・運動の基礎にあるのは自助，自己責任，民主主義，平等，公

平,連帯といった6つの価値である[12]。「自助」は,"自らのことは自らで行う"ということであるが,協同組合事業・運動の基礎にある価値観の1つは,一人ひとりが達成できることには限界があり,限界を乗り越えての完全達成は協同を通じてのみ成し遂げると信じることである。「自己責任」は,"自らのことを自らで行った"結果に対して自己で責任をもつことであるが,協同組合の確立・推進,協同組合の他の種類の組織(政府・私企業)からの独立といった責任を意味している。「平等」は,組合員が組織内において可能な限り平等に扱われることを意味している。すなわち,組合員は人間または人間の集合体であり,意思決定に関与する権利などについて,一人ひとりを平等(人格平等)に取り扱っている点で,協同組合は他の種類の組織(政府・私企業)と区別される。「民主主義」は,出資金の多い・少ないにかかわりなく「一人一票」(人格平等)であるということである。「公平」は,組合員が協同組合への参加に対する報酬(所得・財産の分配)を公平に受け取ることを意味している。マクファーソンの最終案・第1版の「相互責任」がICA声明では「自己責任と連帯」に変わったのであり,「連帯」は,組合員同士の互助のことであり,すべての組合員を公平に扱うこと,職員を公平に扱うことといった組合員の2つの責任を意味している[13]。

(3) 協同組合精神の4つの価値

協同組合精神は倫理性・道徳性を有し,協同組合組合員の信条は,正直,公開,社会的責任,他人への配慮といった4つの倫理的価値であるが,「正直」がとくに重要視されている。「公開」は組合員・非組合員に対する情報公開のことであり,協同組合は公共性をもった組織である。「社会的責任」は協同組合のコミュニティに対する責任のことである。「他人への配慮」はコミュニティに対する人的・金銭的貢献のことである。

(4) 協同組合組織の7つの原則

次の7つの原則は,協同組合が自助,自己責任,民主主義,平等,公平,連

帯といった6つの価値を実現するための運営指針である。協同組合には，これら7つの原則の履行のみならず，7つの原則の精神を遵守することが求められている。協同組合は，何らかの1つの原則のみの遵守・履行の可否によって判断されるべきではなく，原則全体をいかにうまく遵守・履行しているかによって評価されるべきである。

① **自発的で開かれた組合員制度**

各協同組合は，それぞれ特定の目的で組織され，組合員になるのは自発的である。協同組合は，利用するために，組合員としての責任を喜んで受け入れるすべての人々に開かれている。「組合員としての責任（義務）」は協同組合によって異なるが，出資金の拠出，投票権の行使，会議への参加などを含んでいる。「すべての人々」は，協同組合が性別による，あるいは社会的・文化的・人種的・政治的・宗教的なちがいによる差別を行わないことを意味している[14]。

② **組合員による民主的管理**

協同組合は，組合員によって管理される民主的組織である。単位協同組合（単協：1次レベルの協同組合）の組合員は「一組合員，一票」といった平等（人格平等）の投票権を有しているが，単位協同組合以外の協同組合（2次，3次レベルの協同組合）は，加盟協同組合の組合員数などを反映した比例投票制をとっている。協同組合内で選出されたすべての役員は，在任期間全体を通じて組合員に対して責任を負っている[15]。

③ **組合員の経済的参加：出資金の拠出と剰余金の使途**

各人は，協同組合組合員としての利益を受けるために出資するが，組合員資格を得るための出資金に何らかの利子・配当が支払われることはほとんどない。協同組合は，事業から得た利益の中から準備金の積み立てを行い，これらの内部留保の全部あるいは大部分は集団的に所有されている。組合員は配当がある場合でも制限された率で受け取る[16]。

④ **協同組合の自治と自立**

政府は，協同組合が活動する法的枠組みを決定し，協同組合に対して協力的なこともあれば，非協力的なこともある。協同組合は，組合員によって管理さ

れた，自治的な，自助の組織である。協同組合は，組合員による民主的管理を保証し，協同組合の自立（自らの運命を管理する自由）を維持しなければならない[17]。

⑤ 教育，訓練および広報

協同組合は，組合員，協同組合内で選出された役員，管理職，職員に対して，協同組合の理念と事業・運動の複雑さと豊かさについての教育を行う。また，協同組合は，協同組合関係者のすべてがその責任を遂行するために必要な技能を身につけるように訓練を行う。協同組合は，若い人々やオピニオンリーダー（政治家，公務員，マスコミ，教育者）に対して，協同組合精神を広報する[18]。

⑥ 協同組合の間の協同

協同組合は，ローカル（地域），ナショナル（全国），リージョナル（いくつかの国から形成される各地域），インターナショナル（全世界）といった重層構造で機能することによって，組合員に対してもっとも効率的にサービスを提供し，協同組合の事業・運動を強化できる。協同組合は，互いの実践的でしっかりした協同を通じて大規模組織の利点を得ることができ，その影響力を最大化することができる[19]。

⑦ コミュニティに対する関心：組合員とコミュニティの関係

協同組合は，組合員によって承認された政策を通じて，そのコミュニティの経済的，社会的，文化的な発展のために活動する。しかし，協同組合は本来，組合員の利益のために存在している組織であり，協同組合がコミュニティにどのくらい深く，どのような形で貢献すべきかを決定するのは組合員である[20]。

1995年協同組合原則改定の経済的背景は，一言で言えば市場原理主義の席巻であり，一方で，CSR（企業の社会的責任）を取り入れるなど私企業による協同組合精神の取り込みがあり，他方で協同組合の私企業へのにじり寄りがある時期である。協同組合組織の7つの原則の中に，自助（self-help），自己責任（self-responsibility）と2つ自己（self）が重なっているのは市場原理主義の席巻の影響である。自立の重視は肝要なことであるが，私は「協同組合の私企業へのにじり寄り」という意味からの自立重視ではなく，「天からのお金は自立

を失わせ，隣人からのお金は自立を育む」という意味からの自立を重視したい。すなわち，市場（民間）だけに任せておけない理由の1つは，所得分配の不公平性（経済格差）であり，政府は経済格差是正のために市場に介入するのであるが，それは天からお金が降ってくる錯覚をもたらすような上から目線の施策である。経済格差是正について「政府 vs. 協同組合」を問題にすれば，政府が「天からお金が降ってくる錯覚をもたらすような上から目線」であるのに対して，協同組合は「隣人からの援助をこの度は受ける同一目線」である。「天からお金が降ってくる錯覚をもたらすような上から目線」の政策は人々の自立を失わせ，たかり精神を生みかねないが（政府の失敗），「隣人からの援助をこの度は受ける同一目線」は"今回は隣人の世話になるが，次回は隣人を世話する覚悟"といった自立・互助（協同組合精神）を生むのである[21]。

(1) しかし，信用金庫をクラブとみなしうるのかについては，クラブは票数が加入口数に比例しているが，信用金庫は人格組織であり，出資口数の大小にかかわらず1人1票であり，信用金庫とクラブは本質的に異なっている。信用金庫は，定款に明示した地区（事業地区）でどれだけの顧客をもつか，1つの店舗でいかなる取引を行うかという密度の濃さが効率性を決定し，信用金庫で言われる地縁・人縁のネットワークによる狭域高密度経営はまさに「密度の経済」のことである。事業地区に投入する資源が一定で，ビジネス機会の増加によって収益増加がもたらされるのであれば，それだけ効率性は上昇しているはずであり，これは密度の経済（ネットワーク密度の経済）である。
(2) 古典派経済学の大御所である A. Marshall [1889] は，第21回年次協同組合大会において行った会長講演の中で，協同組合人（co-operators）の頭と心（the heads and the hearts），つまり協同組合の事業と運動の両方を取り上げている。
(3) 全国信用金庫協会編 [2002] はシュルツェ式の信用組合の特徴として，組合員出資，組合を開放し職業による差別をしない，信用事業のみに限定し兼業を禁止，剰余金配当の実施，専業の有給理事による運営，組合への加入・脱退の自由，組合員権利の譲渡禁止を挙げ，ライファイゼン式の信用組合の特徴として，無出資による設立，無限責任制，組合員の職業と地域の限定，貯金の重視，兼営主義，組合員権利の譲渡禁止，組合役員の無給制，配当の否認を挙げている。ライファイゼン式の信用組合は組合員の出資が不要であり，事業を行う区域が比較的狭く限定されているが，シュルツェ式の信用組合は組合員の出資が必要であり，事業を行う区域が限定されていない。小平 [1936] は「両氏は其の根本の思想に於て，シュルツエは全く個人主義的で，且つ都会的であるに反し，ライフアイゼンは全然博愛主義的で，宗教的で，且つ農村的である。」（p. 152）と述べている。
(4) 日本の現在の「法人税法」第2条は，法人税の納税義務者として内国法人，外国法人，

公共法人，公益法人等，協同組合等，人格のない社団等，普通法人などを挙げ，協同組合等は法人税率の軽課や損金算入枠の拡大などが適用されている。
(5) A. Marshall and M. P. Marshall『産業経済学』は第3編「第9章 協同組合」において，金融業（現在の協同組織金融機関）は協同組合事業として成功しにくいと論じている。
(6) ICAは1895年にイギリスのロンドン（現在の本部はスイスのジュネーヴ）に設立された，「世界の協同組合を結びつけ，代表し，そしてそれらに奉仕する，独立した非政府組織」（世界の協同組合の連合組織）である。
(7) 信用組合と他組合との兼営は，明治30年の「(第1次)産業組合法案」においては可であったが，明治33年の「産業組合法案」においては不可となった。
(8) 出資商工組合，出資商工組合連合会は協同組合であるが，非出資商工組合，非出資商工組合連合会は公益法人である。
(9) ドイツでは，社団は営利目的の経済社団と，非営利目的の非経済社団とに分類されている。フランスでは，民法上の営利組合と対比される「非営利社団契約に関する法律に基づく非営利社団」が存在し，営利目的と非営利目的の区別は，社員への利益分配の可否によって判断される。
(10) 事実，米国の非営利組織研究では，生活協同組合は，利用高割り戻しなどで組合員に事業剰余の分配を行っているという理由で，非営利組織とは認められていない。
(11) 1995年9月20日から22日までICA（本部スイスのジュネーヴ）の創立100周年記念大会，23日ICA総会（最高決議機関：2年おきの開催）がイギリスのマンチェスターで開催され，それは大会と総会がはじめて一緒に行われたものであった。総会の議題は「21世紀に向けての協同組合原則」（協同組合の原則改定）であり，内容は「協同組合のアイデンティティに関する声明」，「背景資料」，「21世紀に向けての宣言」の3つからなっている。原案作成の作業はI. マクファーソン・ヴィクトリア大学教授（元カナダ協同組合連合会会長）によって行われた。
(12) レイドロー報告［1980］では，協同組合の経済的目的と社会的目的が区別され，協同組合関係の資料には，経済的目的をもった「事業」，社会的目的をもった「活動」という用語法で「事業・活動」が，あるいは，経済的目的をもった「事業」，社会的目的をもった「運動」という用語法で「事業・運動」が用いられている。
(13) マクファーソンの最終案・第1版では，価値として「自助，相互責任，民主主義，平等，公平」の5つが挙げられていたが，1995年ICA声明では，「自助，自己責任，民主主義，平等，公平，連帯」の6つが挙げられることになった。すなわち，相互責任が自己責任に変わり，連帯が追加された。相互責任であれば，責任の所在が分からなくなり，自立が育たないので，まずは自己責任，次に連帯（互助）を謳っているのであろう。
(14) マクファーソンは「協同組合のアイデンティティに関するICA声明」の背景資料において，事業・運動を効率的に遂行しながら，組合員と協同組合役職員の間の双方向のコミュニケーションを効果的に行う協同組合は失敗することはないと論じている。また，賀川豊彦「家庭と消費組合」は「組合を作る場合に，従業員を決して使用人だと考へないで，同志と考へ，買ひ手は進んで組合に仕へる気持ちで努力しなければならない。（中略）若しも英国のロッチデールで28人の職工が今から84年前，消費組合を作つたときの様に，自分等のうちの仲間のものが交替に，買ひ出しに行つて，仲間で店の番をす

る様な精神がいつ迄もつづけばその組合こそ理想的の組合であると云ふて差支へない。」(p. 62) と述べている。しかし，ICA声明は組合員向けのものであり，そこには組合員と協同組合職員の関係についての言及はない。

(15) マクファーソンは，協同組合は，つねに民主主義の精神を醸成しなければならないと論じている。「一人一票」の原則は，社会的に平等とみなされる自然人からなる第一次的協同組合においてのみ厳密に適用されている。協同組合連合会のような第二次的協同組合においては，この原則は，各第一次的協同組合にそのメンバー数に比例して票決権を与えることによって間接的に適用されている。しかし，連合の原則として，連合を構成する単位にそれぞれの独自性を認める場合には，平等の代表権が与えられる。

(16) マクファーソンは「協同組合のアイデンティティに関するICA声明」の背景資料において，追加出資金に対しては市場利子率での利子を支払うことが適切であると論じている。Fauquet [1935] は，「協同組合原則は，組合員がその義務の一部として拠出する出資金に対して利息を支払うことを要求しない。利息が支払われるとしても，それは制限されるべきであるということを意味する。そのすべてのまた唯一の目的が，剰余金の資本家的分配を排除することである。」(訳書 p. 82) と述べている。

(17) これは新しく付け加えられた原則であり，1995年協同組合原則改定の本当の理由の1つとみなされているものである。1937年協同組合原則には，「政治的・宗教的中立」という論争を呼んだ原則があったが，1995年原則は協同組合が政府，政党，宗教等から独立した，自治と自立の組織であることを明瞭に謳っている。

(18) Fauquet [1935] は「協同組合人の相互関係については，全人格が含まれる。社会的人間は，単純な経済的紐帯以上に，あらゆる絆によって彼らの仲間にかかわり結びつけられている。ここから協同組合の組合員の間の平等性の原則，年間剰余の一部を教育的社会的目的にあてる一般的な実践活動が導き出されるのである。これらの実践と慣行を完全に取り入れることは，協同組合組織が発生し発展した社会環境のあらゆる特徴と理想を喚起することによってのみ行われる。」(訳書 pp. 87-88) と述べていて，「教育，訓練および広報」は協同組合のアイデンティティが人と人のつながりを基礎としている「人格経済」であることを示している。

(19) マクファーソンは「協同組合のアイデンティティに関するICA声明」の背景資料において，「事実，国民国家が国際経済をコントロールする能力を失っているので，協同組合は普通の人々の直接の利益を護り拡大するユニークな機会をもっている。」と述べ，また「特定の協同組合やある種の協同組合に専念することは比較的簡単である。連帯という価値や協同組合間協同という原則に基づいて，全般的な協同組合としての利益があることを理解するのは簡単ではない。」と述べ，異種の協同組合が協同することがとりわけ重要であると論じている。「協同組合の間の協同」には，「同種の協同組合が協同する」タイプと「異種の協同組合が協同する」タイプの2つの連帯がある。協同組合は多様性を有し，多数の異種の協同組合が存在するが，それらは協同組合であるための共通原則を有しているので，「異種の協同組合が協同する」こと（異種協同組合間連帯）は十分可能である。

(20) 協同組合は集団的エゴイズムに感化されやすいと言われている。第7原則は新しく付け加えられた原則であり，初期の原案では「コミュニティに対する関心」ではなく「コミュニティに対する責任」となっていた。

(21) 古典派経済学の大御所アルフレッド・マーシャルは，A. Marshall and M. P. Marshall『産業経済学』の第3編「第9章　協同組合」において，「協同組合は，私有財産にたいする干渉を提唱するものではなく，自助を主張し，国家の援助や，個人の自由にたいするあらゆる不必要な干渉を嫌う点で，最近の社会主義的諸計画とは異なる。」（訳書 p. 267）と述べている。

第 2 章　信用金庫のアイデンティティと役割
―― 信用金庫法と定款 ――

　第 1 章では協同組合一般のアイデンティティと役割を検討したが，協同組合組織の形態をとる預金取扱金融機関は「協同組織金融機関」と呼ばれ，我が国には，信用金庫，信用組合（地域信用組合，業域信用組合，職域信用組合），労働金庫，農林系統金融機関の 4 つの業態の協同組織金融機関が存在する。信用金庫は「中規模ないし小規模零細企業金融，個人金融」，地域信用組合は「小規模零細企業金融，個人金融」，業域信用組合は「小規模零細企業金融」，職域信用組合は「個人金融」，労働金庫は「個人金融（労働者団体およびその構成員を含む広義の個人）」，農林系統金融機関は「農林漁業金融，個人金融」をそれぞれ担っている。本書では，4 つの業態の協同組織金融機関のうち，もっとも協同組合らしくない預金取扱金融機関である信用金庫のみを取り上げ，第 2 章では信用金庫のアイデンティティと役割を検討する[1]。すなわち，「信用金庫は何ができるのか」，「信用金庫は何を期待されているのか」，「信用金庫は何をしなければならないのか」を検討する。

1　信用金庫法

　産業組合法は1917年（大正 6 年）に一部改正され，都市部における信用組合の発達促進をねらいとして，市街地信用組合制度が創設された。「区域」（事業地区）が市または主務大臣の指定する市街地である信用組合については，区域内に居住する非組合員の貯金の取り扱いが認められた。43年（昭和18年）には，市街地信用組合・信用組合を産業組合から分離することをねらいとして，「市街地信用組合法」が制定された。49年（昭和24年）には，産業組合法，市街地信用組合法，商工協同組合法の 3 つの法律を統合する形で，現行の「中小企業

等協同組合法」が制定され，市街地信用組合法による市街地信用組合のすべてと，産業組合法により信用事業を営む信用組合の大半は，信用組合に改組された[(2)]。信用組合には「地区内の一般大衆すべてを組合員とすることができ，一般金融機関としての機能を果たす類型」と「地区内の特定の事業者または勤労者のみを組合員とし，これらの組合員の相互扶助を目的とする類型」の2つの類型があったので，信用組合をこれら2類型に分離するために，51年（昭和26年）に「信用金庫法」が施行され，前者類型は信用金庫法に基づく信用金庫に転換し，後者類型は中小企業等協同組合法に基づく信用組合のままであった。

　1995年ICA声明は，すべての国・地域の，あらゆる形態の協同組合に関するものであるので，日本の，信用金庫を規定している信用金庫法と齟齬があっても不思議ではない。私は，1995年ICA声明，信用金庫法，定款の3つを理解してはじめて，信用金庫の実際の事業・運動の意味を正しくとらえることができると思っている。第1章では1995年ICA声明を取り上げ，本章では信用金庫法と定款を取り上げる。信用金庫法は1951年（昭和26年）6月15日に施行され，本書の視点からの信用金庫法の主な条文は次のものである。

第1条　目的
「この法律は，国民大衆のために金融の円滑を図り，その貯蓄の増強に資するため，協同組織による信用金庫の制度を確立し，金融業務の公共性にかんがみ，その監督の適正を期するとともに信用の維持と預金者等の保護に資することを目的とする。」
第2条　人格
「信用金庫及び信用金庫連合会（以下「金庫」と総称する。）は，法人とする。」
第4条　事業免許
「金庫の事業は，内閣総理大臣の免許を受けなければ行うことができない。」
第6条　名称
　信用金庫・信用金庫連合会は名称中に次の文字を用いなければならないとされ，「信用金庫にあっては信用金庫」，「全国を地区とする信用金庫連合会にあ

つては信金中央金庫」と規定されている。1950年5月「全国信用協同組合連合会」が設立され，51年11月「全国信用金庫連合会」に改組，2000年10月信金中央金庫（略称は信金中金）に名称変更になった。

第7条 「私的独占の禁止及び公正取引の確保に関する法律」との関係

「私的独占の禁止及び公正取引の確保に関する法律」（昭和22年4月：以下，「私的独占禁止法」と略称）第22条は適用除外の規定であり，そこには「この法律の規定は，次の各号に掲げる要件を備え，かつ，法律の規定に基づいて設立された組合（組合の連合会を含む。）の行為には，これを適用しない。ただし，不公正な取引方法を用いる場合又は一定の取引分野における競争を実質的に制限することにより不当に対価を引き上げることとなる場合は，この限りでない。1 小規模の事業者又は消費者の相互扶助を目的とすること。2 任意に設立され，かつ，組合員が任意に加入し，又は脱退することができること。3 各組合員が平等の議決権を有すること。4 組合員に対して利益分配を行う場合には，その限度が法令又は定款に定められていること。」と明記され，これらの4項目は協同組合の理念型の要件（「協同組合4原則」と呼ばれている）である。「信用金庫法」の第7条は，「私的独占禁止法」第22条が適用される要件を規定するものであり，以下のように明記している。

第1項

1 「信用金庫であつて，その会員である事業者が次のいずれかに掲げる者であるもの」

　イ 「その常時使用する従業員の数が三百人を超えない事業者」

　ロ 「その資本金の額又は出資の総額が政令で定める金額を超えない法人である事業者」

2 「前号に掲げる信用金庫をもつて組織する信用金庫連合会」

第2項

「前号各号に掲げる金庫以外の金庫が私的独占禁止法第22条第1号の要件を備える組合に該当するかどうかの判断は，公正取引委員会の権限に属する。」

第3項

「第1項第1号ロの規定に基づき政令で金額を定める場合には，小規模の事業者の相互扶助に資するとともに公正かつ自由な競争の確保を図る見地から定めるものとする。」

したがって，信用金庫の定義は「私的独占禁止法」第22条の適用除外の規定に深くかかわり，信用金庫とは何かという質問に対する回答の1つは，金融機関の中で「私的独占禁止法」の適用除外になるというものである[3]。

第9条　監督機関

「内閣総理大臣は，この法律の定めるところにより，金庫を監督する。」とあるが，金融庁が信用金庫の監督官庁である。

第10条　会員たる資格

第1項

「信用金庫の会員たる資格を有する者は，次に掲げる者で定款で定めるものとする。ただし，第1号又は第2号に掲げる者に該当する個人にあつてはその常時使用する従業員の数が三百人を超える事業者を除くものとし，第1号又は第2号に掲げる者に該当する法人にあつてはその常時使用する従業員の数が三百人を超え，かつ，その資本金の額又は出資の総額が政令で定める金額を超える事業者を除くものとする。

　1　その信用金庫の地区内に住所又は居所を有する者
　2　その信用金庫の地区内に事業所を有する者
　3　その信用金庫の地区内において勤労に従事する者
　4　前3号に掲げる者に準ずる者として内閣府令で定める者」

ここで，第4号は事業所を有する者の役員およびその信用金庫の役員（信用金庫法施行規則第1条）を意味する。

第2項

「信用金庫連合会の会員たる資格を有する者は，その連合会の地区の一部を地区とする信用金庫であつて，定款で定めるものとする。」

第11条　出資

第1項

「会員(信用金庫及び信用金庫連合会の会員をいう。以下同じ。)は,出資一口以上を有し,かつ,その出資額は,第5条第1項に規定する政令で定める区分に応じ,政令で定める金額以上で定款で定めるところによらなければならない。」

第2項

「前項の政令で定める金額は,信用金庫の会員にあつては五千円,信用金庫連合会の会員にあつては十万円をそれぞれ下回つてはならない。」

第3項

「出資の一口の金額は,均一でなければならない。」

第4項

「一会員の出資口数は,出資総口数の百分の十をこえてはならない。」

第5項

「会員の責任は,その出資額を限度とする。」

第6項

「中略」

第12条 議決権

第1項

「会員は,各一個の議決権を有する。」

第13条 加入

「金庫に加入しようとする者は,定款の定めるところにより加入につき金庫の承諾を得て引受出資口数に応ずる金額の払込を了した時又は会員の持分の全部若しくは一部を承継した時に会員となる。」

第15条 持分の譲渡

第1項

「会員は,金庫の承諾を得て,会員又は会員たる資格を有する者にその持分を譲り渡すことができる。」

第16条 自由脱退

第1項

「会員は，何時でも，その持分の全部の譲渡によつて脱退することができる。この場合において，その譲渡を受ける者がないときは，会員は，金庫に対し，定款で定めるところによりその持分を譲り受けるべきことを，請求することができる。」

　第13条，第14条は「加入」，第16条は「自由脱退」，第17条は「法定脱退」をそれぞれ規定している。

第32条　役員
第1項　「金庫は，役員として理事及び監事を置かなければならない。」
第2項　「理事の定数は，五人以上とし，監事の定数は，二人以上とする。」
第3項　「役員は，総会の決議（中略）によつて，選任する。」
第4項　「理事の定数の少なくとも三分の二（中略）は，会員又は会員たる法人の業務を執行する役員（中略）でなければならない。」

第33条　金庫と役員との関係
「金庫と役員との関係は，委任に関する規定に従う。」

第36条　理事会の権限等
第1項　「金庫は，理事会を置かなければならない。」
第2項　「理事会は，すべての理事で組織する。」
第3項　「理事会は，次に掲げる職務を行う。
　　1　金庫の業務執行の決定
　　2　理事の職務の執行の監督
　　3　代表理事の選定及び解職」

第42条　通常総会の招集
「通常総会は，定款の定めるところにより，毎事業年度一回招集しなければならない。」

第49条
第1項　総代会
「金庫は，定款の定めるところにより，総会に代るべき総代会を設けることができる。」

第53条　信用金庫の事業
第1項
「信用金庫は，次に掲げる業務を行うことができる。
　　1　預金又は定期積金の受入れ
　　2　会員に対する資金の貸付け
　　3　会員のためにする手形の割引
　　4　為替取引」
第2項
「信用金庫は，政令で定めるところにより，前項第2号及び第3号（会員に対する貸出―引用者注）に掲げる業務の遂行を妨げない限度において，地方公共団体，金融機関その他会員以外の者に対して資金の貸付け（手形の割引を含む。（中略））をすることができる。」
第54条　信用金庫連合会の事業
　第1項は，信用金庫連合会の本業として，「会員の預金の受入れ」，「会員に対する資金の貸付け（貸出―引用者注）」，「為替取引」の3つを挙げている。第2項は「信用金庫連合会は，前号各号に掲げる業務のほか，次に掲げる業務を併せ行うことができる。　1　国，地方公共団体その他営利を目的としない法人（次号において『国等』という。）の預金の受入れ　2　会員以外の者（国等を除く。）の預金の受入れ　3　会員以外の者に対する資金の貸付け」と規定している。
第56条　法定準備金
　第1項は「金庫は，出資の総額に達するまでは，毎事業年度の剰余金の百分の十に相当する金額以上の金額を準備金として積み立てなければならない。」第2項は「前項の準備金は，損失のてん補に充てる場合を除いては，取りくずしてはならない。」と規定している。
第57条　剰余金の配当
　第2項は「剰余金の配当は，定款の定めるところにより，会員の金庫の事業の利用分量又は出資額に応じてしなければならない。」第3項は「出資額に応

じてする剰余金の配当の率の最高限度は，定款で定めなければならない。」と規定している。「出資額に応じて」ならば，株式会社と同じである。

第60条は「吸収合併」，第61条は「新設合併」を規定している。

第88条　権限の委任

第１項

「内閣総理大臣は，この法律による権限（政令で定めるものを除く。）を金融庁長官に委任する。」したがって，信用金庫の所管は金融庁である。

第２項

「金融庁長官は，政令で定めるところにより，前項の規定により委任された権限の一部を財務局長または財務支局長に委任することができる。」

以下では，上記の信用金庫法に基づいて，「銀行 vs. 協同組織金融機関（信用金庫・信用組合）」，「信用金庫 vs. 信用組合（信用協同組合）」の観点から，信用金庫のアイデンティティと役割を論じる。

① 銀行の根拠法は銀行法である。銀行は銀行法（第４条の２：銀行の機関）の規定によって株式会社組織でなければならない。信用金庫・信用組合は同じ協同組織金融機関であるが，信用金庫の根拠法は信用金庫法，信用組合の根拠法は中小企業等協同組合法（昭和24年６月），協同組合による金融事業に関する法律（「協金法」：昭和24年６月）である[4]。銀行は株式会社組織の営利法人，信用組合は組合員の出資による協同組織の非営利法人であり，信用金庫は会員の出資による協同組織の非営利法人である[5]。

② 設立目的については，銀行は「国民経済の健全な発展に資することを目的とする。」（銀行法第１条：目的），信用組合は「（信用組合の―引用者注）公正な経済活動の機会を確保し，もつてその自主的な経済活動を促進し，且つ，その経済的地位の向上を図ることを目的とする。」（中小企業等協同組合法第１条：法律の目的）であり，信用金庫は「国民大衆のために金融の円滑を図り，その貯蓄の増強に資するため」（信用金庫法第１条：目的）である。各法律の目的規定を読む限り，信用組合には協同組合組織の色合いがあるが，信

用金庫は銀行と同様の色合いを有し、一般金融機関としての性格が強い。すなわち、第1に「国民大衆のために金融の円滑を図り、その貯蓄の増強に資する」、「金融業務の公共性にかんがみ、その監督の適正を期するとともに信用の維持と預金者等の保護に資する」といった目的は信用金庫に固有のものではない、第2に信用金庫は「組合員の経済的、社会的、文化的ニーズと願い」を満足させることを目的とする協同組合の一種であるにもかかわらず、「国民大衆のために」という文言はあっても、「組合員（会員）」の文言はないことが分かる。

③ 協同組織金融機関（信用金庫・信用組合）は銀行とは異なり、会員・組合員組織である。信用金庫・信用組合は同じ協同組織の金融機関であるが、会員・組合員資格が異なっている。信用組合（信用協同組合）の組合員資格を有する者は、事業地区内において、商業、工業、鉱業、運送業、サービス業その他の事業を行う小規模の事業者、住所・居所を有する者、勤労に従事する者、事業を行う小規模の事業者の役員である。ただし、資本金の額または出資の総額が3億円（小売業またはサービス業を主たる事業とする事業者については5千万円、卸売業を主たる事業とする事業者については1億円）を超える法人事業者は除かれ、常時使用従業員の数が300人（小売業を主たる事業とする事業者については50人、卸売業またはサービス業を主たる事業とする事業者については100人）を超える事業者は除かれる（中小企業等協同組合法第7条第1項、第8条第4項）。信用金庫の会員資格を有する者は、事業地区内において、住所・居所、事業所を有する者、勤労に従事する者、事業所を有する者の役員およびその信用金庫の役員（信用金庫法施行規則第1条）である。ただし、個人にあっては常時使用従業員の数が300人を超える事業者は除かれ、法人にあっては常時使用従業員の数が300人を超え、かつ、資本金の額または出資の総額が政令で定める金額（9億円）を超える事業者は除かれる（信用金庫法第10条第1項）。

④ 信用組合（信用協同組合）の事業は「組合員に対する資金の貸付け」、「組合員のためにする手形の割引」、「組合員の預金又は定期積金の受入れ」、「前3

号の事業に附帯する事業」（中小企業等協同組合法第9条の8第1項）であり，信用金庫の事業は「預金又は定期積金の受入れ」，「会員に対する資金の貸付け」，「会員のためにする手形の割引」，「為替取引」（信用金庫法第53条第1項）である。信用組合は組合員以外の者（国等および配偶者等を除く）からの預金・定期積金の受け入れ合計額を当該信用組合の預金・定期積金総額の20パーセント以下にしなければならない（中小企業等協同組合法第9条の8第3項）が，信用金庫については制限はない。信用組合は組合員以外の者に対する貸出は政令で定めるところにより，組合員に対する貸出を妨げない限度において行わなければならず（中小企業等協同組合法第9条の8第4項），同様に，信用金庫は政令で定めるところにより，会員に対する貸出を妨げない限度において，地方公共団体，金融機関その他会員以外の者に対して貸出をすることができる（信用金庫法第53条第2項）[6]。また，信用組合には「卒業生金融」はないが，信用金庫には卒業生金融がある。

2　信用金庫の定款

1995年ICA声明，信用金庫法，定款の3つを理解してはじめて，信用金庫の実際の事業・活動の意味を正しくとらえることができると思う。ここでは，某信用金庫の定款を本書の視点から取り上げる。引用文中の「…」は固有名称が記載されていたので，省略している。以下の定款は「第1章総則」，「第2章会員」，「第3章役員」，「第4章総会及び総代会」，「第5章経理」の5つの章，36条からなっている。[　]内は当該条文に対応する信用金庫法の条文番号である。

第1条　名称［第6条］
「この金庫は，…信用金庫と称する。」
第2条　事業［第53条］
「この金庫は，次の業務を行う。

1　預金又は定期積金の受入れ
2　会員に対する資金の貸付け
3　会員のためにする手形の割引
4　法令の定めるところによる地方公共団体，金融機関その他会員以外の者に対する資金の貸付け及び手形の割引
5　為替取引
6　上記1～5の業務に付随する債務の保証又は手形の引受けその他信用金庫業務に付随する業務
7　国債，地方債，政府保証債その他の有価証券について金融商品取引法により信用金庫が営むことのできる業務（上記6により行う業務を除く。）
8　担保付社債信託法，社債等登録法その他の法律により信用金庫が営むことのできる業務
9　その他前各号の業務に付帯又は関連する業務」

第3条　地区

「この金庫の地区は，別表1のとおりとする。」別表1には地区名が書かれている。

第4条　事業所の所在地

「この金庫は，主たる事務所を…に置き，従たる事務所を別表2の各地に置く。」

第5条　会員たる資格［第10条］

第1項

「次に掲げる者は，この金庫の会員となることができる。

ただし，第1号又は第2号に掲げる者に該当する個人にあってはその常時使用する従業員の数が300人を超える事業者を除くものとし，第1号又は第2号に掲げる者に該当する法人にあってはその常時使用する従業員の数が300人を超え，かつ，その資本金の額又は出資の総額が9億円を超える事業者を除くものとする。

1　この金庫の地区内に住所又は居所を有する者

2　この金庫の地区内に事業所を有する者
3　この金庫の地区内において勤労に従事する者
4　この金庫の地区内に事業所を有する者の役員及びこの金庫の役員」

第2項

「前項の規定にかかわらず，別表3各項の1に該当する者は，この金庫の会員となることができない。」

第6条　公告方法

「この金庫の公告（信用金庫法又は他の法律の規定により官報に掲載する方法によりしなければならないものとされているものは除く。）は，この金庫の事務所の店頭に掲示する方法により行い，かつ，…市において発行する…新聞に掲載する方法により行う。」

第7条　出資［第11条］

第1項

「出資1口の金額は金500円とし，金銭による全額一時払いとする。」

第2項

「会員は出資1口以上を有し，かつ，その出資額は10,000円以上でなければならない。」

第10条　加入［第13条］

「会員となろうとする者は，次に掲げる事項を記載した加入申込書をこの金庫に差し出し，その承諾を得なければならない。（略）」

第11条　相続加入

「略」

第13条　自由脱退［第16条］

第1項

「会員がこの金庫に対しその持分の譲受けを請求したときは，この金庫はその請求の日から6月を経過した日以後に到来する事業年度末においてその持分を譲り受けるものとし，その譲受けの額は，その会員の出資額を超えることができない。」

「略」

第14条　法定脱退［第17条］

「略」

第15条　除名

「会員が別表4各項の1に該当するときは、総会の決議によって除名することができる。この場合においては、その総会の10日前までに、その会員に対しその旨を通知し、かつ、総会において弁明する機会を与えなければならない。」

第17条　役員の定数及び選任［第32条］

第1項

「この金庫の役員は、理事10人以内、監事3人以内とする。」

第2項

「役員は、総会の決議によって選任する。ただし、理事については少なくともその定数の3分の2は、会員又は会員たる法人の業務を執行する役員でなければならない。」

第3項

「理事又は監事のうち、その定数の3分の1を超えるものが欠けたときは、3月以内に補充しなければならない。」

第18条　代表理事

第1項

「この金庫に、理事長1人を置き、会長1人、専務理事1人及び常務理事2人を置くことができる。」

第2項

「会長、理事長、専務理事及び常務理事は、理事会の決議により、理事のうちから選定し、各自この金庫を代表する。会長は理事長の経験を有するものとする。」

第3項

「会長は、この金庫の理事会を主宰し、理事長は、この金庫の業務を統括し、専務理事は、理事長を補佐して業務を執行し、常務理事は、理事長及び専務理

事を補佐して業務を処理する。」

第4項

「会長が選任されていないとき，又は事故あるときは，理事長が理事会を主宰する。」

第5項

「略」

第19条　理事会［第36条］

第1項

「理事会は法令又は定款に別段の定めがある場合を除き会長が招集する。」

第2項

「会長が選任されていないとき，又は事故があるときは，理事長が招集する。(略)」

第3項

「理事（会長及び前項により理事会を招集することができることとなる理事を除く。）及び監事は，理事会の目的である事項を示した書面を提出して理事会の招集を請求することができる。」

「略」

第20条　役員の任期

第1項

「理事の任期は就任後2年内の，監事の任期は就任後3年内の各最終の事業年度に関する通常総会の終結の時までとする。」

「略」

第21条　総会の招集［第42条］

第1項

「この金庫の通常総会は，毎事業年度終了後3月以内に招集する。」

第2項

「臨時総会は，必要があるときは何時でも招集することができる。」

第24条　総代会［第49条の第1項］

第1項
「この金庫に，総会に代わるべき総代会を設ける。」
第2項
「総代会は，会員のうちから選任された総代でこれを組織する。」
「略」
第25条　総代
第1項
「総代の定数は100人以上130人以内とする。」
第2項
「総代の任期は3年とする。」
第26条　総代の選任区域及び定数
第1項
「総代選任のため，この金庫の地区を4区の選任区域に分かち，総代の定数は会員数に応じて各選任区域ごとに定めるものとする。」
第2項
「総代の選任区域及び各選任区域ごとの総代の定数は別に定める。」
第27条　選考委員
第1項
「総代選任のため各選任区域ごとに選考委員をおく。」
第2項
「選考委員の数は，各選任区域ごとに3人以上とする。」
第3項
「理事長は，理事会の決議により会員のうちから選考委員を委嘱し，その氏名をこの金庫の事務所の店頭に掲示するものとする。」
第31条　事業年度
「この金庫の事業年度は，4月1日から翌年3月31日までとする。」
第32条　剰余金の処分
「剰余金は，法定準備金，特別積立金，配当金及び次期繰越金としてこれを処

分する。ただし，総会において決議したときは，その他の積立金をも積み立てることができる。」

第33条　法定準備金［第56条］

「この金庫は，出資の総額に達するまでは，毎事業年度の剰余金の100分の10に相当する金額以上の金額を法定準備金として積み立てるものとする。」

第34条　配当［第57条］

第1項

「出資額に応じてする剰余金の配当の率は，出資額に対して年1割以下とする。」

第2項

「会員の金庫の事業分量に応じてする配当は，その事業年度内において，この金庫が会員に支払った預金利息，定期積金の給付補塡金又は会員がこの金庫に支払った貸付金利息若しくは割引料を標準とする。」

第3項

「配当金の計算上生じた円位未満の端数は，切り捨てるものとする。」

3　信用金庫のアイデンティティ：4W1H

　金融審議会金融分科会第二部会・協同組織金融機関のあり方に関するワーキング・グループ「中間論点整理報告書」［2009］は，「金融機関の利用者の視点からは，同様のサービスを同様の方法で提供する主体が複数あるよりも，サービスやその提供方法の選択肢が多様である方が，利便性が高い。」(p. 5) と述べ，協同組織金融機関と地域銀行の併存は望ましいと論じている。すなわち，協同組織金融機関と地域銀行はともに地域金融機関と呼ばれているので，What（何を）について，地域金融という同じ金融サービスの提供を行っているとみなしうるとしても，How（どのようにして）については，地域金融サービス提供方法は，協同組合組織の協同組織金融機関（会員・組合員間相互扶助を基本理念とする非営利法人）と株式会社組織の地域銀行（自助を基本理念とする

営利法人）では異なるので，協同組織金融機関と地域銀行の併存は望ましいと論じている。しかし，信用金庫と信用組合（地域信用組合）の併存については，「信用金庫と地域信用組合を別の制度として引き続き維持する意義・必要性や持続可能な協同組織金融機関の業態のあり方などについて，根本に遡り，多面的に検討していくことが考えられる。」(p. 6) と述べている。すなわち，信用金庫と地域信用組合はともに協同組織金融機関であるので，How（どのようにして）について，協同組合金融という同じ金融サービス提供方法を行っているとみなしうるとしても，What（何を：取引対象）については，信用金庫は「中規模ないし小規模零細企業金融，個人金融」，地域信用組合は「小規模零細企業金融，個人金融」をそれぞれ提供していて，中規模・小規模零細企業金融と小規模零細企業金融を同じととらえるか，異なっているととらえるかが信用金庫と地域信用組合の併存の賛否問題であろう。「中間論点整理報告書」は「規制改革推進のための３か年計画」(2007年) を受けたものであり，その基調は"縄張り"，"垣根"をなくすことであり，協同組織金融機関と地域銀行の併存はありうるとしても，信用金庫と地域信用組合の併存は議論の余地があるというものである。

　Where（どこで），Who（誰が），What（何を），Why（なぜ），How（どのようにして）は一般に4W1Hと呼ばれているが，ここでは信用金庫の4W1Hを検討することにより，信用金庫のアイデンティティと役割を明らかにしたい。

(1) 信用金庫はどこで（Where）事業を行っているのか：事業地区

　信用金庫法第10条（会員たる資格）には「地区内に」という文言があり，信用金庫の会員は「地区内に」住所・居所を有する者，事業所を有する者，勤労に従事する者，事業所を有する者の役員およびその信用金庫の役員である。「信用金庫定款例」の第３条（地区）は「この金庫の地区は，別表１のとおりとする。」と規定し，金融庁のHPで「金融機関情報→中小・地域金融機関の主な経営指標→都道府県別の中小・地域金融機関一覧表」を見れば，各信用金庫の「事業地区」（地区）を知ることができる。協同組織金融機関としての信

用金庫は理念の上では人的結合体であり,地区(事業地区)の範囲は,人的結合体としての統合の基盤をなす同質的な地域経済の圏域の中に限定されねばならない[7]。しかし,金融制度調査会金融制度第一委員会［1989］は,地区範囲について,「地域経済の発展に伴い,地域経済の圏域が拡大していく場合,又は地域経済が構造的停滞下にあり,その地域に地区が限定されているために,経営面で困難な状況が生じているような場合においては,地区の範囲を弾力的に扱う」,「人的結合体としての協同組織の基本的な性格を維持しつつ,経済規模の拡大等に伴い,会員及び組合員資格の適切な見直しを行うことが必要である。」と論じている。協同組織金融機関のあり方に関するワーキング・グループ［2009］は,協同組織性,それに基づくコモンボンド(共通の絆)の考え方に鑑みると,地区のあり方については現在の枠組みを維持することが望ましいと論じている。「どこで」を地理的領域ととらえれば「事業地区」であるが,「どこで」を展開領域ととらえれば「小規模であるために不利なあるいは不公正な取引条件を課せられる分野」,「情報の非対称性下,銀行のマーケティングでは補足困難な特殊ニーズ」,「行財政のみで負担できない分野」,「行政機構では把握困難な社会的ニーズ,公営では非効率な分野」である。

(2) 誰が(Who)信用金庫の利用者であるのか:会員

　信用金庫の会員資格を有する者は,事業地区内において,住所・居所,事業所を有する者,勤労に従事する者,事業所を有する者の役員およびその信用金庫の役員(信用金庫法施行規則第1条)である。ただし,個人にあっては常時使用従業員の数が300人を超える事業者は除かれ,法人にあっては常時使用従業員の数が300人を超え,かつ,資本金の額または出資の総額が政令で定める金額(9億円)を超える事業者は除かれる(信用金庫法第10条第1項)。全国信用金庫協会のHPにおいては,会員について,「一定地域内の中小企業者や地域住民を会員としています」と書かれ,信用金庫の経営理念として「信用金庫は,地域の方々が利用者・会員となって互いに地域の繁栄を図る相互扶助を目的とした協同組織の金融機関で,主な取引先は中小企業や個人です。利益第一主義

ではなく，会員すなわち地域社会の利益が優先されます。さらに，営業地域は一定の地域に限定されており，お預かりした資金はその地域の発展に生かされている点も銀行と大きく異なります。」と記されている。貸出について会員との取引を原則としていることが，会員の相互扶助を基本理念とする信用金庫の協同組合組織性である[8]。

(3) 信用金庫は何を（What）行っているのか：業務範囲

　信用金庫の本業は，普通銀行と同様に預金または定期積金の受入れ，貸出，為替取引であるが，普通銀行と異なり，貸出は原則会員向けであり，員外貸出は会員向け貸出を妨げない限度において行われている（信用金庫法第53条第1，2項）。全国信用金庫協会のHPにおいては，信用金庫の本業は「信用金庫は（会員制度による―引用者注）協同組織の地域金融機関であることから地域を限定して営業活動を行っており，地域で集めた資金を地域に還元することを最大の目的としつつ，業務を行っています。」とされている。業務範囲については，元来，信用金庫と普通銀行との間に大きな差があったが，第1に，昭和20年代から40年代にかけて利用者を会員に限定する規制が緩和された，すなわち，信用金庫法の27年改正で「地方公共団体，金融機関に対する貸し付け」，43年改正で「内国為替，有価証券の払込金の受入れ等の員外利用」，「卒業生金融，小口員外貸出」がそれぞれ認められた。第2に，昭和50年代から60年代にかけて普通銀行に従前から認められていた業務を信用金庫にも認められた，すなわち，信用金庫法の56年改正で外国為替業務，国債等の窓販，60年改正で国債等公共債のディーリング業務の取扱いがそれぞれ認められた。第3に，平成10年以降は，普通銀行の業務範囲の拡大とともに，信用金庫の業務範囲についても同様の拡大が図られている。すなわち，信用金庫法の10年改正で有価証券デリバティブ等，投資信託窓販，12年改正で保険窓販（一部解禁），14年改正で振替業，有価証券等清算取次ぎ，15年改正で有価証券の売買等に係る書面取次ぎ，証券仲介業，16年改正で信託契約代理業，信託受益権販売業，17年改正で信用金庫等代理業（銀行や他の協同組織金融機関の業務の代理・媒介），19年改正で保険窓

表2-1 信用金庫の業務範囲の拡大

	信用金庫
昭和27年改正	○会員のためにする有価証券払込金の受入れ等 ○地方公共団体、金融機関に対する貸し付け
昭和43年改正	○内国為替、有価証券の払込金の受入れ等の員外利用 ○卒業生金融、小口員外貸出 ◆一会員に対する貸出限度の新設
昭和48年改正	＜中央機関＞ ○会員以外の者の預金の受入れ ○有価証券の払込金の受入れ等 ○国民金融公庫その他大蔵大臣の指定する者の業務の代理
昭和56年改正	○外国為替業務 ◎国債等の窓販
昭和60年改正	◎国債等公共債のディーリング業務の取扱い
平成4年改正	○信託業務 ○社債等の募集の受託等
平成10年改正	◎有価証券デリバディブ等 ◎投資信託窓販
平成12年改正	◎保険窓販（一部解禁）
平成14年改正	◎振替業 ◎有価証券等清算取次ぎ
平成15年改正	◎有価証券の売買等に係る書面取次ぎ ◎証券仲介業
平成16年改正	◎信託契約代理業 ◎信託受益権販売業
平成17年改正	◎信用金庫等代理業（銀行や他の協同組織金融機関の業務の代理・媒介）
平成19年改正	◎保険窓販（全面解禁）

(注) 表中の「○」は業務範囲拡大，「◎」は昭和56年以降業務範囲拡大のうち銀行法改正と同時に改正したもの，「◆」は業務範囲制限をそれぞれ表している
出所：金融審議会金融分科会第二部会[2009]の表1より作成

販（全面解禁）がそれぞれ認められた。

　金融審議会金融分科会第二部会［2009］は「一般に，金融機関の業務範囲を拡大する際には，その業務に特有のリスクに見合った専門人材やリスク管理体制の構築が当然必要となる。従って，そのようなコストを負担してでも協同組織金融機関がやるべき業務とは何か，そのようなコストを負担することで，中小企業金融等の専門金融機関として協同組織金融機関が本来果たすべき役割を安定的に果たせなくなるのではないか等の観点から，今後の業務範囲についてあり方の検討を行っていくことが望ましい。」（pp. 11-12）と述べている。信用金庫の本業は中小企業金融であり，業務範囲の拡大については，一般金融機関との同質化を避けねばならない[9]。

⑷ 信用金庫はなぜ（Why）事業を行っているのか：業務目的

　信用金庫法の第1条（目的）は「この法律は，国民大衆のために金融の円滑を図り，その貯蓄の増強に資するため，協同組織による信用金庫の制度を確立し，金融業務の公共性にかんがみ，その監督の適正を期するとともに信用の維持と預金者等の保護に資することを目的とする。」と記し，この文章からは，信用金庫は銀行と同様の色合いを有し，一般金融機関としての性格が強いことが分かる。すなわち，第1に「国民大衆のために金融の円滑を図り，その貯蓄の増強に資する」，「金融業務の公共性にかんがみ，その監督の適正を期するとともに信用の維持と預金者等の保護に資する」といった目的は信用金庫に固有のものではない，第2に信用金庫は「組合員の経済的，社会的，文化的ニーズと願い」を満足させることを目的とする協同組合の一種であるにもかかわらず，「国民大衆のために」という文言はあっても，「組合員（会員）」の文言はないことが分かる。全国信用金庫協会のHPにおいては，信用金庫の3つのビジョンとして，「地域社会繁栄への奉仕」，「中小企業の健全な発展」，「豊かな国民生活の実現」が挙げられている。全国信用金庫協会のHPに書かれている「信用金庫の3つのビジョン」こそが信用金庫の事業目的を示しているように思われ，それゆえ信用金庫は中小企業・個人等専門金融機関，地域金融機関と

呼ばれているのである(10)。

　信用金庫は協同組織金融機関であり、会員（借手）は原則として「事業地区内」（地区内）と「中小企業・個人等」の二重の限定つきであるので、信用金庫は中小企業・個人等のみを借手とするという意味で「中小企業・個人等専門金融機関」と呼ばれ、「事業地区内」（地区内）のみを借手とするという意味で「地域金融機関」と呼ばれているのである。協同組織金融機関のあり方に関するワーキング・グループ [2009] は、協同組織金融機関が果たすことが望ましい機能として、中小企業金融機能、中小企業再生支援機能、生活基盤支援機能、地域金融支援機能、コンサルティング機能の5つを挙げているが、信用金庫の事業目的は、中小企業金融機能、中小企業再生支援機能、生活基盤支援機能、コンサルティング機能といった中小企業・個人等専門金融機能、地域金融支援機能といった地域金融機能の2つに大別される。地域金融支援機能の内実として、金融制度第一委員会 [1990] は地域住民等に対する金融サービスの均霑、地域間経済格差の是正に対する地域金融面からの貢献の2つを取り上げ、地域住民等に対する金融サービスの均霑はいわば事業地区内ユニバーサルサービスを、地域間経済格差の是正に対する地域金融面からの貢献は地域の主体性を発揮しながらの地域経済活性化をそれぞれ意味している(11)。

　金融審議会・我が国金融業の中長期的な在り方に関するワーキング・グループ [2012] は地域金融機関の事業目的として外に向かってのグローバル化、地域経済における新産業振興・産業再編の支援、地域における公益事業を取り上げているが、外に向かってのグローバル化は中小企業・個人等専門金融機能、地域経済における新産業振興・産業再編の支援、地域における公益事業は地域金融機能をそれぞれ意味している。

(5) 信用金庫はどのようにして（How）事業を行っているのか：運営

　信用金庫は会員の出資による協同組織の非営利法人であり、信用金庫の監督官庁は金融庁である。信用金庫の最高議決機関は総会または総代会であり、議決権は会員1人1票制をとっている。総会（総代会）では、理事および監事が

選任され，理事によって理事会が構成される。理事長等の代表理事は理事会で選任され，信用金庫の日常業務は，理事会の決定を踏まえて行われる。信用金庫は，「社会運動や連合会（信金中央金庫）によってマーケットにおける交渉力・競争力をもつ」，「会員制により利用者のニーズを的確に把握し，商品化・事業化に結びつける」，「組織内での迅速な合意形成」，「会員の機会主義的利用の抑制」によって事業を行っている[12]。

4　信用金庫のガバナンス

　金融制度調査会金融制度第二委員会［1989］は金融制度全般を検討する際の視点として，利用者の立場，国際性，金融秩序の維持の3つを挙げ，地域金融のあり方を別次元の問題であるとしている。ここでの「利用者の立場」は「競争を促進し，金融サービスの向上に資する」，「金融商品，金融サービスの多様化に資する」，「市場の発展，活性化に資する」を，「金融秩序の維持」は「預金者保護，信用秩序の維持の観点から見て問題はない」，「利益相反による弊害を防止できる」，「金融機関の間の実質的な競争が阻害されたり，企業と金融機関の間の対等な取引関係が阻害されたりすることはない」をそれぞれ意味しているが，日本の協同組合の父と言われている賀川豊彦「家庭と消費組合」は「競争が激しくなるから無茶苦茶な社会が生れるので，無茶苦茶な競争が無いやうに，従つて無駄遣ひのない社会を作つて行けば，社会は安定し，従つて生活不安といふものは無くなつてしまふ筈である。」(pp. 53-54)と述べている。両議論を敷衍すると，一方の金融制度調査会金融制度第二委員会［1989］の競争の促進と，他方の信用金庫の基礎にある協同組合論の「過激な競争は無駄を生む」は，同じ利用者目線からの主張ではあるが，競争に対する評価は異なり，それが金融制度調査会金融制度第二委員会［1989］をして競争促進と地域金融のあり方は別次元の問題であると述べさせていると思われる。したがって，信用金庫のガバナンスに競争原理（市場原理）をそのまま当てはめることは検討されなければならない[13]。

協同組織(協同組合)の構成員(会員・組合員)の基本的関心事はその協同組合が行う事業そのものであり、協同組合の事業運営はガバナンス、マネジメント、オペレーションの3つで行われている。協同組合においては、会員・組合員による民主的運営がガバナンスの基本理念とみなされ、会員・組合員の意思を正しく反映し、会員・組合員に貢献する組合運営、経営者の暴走をチェックできる組合運営を保障するためのガバナンスが問われる。一般に、コーポレート・ガバナンスは、利害関係者が自己の利益にもとづき、企業(組織)に対して影響力を行使することと理解されているが、企業(組織)に対する外部からのチェック、利害関係者(ステークホルダー)間の利害衝突問題という2つの面がある。

協同組織金融機関のあり方に関するワーキング・グループ[2009]は「協同組織金融機関は、信用秩序の維持の一端を担う一方、金融仲介機能を発揮することが求められる公共性の高い組織であることに鑑みれば、(中略)透明性の確保を含むガバナンスの一層の充実を図るため検討を行っていくことが望ましい。」と述べている。すなわち、信用金庫は、預金保険制度の下で、資産上のリスクをある程度預金保険機構や政府に転嫁することができるので、信用金庫のモラルハザードを防止し、その経営の健全性を確保し、預金者等の信頼を得るためには、ガバナンスを強化していく必要がある。

信用金庫のガバナンスについては、「市場による経営のチェックが行われにくく、ガバナンスが相対的に弱い」、「地域における評判等によるガバナンスが働く」と言われているが、信用金庫のガバナンスはストックホルダー型ガバナンスではなく、市場からの規律づけ、内部からの規律づけ、外部からの規律づけ、監督当局による規律づけといったステークホルダー型ガバナンス(複線的なガバナンス・システム)である。市場からの規律づけは預貯金者、地域社会への情報開示、内部からの規律づけは総代会、外部からの規律づけは外部監査、連合会(信金中央金庫)、監督当局による規律づけは金融当局、それぞれによるものである。

4-1　信用金庫の組織とガバナンス

　組織（総代会，理事会，監事）の視点から，信用金庫のガバナンスに係る自主的取り組みを検討する。

(1) 総代会の機能の向上

　金融庁「リレーションシップバンキングの機能強化に関するアクションプログラム」（2003年3月）は，「総代会の機能を強化するため，総代の選考基準や選考手続きの透明化，会員・組合員の意見を反映する仕組み等について，各業界団体に対し，平成15年度中の検討を要請するとともに，平成16年度の実施を要請する。」と述べ，それを受けて，協同組織金融機関のあり方に関するワーキング・グループ [2009] は「総代会制度に関する開示項目の業界内統一」，「総代会制度の周知に努める」，「総代の職業・業種別，年齢別，地域別等の構成を，協同組織金融機関の取引先構成に近づける」，「特定の者が長期にわたって総代を勤めることがないようにする工夫（総代の定年制の導入など）」などを迅速に実行することが望ましいと指摘し，「総代の選出に関しては，法令上，信用金庫は『会員のうちから選任』，信用組合は『組合員のうちから選挙』という差異があるが，いずれにおいても，総代の選出について，会員・組合員が立候補する機会が与えられるような工夫が図られることが望まれる。」と述べている。ただし，信用金庫は「1人1票」の人格組織であり，人格民主主義に基づく総代会は機能しにくいと思う。

(2) 職員外理事の登用

　法令上，理事の3分の2以上は会員・組合員でなければならないとされている。協同組織金融機関のあり方に関するワーキング・グループ [2009] は「現状，信用金庫や地域信用組合の中には会員・組合員資格を有する職員出身の理事が理事会の多数を占めているものもある。そのような状況下では，本来，会員・組合員のために存在する組織である協同組織金融機関の経営が金融機関と

しての立場で収益性等を過度に優先させる可能性がある。また，理事間の相互監視が期待しにくい面があり，ガバナンスの低下が懸念される。こうした問題に対処するとの観点からは，職員出身以外の会員・組合員理事（以下，『職員外理事』と言う）の登用には一定の有用性があると考えられ，各協同組織金融機関の経営判断において，積極的に職員外理事の登用が進められることが望まれる。」と述べている。理事会・職員の間には委任・受任関係があり，委任者が職員出身，受任者が職員であるというのはガバナンスの上では問題である。

(3) 複数の監事による監査を行う監事会制度の創設

法令上，現行の監事制度においては，一定の要件に該当する協同組織金融機関は2名以上の監事（うち会員・組合員以外の監事1名以上）が必要とされている。協同組織金融機関のあり方に関するワーキング・グループ［2009］は「協同組織金融機関の大規模化や業務の高度化を踏まえると，複数の監事間での役割分担による専門性発揮を可能にする観点から，（中略）複数の監事による監査を行う監事会制度を創設するための検討を行っていくことが望ましい。」（p. 9）と述べている。

4-2 信用金庫の決算開示とガバナンス

信用金庫の経営体としての持続可能性（サステナビリティー）を確保していくためには，経営（マネジメント）の質の問題を避けて通れないが，ここでは信用金庫のガバナンスの問題として，決算開示と外部監査を取り上げる。

(1) 半期決算・半期開示

銀行は，銀行法上，半期決算・半期開示が義務づけられており，四半期開示も努力義務とされている。また，上場銀行は金融商品取引法に基づき四半期決算（第2四半期については半期決算）・四半期開示が義務づけられている。協同組織金融機関については，法令上，年度決算・年度開示のみが義務づけられ，現状では，すべての協同組織金融機関が自主的に半期で仮決算と開示を行って

いる。協同組織金融機関のあり方に関するワーキング・グループ［2009］は「預金者保護の観点からみると，（中略）決算・開示について，銀行と異なる制度を維持する必要性は乏しい。また，自主的に行われている仮決算では貸出金の自己査定結果や有価証券の時価情報等が適切に反映されているかについて制度的な裏付けが乏しい。（中略）まずは，協同組織金融機関において，各々の経営判断のもとで，半期決算・半期開示に係る自主的な取組みが一段と進展していくことが望まれる。」と述べている。

(2) 外部監査と半期監査の制度化

銀行は，会社法上，会計監査人による年度監査が義務づけられており，金融商品取引法上，半期監査が義務づけられている。一定の要件に該当する協同組織金融機関は，会計監査人による年度監査が義務づけられているが，半期監査については特段の規定はない。協同組織金融機関のあり方に関するワーキング・グループ［2009］は「まずは，協同組織金融機関において，各々の経営判断のもとで，年度監査や半期監査に係る自主的な取組みが一段と進展していくことが望まれる。」と述べている。

5 信用金庫の連合会：信金中央金庫

信用金庫法においては，中央機関という規定はなく，それに相当するものとして「連合会」という規定がある。信用金庫の全国を地区とする連合会は信金中央金庫である。連合会は単位組織を会員とする協同組織金融機関であるが，法令上は単位組織と同列の協同組織金融機関であり，単位組織は連合会の会員にならなければならないという義務はない[14]。

連合会は，決済システムや相互支援制度など，会員のための中央機関としての機能も果たしているが，その機能に着眼した目的，役割，権限等は法律で規定されていない[15]。協同組織金融機関のあり方に関するワーキング・グループ［2009］は，中央機関としての機能を十分に発揮するためには，その目的，

役割,権限等について法的に明確化していく方向で検討が行われていくことが望ましいと論じている。

　金融制度調査会金融制度第一委員会［1989］によれば,協同組織金融機関の連合組織は,次の5つの役割を果たしている。

(1) 単位組織（個別協同組織金融機関）間の相互扶助

(1) 単位組織（会員となっている協同組織金融機関）間の地域的・季節的資金の需給調整
(2) 単位組織の余裕資金の集中による効率運用
(3) 事務集中による単位組織の業務の効率化

(2) 連合組織による単位組織の機能の補完

(4) 単位組織の業務の補完
(5) 支援融資等による単位組織の信用力の維持

　連合組織についても,広い意味で単位組織間の相互扶助の精神を基本としているが,「広い意味での相互扶助」は,単位組織間の相互扶助の仲立ちおよび単位組織の機能の補完の2つに大別することができる。金融審議会金融分科会第二部会［2007］は,協同組織金融機関の経営力を強化するための恒久的な取り組みとして,中央機関・連合会に以下の3つを要請している。

(1)「個別金融機関に対する経営モニタリングや経営相談・指導の機能を拡充するとともに,個別金融機関の経営力強化を図り健全性確保に万全を期すための資本増強制度を積極的に活用する。」
(2)「人材の育成や確保等を図りつつ,個別金融機関の経営管理態勢を強化するための人的支援を行う。」
(3)「市場リスクや収益性確保への対応として,個別金融機関の市場リスク管理態勢等の強化に向けて取り組むとともに,中央機関が個別金融機関の余裕資金を運用して収益を還元する機能等の一層の活用に向けて取り組む。」

注　51

（1）神吉［2006］は，協同組織金融機関は「金融機関性と協同組織性という，相反する性質を有する」(p. 2）と述べているが，4つの業態の協同組織金融機関のうち，信用金庫は一般金融機関性がより強く，協同組合性がより弱いと言われている。「金融機関性」「協同組織性」とは何か，どのように測るのか，それらは相反する性質であるのかは本書の課題の1つであるが，本書は，協同組織金融機関の3つの行動特性（協同組合性，地域金融機関性，中小企業金融機関性）をもって「協同組織金融機関らしさ」ととらえているので，3つの行動特性すべてをさまざまな組み合わせで備えている各信用金庫が最良の研究対象であると考えている。

（2）1949年（昭和24年）には，協同組合による金融事業に関する法律が制定された。

（3）私的独占禁止法第22条は，小規模の事業者，消費者を経済的弱者とみなし，小規模の事業者，消費者は相互扶助を目的とする協同組合を組織することによってはじめて同法の理想とする公正かつ自由な競争の競争単位となりうると考えている。

（4）「中小企業等協同組合法」第3条（種類）は，中小企業等協同組合として，「事業協同組合，事業協同小組合，火災共済協同組合」，「信用協同組合」，「協同組合連合会」，「企業組合」を挙げている。同法第6条（名称）において，信用協同組合は，その名称中に，「信用協同組合」または「信用組合」といった文字を用いなければならないと規定されている。

（5）金融制度調査会金融制度第一委員会［1990］は，地域金融機関を「効率性，収益性をある程度犠牲にしても地域住民等のニーズに応ずる性格を有する金融機関」と定義している。効率性，収益性を字義通りに犠牲にすることは考えにくく，むしろ「損して得取れ」（一見損をするように見えても，結局は大きな利益を得るように取り計らうのがよいという教訓）式の経営であろう。村本［2009］は「信用金庫は，その会員になることで融資を受けることができる相互扶助性をもつ協同組織で，非営利の金融機関である。」，「その出自はあくまで中小零細事業者の相互扶助であり，営利追求ではない。」，「その際，収益を目標とするのではなく，地域社会への貢献を眼目に置き，その実現として金融サービスの提供を行っている。」(p. 70）と述べている。

（6）会員・組合員以外の者からの預金受け入れは，協同組織金融機関がもたなければならない公共性を不可避なものにした。川添・榊田［1973］は「会員外からの預金をあつかう開放性と，貸付は会員のみに行うという閉鎖性」(p. 9）という理由で，信用金庫は矛盾を含んだ組織であると指摘している。

（7）佐藤［1925］は「信用組合は人の結合である。人々の間の精神上並に道徳上の結合である。」(p. 38），小平［1938］は「産業組合が相互組織の人的要素を原則とすることは，法律の規定に依り明かであるが更に進んで産業組合が相互扶助，隣保共助の精神的団体であることに付ては，法律には何等の規定もない。」(p. 8）と述べている。

（8）神吉［2006］は「協同組織金融機関は，組合員または会員の相互扶助を基本理念とする非営利法人である。」(pp. 1-2）と述べている。

（9）谷地［2011］は，信用金庫の存在理由として「協同組織形態の中小企業専門金融機関」，「地域金融機関」の2つを挙げ，川添・榊田［1973］は「信用金庫は，一般的には地域金融機関であり，特殊的には中小企業金融機関である。」(p. 11）と述べている。

（10）信用組合の根拠法である「中小企業等協同組合法」の第5条（基準及び原則）には次のことが記されている。

第1項 「組合は，この法律に別段の定めがある場合のほか，次の各号に掲げる要件を備えなければならない。
1. 組合員又は会員（以下『組合員』と総称する。）の相互扶助を目的とすること。
2. 組合員が任意に加入し，又は脱退することができること。
3. 組合員の議決権及び選挙権は，出資口数にかかわらず，平等であること。
4. 組合の剰余金の配当は，主として組合事業の利用分量に応じてするものとし，出資額に応じて配当をするときは，その限度が定められていること。」
第2項 「組合は，その行う事業によつてその組合員に直接の奉仕をすることを目的とし，特定の組合員の利益のみを目的としてその事業を行つてはならない。」
第3項 「組合は，特定の政党のために利用してはならない。」

(11) 川添・榊田［1973］は，信用金庫のなぜ（why）について，「資金ばかりでなく，『資金と共に情報を，資金と共に知恵を，資金と共に人を，資金と共にシステムを』地域に提供することを通じて，地域の人と事業との接触をあらゆる面で深め，地域社会との真の意味での共栄をはかるのがコミュニティ・バンクの使命である。」(p. 27) と述べている。

(12) Macleod［1997］は，「アリスメンディアリエタの考えによれば，協同組合企業は，資本主義企業に有効なすべての手段に加えて協同組合原理の付加的な道徳的効力をもっている。したがって，協同組合企業は，この利点をもってすれば，在来型企業に匹敵するだけでなく，それらの企業以上に十分な競争力をもつことになるだろう。」(訳書 p. 113) と述べている。

(13) 古典派経済学の大御所アルフレッド・マーシャルは，A. Marshall and M. P. Marshall『産業経済学』の第3編「第9章 協同組合」において，「協同組合運動の創設者たちが抱いていた理想は，競争の過酷な力を抑えて，兄弟的な信頼と提携を競争にかえることにより，世の中を刷新しようというものであった。かれらは，競争の刃のもとに，人びとの活力の多くが，互いをだしぬくために空費されているのを見た。かれらは，商品であれ，労働であれ，その売り手が，できるかぎり少なく，かつ質の悪いものを渡そうとしているのをみた。(中略) 上に述べた弊害は，兄弟的信頼と公開の精神によって，大幅に取り除くことができる。」(訳書 pp. 266-267) と述べている。つまり，過当競争は「人びとの活力の多くが，互いをだしぬくために空費されている」ので，協同組合精神（兄弟的信頼と公開の精神）はそれを是正しようとするものである。

(14) 信金中央金庫（信用金庫連合会）の所管は金融庁，各信用金庫の所管は地域ごとの10個の財務局と沖縄総合事務局である。

(15) 相互支援制度の原資は連合会自身の資金である。

第3章　信用金庫の存在意義と役割
──金融制度調査会・金融審議会──

　協同組織金融機関を取り巻く経済環境は1989年（平成元年）以降大きく変化し，1990年代の金融危機下，信用金庫の数は大きく減少した（図3-1）。すなわち，90年3月末の信用金庫数は454であったが，いわゆる"失われた20年"の間信用金庫の数は激減し，2011年3月末では271である。サブプライム金融危機を経験した世界経済は，「金融支配型資本主義」，「市場絶対主義」（Boyer [2011]）に批判的になり，「地域密着型金融（リレーションシップ・バンキング，以下「リレバン」と略称）」（金融庁），「人格金融」，「道徳金融」（滝川 [2009]），「人間本位の金融」（ロバート・シラー [2012]）が世界的にも注目を集めている。また，我が国では，「貸金業法」の抜本改正（2006年12月20日公布）が行われ，零細な借手への資金供給が一層重要な課題となっている。本章では，1989年以

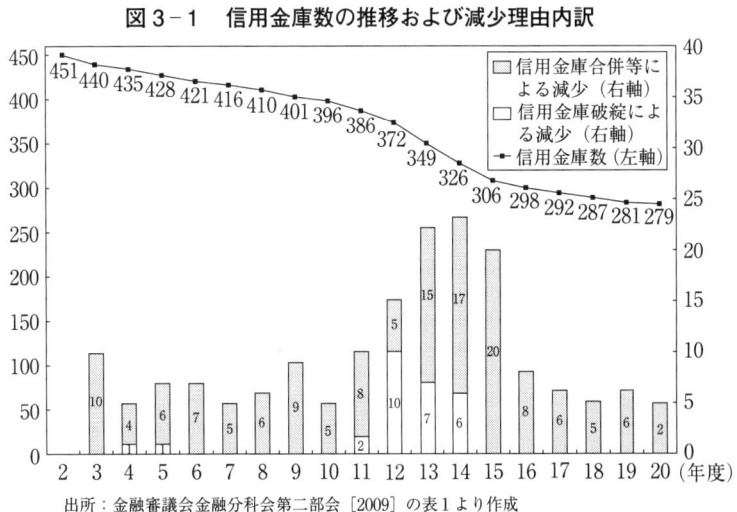

図3-1　信用金庫数の推移および減少理由内訳

出所：金融審議会金融分科会第二部会 [2009] の表1より作成

降の金融制度調査会・金融審議会の報告書・答申をもとに，信用金庫の存在意義と役割を明らかにする[1]。

1 「協同組織形態の金融機関のあり方について」：1989年5月

　金融の自由化・国際化の進展など金融経済環境が変化する中で，我が国の金融制度のあり方を検討するために，1985年9月，金融制度調査会の下に「専門金融機関制度をめぐる諸問題研究のための専門委員会（制度問題研究会）」が設置され，87年12月，報告が取りまとめられた。この報告を受けて，88年2月に，金融制度調査会金融制度第一委員会・同第二委員会が設置された。金融制度第一委員会は相互銀行制度および協同組織形態の金融機関に係る制度のあり方について検討を行い，89年5月，「協同組織形態の金融機関のあり方について」と題する中間報告を取りまとめた。

　中間報告書は「協同組織金融機関の基本的あり方」，「協同組織金融機関の業務のあり方」，「協同組織金融機関の組織のあり方」，「連合組織の役割及び連合組織の機能のあり方」，「合併・転換」の5つの章からなっている。以下は，本書の視点からの，中間報告書のポイントである。

(1) 協同組織金融機関の基本的あり方
①「対象の専門性」による専門金融機関

　金融機関の経営の効率化が進められる中で，中小企業，個人等を取引相手とする金融分野においては，「貸付規模が比較的小口であること」，「リスク判断において個別の事情を斟酌する必要があること」，「取引相手が多数にのぼることに加え，その金融ニーズも個々の事情に即しきわめて多様であること」などの理由から，金融情勢のいかんにかかわりなく安定的な資金供給を行うためには，一般の金融機関に加えて，これらの分野を専門とする金融機関を存置する必要性が高い。

② 中小企業・個人等専門金融機関が協同組織形態を採ることの意義

　第1に，協同組織金融機関は地縁・人縁を基盤としていることから会員・組合員のニーズの把握が容易であり，また非営利の相互扶助組織であることから会員・組合員の利益が第一義的に考慮されているので，「利用者ニーズに即したきめ細かな金融サービスの提供が可能となる。」，第2に，協同組織金融機関からの最終的借手は原則として会員・組合員であり，貸手・借手間に強い密着性・連帯が存在するので，「長期的な観点から，借り手の立場に立った幅広い与信判断がなされることが期待される。」

③ 地域を基盤とする金融機関

　協同組織金融機関の会員・組合員の資格は地域的範囲が限定され，その意味で，協同組織金融機関は多かれ少なかれ，地域を基盤とする金融機関の性格を有している。地域を基盤とする金融機関は「地域から資金を吸収し，それを地域に還元するという役割を担っており，地域経済の活性化・個性化が我が国の重要な課題とされる中，その役割は一層増大していくものと考えられる。」

(2) 協同組織金融機関の業務のあり方

① 預金・貸出については会員・組合員との取引を原則：協同組織性

　預金・貸出について，会員・組合員との取引を原則としていることが，会員・組合員の相互扶助を基本理念とする協同組織金融機関の協同組織金融機関たるゆえんとなっている。「協同組織金融機関の預金及び貸出について，会員又は組合員中心の業務運営を変更することは，協同組織金融機関の協同組織性を損うこととなりかねないため，このような基本的な考え方については，これを維持することが適当と考えられる。」

② 一般金融機関との同質化を避ける

　「業務範囲を拡大するに当たっては，今後とも協同組織としての性格を維持することを基本とし，一般の金融機関との同質化の問題が生じないよう留意する必要があると考えられる。」

(3) 協同組織金融機関の組織のあり方

① 地区の範囲は同質的な地域経済の圏域の中に限定

「人的結合体としての協同組織の基本的な性格に照らし,信用金庫,地域信用組合及び農林系統金融機関のように地域を基盤とする金融機関の性格が強いものにあっては,地区の範囲は,人的結合体としての統合の基盤を成す同質的な地域経済の圏域の中に限定するのが合理的である。」

② 地区範囲の拡大

「地域経済の発展に伴い,地域経済の圏域が拡大していく場合,又は地域経済が構造的停滞下にあり,その地域に地区が限定されているために,経営面で困難な状況が生じているような場合においては,必要性について十分検討した上で,地区の範囲を弾力的に扱うことが適当である。」

③ 会員・組合員資格

「人的結合体としての協同組織の基本的な性格を維持しつつ,経済規模の拡大等に伴い,会員及び組合員資格の適切な見直しを行うことが必要である。」

④ 組織運営:協同組織性 vs. 一般金融機関性

「協同組織としての組織運営の原則は維持する必要があるが,同時に,金融機関としての組織運営の弾力性を確保することも重要であり,こうした観点から,組織運営のあり方について適時適切な見直しを行う必要がある。」

「協同組織形態の金融機関のあり方について」からは,信用金庫の存在意義と役割について,以下の7点を指摘できる。

(1) 一般金融機関は経営の効率化を重視すればするほど,小口・個別性・多数・多様性といった特性をもっている中小企業・個人金融を敬遠しがちになる。信用金庫は中小企業・個人に安定的な資金供給を行う専門金融機関としての存在意義を有する。

(2) 信用金庫の会員は利用者(最終的借手)であり,顧客は利用するために会員になっている。信用金庫は,第1に地縁・人縁を基盤としているので,会員のニーズを容易に把握でき,第2に非営利の相互扶助組織であることから会員の利益を第一義的に考慮でき,その結果,利用者ニーズに即したきめ細か

な金融サービスを提供できる。信用金庫の存在意義は利用者ニーズに即したきめ細かな金融サービスを提供できることである。

(3) 信用金庫は相互扶助組織である。信用金庫からの最終的借手は原則として会員であり，相互扶助は最終的借手間である。貸出について，会員との取引を原則としていることが，会員の相互扶助を基本理念とする信用金庫の信用金庫たるゆえんとなっている。

(4) 信用金庫は長期的な観点から，最終的借手の立場に立った幅広い与信判断を行う。

(5) 「協同組織形態の金融機関のあり方について」は「協同組織金融機関は多かれ少なかれ，地域を基盤とする金融機関の性格を有している。」と述べているが，信用金庫の会員資格は定款に明記している事業地区に限定されているので，信用金庫は「多かれ少なかれ」どころか，純粋なる地域金融機関であり，調達した資金を地域に貸し出すという役割を担っている。

(6) 信用金庫の協同組織性（人的結合体）は，貸出取引を原則として会員限定していることによって維持され，それが一般金融機関との差異である。一般金融機関との同質化の問題が生じないように，業務範囲・業務地区・会員資格を拡大するときには，協同組織としての性格を維持しなければならない。

(7) 「協同組織形態の金融機関のあり方について」は，信用金庫は「協同組織としての組織運営の原則」（協同組織性）と「金融機関としての組織運営の弾力性」（一般金融機関性）を同時に保持しなければならないと論じている。一般金融機関との同質化の問題が生じないように，協同組織性を堅持しなければならない。

2　「新しい金融制度について（中間報告)」：1989年5月

1989年5月15日，金融制度調査会金融制度第一委員会は「協同組織形態の金融機関のあり方について」をまとめ，同年5月16日，同調査会金融制度第二委員会は「新しい金融制度について（中間報告)」をまとめた。金融制度第二委

員会は「利用者の立場」,「国際性」,「金融秩序の維持(金融制度の安定性,公平性)」の3つの視点に基づいて我が国の金融制度全般を検討し,「新しい金融制度について(中間報告)」は金融制度の見直しを行うに当たって考えられる仕組みとして,相互乗入れ方式,業態別子会社方式,特例法方式,持株会社方式,ユニバーサル・バンク方式の5つを挙げている。

ここで,「利用者の立場」は「競争を促進し,金融サービスの向上に資する」,「金融商品,金融サービスの多様化に資する」,「市場の発展,活性化に資する」である。「国際性」は「国内の利用者はもちろん,海外の利用者にとっても市場への参加が容易で,国内市場の空洞化を防ぎ,かつ,国際的地位にふさわしい責務を果たすことができる」,「外国金融機関にとって参入しやすいものとなる」,「諸外国の制度と整合性がとれたものとなる」である。「金融秩序の維持(金融制度の安定性,公平性)」は「預金者保護,信用秩序の維持の観点から見て問題はない」,「利益相反による弊害を防止できる」,「金融機関の間の実質的な競争が阻害されたり,企業と金融機関の間の対等な取引関係が阻害されたりすることはない」である。

「新しい金融制度について(中間報告)」は残された問題の1つとして「地域金融のあり方」を挙げ,「当委員会としては,地域の住民の利便を図るなどの観点から,地域金融に関し,金融機関が補完的にどのような機能を担っていくべきかについて,金融制度調査会の中に検討の場を設けるべきであると考える。」と述べている。金融制度調査会金融制度第二委員会は,金融制度全般を検討する際の視点として,「利用者の立場」,「国際性」,「金融秩序の維持」の3つを挙げ,「地域金融のあり方」を別次元の問題であるとしている。

3 「協同組織金融機関の業務及び組織のあり方について」:1990年5月

金融制度調査会金融制度第一委員会における「協同組織金融機関のあり方」の審議の一環として,金融制度第一委員会作業部会は1990年5月25日,「協同

組織金融機関の業務及び組織のあり方について」をまとめた。

「協同組織金融機関の業務及び組織のあり方について」の信用金庫の視点からのポイントは次の2つである。

① 小口員外貸出の貸出限度額

　信用金庫については，小口員外貸出の制度があり，非会員1人当たりの貸出限度額が設定されているが，「これらの貸出限度額については，最近における小口員外貸出の実態を勘案して，各々の業態相互間の権衡に配慮しつつ適切な水準に引き上げることが適当である。」と述べている。

② 同一人に対する信用供与の制限

　中小企業金融専門機関については，同一人に対する信用供与に関し，自己資本を基礎とした法定の規制を補完するものとして，通達により，一定限度を超える信用供与の総額を総貸出の20％の範囲内に抑えるという指導が行われてきた。これに関して，「中小企業金融専門機関において，同一人に対する信用供与の限度額を設けることは，資産運用における安全性の確保のみならず，中小企業に対し広く融資の均霑を図る観点から，今後とも維持することが適当であるが，現行の金額限度は，昭和55年に設定されたものであり，その後の自己資本の充実及び融資規模の拡大等を考慮すれば，これを引き上げることが適当である。」と述べている。

　「協同組織金融機関の業務及び組織のあり方について」からは，信用金庫の存在意義と役割について，以下の2点を指摘できる。

(1) 非会員1人当たりの貸出限度額の規制緩和は「各々の業態相互間の権衡に配慮しつつ」とされているが，会員借手に対しても配慮しなければならない。
(2) 同一人に対する信用供与額の規制は，一般金融機関では資産運用における安全性の確保から行われるが，信用金庫ではさらなる理由として，中小企業に対する融資の均霑を図る観点から行われる。

4 「地域金融のあり方について（中間報告）」：1990年6月

「新しい金融制度について（中間報告）」（1989年5月）を受けて，金融制度第一委員会は，金融制度見直しの一環として，地域金融のあり方を検討し，1990年6月20日，「地域金融のあり方について（中間報告）」をまとめた。金融制度第一委員会は，金融制度第二委員会の金融制度見直しの3つの視点「利用者の立場」，「国際性」，「金融秩序の維持（金融制度の安定性，公平性）」に，さらに「地域の活性化」，「金融制度改革全体との整合性」の2つの視点を加えて，地域金融のあり方を検討している。すなわち，金融制度第一委員会は，「地域住民等に対する金融サービスの均霑」，「地域間格差の是正に対する地域金融面からの貢献」といった2つの観点から，「全国の隅々において地域の住民等に必要な金融サービスを提供している地域金融及び地域金融の中心的な担い手となっている地域金融機関」を検討している。

「地域金融のあり方について（中間報告）」は地域金融機関として，地方銀行，第二地方銀行協会加盟行，協同組織金融機関を取り上げ，次の4点を指摘している。

① **地域住民等に対する金融サービスの均霑**

地域金融機関は，地域の金融ニーズの多様化・高度化に対応して，「地域住民・企業等の資産形成・資産管理への対応」，「地元企業等の育成・振興への対応」，「地域社会の質的向上への対応」といった役割を果たすことが期待されている。

② **地域間経済格差の是正に対する地域金融面からの貢献**

「経済の首都圏一極集中，地域間格差の拡大の是正には，まず地域の活性化が必要である。そのためには，全国的な情報網をもち，企画力・資金力の面で優れた金融機関の参画が必要と考えられるが，同時に，地域の主体性・創意工夫を発揮するためには，当該地域に営業基盤をおき地域とともに生きる地域金融機関の参画が必要であると考えられる。」

③ 地域金融機関の業務範囲の緩和

「利益相反等」,「金融機関の財務体質の改善,リスク管理能力の向上」,「本体で業務を適正に行いうる人材の確保・専門知識の蓄積・管理体制の整備」といった問題に留意しながら,「地域金融の充実を図る観点から,子会社方式により難い場合,補完的に,地域金融機関本体で業務範囲の緩和を進めることが適当であると考える。」

④ 業務提携・代理等の活用

「地域金融機関本体の業務範囲の緩和のほかに,地域金融のニーズに応える方策として,業務提携や代理等の活用を図ることが適当であると考える。」

金融制度第一委員会は,金融制度見直しの一環として,地域金融のあり方を検討したが,金融制度第二委員会の金融制度見直しを協同組織金融機関に適用するときには,協同組織性の観点から,「協同組織金融機関の子会社方式についてどう考えるか」,「連合組織による単位組織の補完機能をどのように活用するか」といったことを,さらに検討する必要がある。

「地域金融のあり方について（中間報告）」からは,信用金庫の存在意義と役割について,以下の3点を指摘できる。

(1) 地域金融の役割は「地域の活性化」,すなわち「全国の隅々における地域住民等に対する金融サービス（資産形成・資産管理,地元企業等の育成・振興,地域社会の質的向上）の均霑」,「地域間格差の是正に対する貢献」であり,信用金庫は地域金融の中心的な担い手となっている地域金融機関の一つである。

(2) 地域間経済格差拡大の是正には「全国的な情報網をもち,企画力・資金力の面で優れた金融機関」（メガバンクなど）の参画が必要であるが,「地域の主体性・創意工夫を発揮するためには」信用金庫などの地域金融機関の参画が必要である。

(3) 地域金融のニーズに応える方策には,信用金庫本体の業務範囲の緩和のほかに,業務提携や代理等の活用がある。

5 「新しい金融制度について（調査会答申）」：1991年6月

　金融制度調査会は，1990年7月13日，今後の我が国金融制度の具体的なあり方について総合的な検討を行う専門委員会として制度問題専門委員会を設置し，91年6月25日，「新しい金融制度について（調査会答申）」をまとめた。「新しい金融制度について（調査会答申）」は「経済・金融環境が急速に変化しており，今後，一層の金融自由化と金融機関経営の効率化が展望される中で，中小企業，農林漁業者，個人等に対する適切な金融サービスを確保するためには，これら協同組織金融機関の経営の健全性に十分留意しつつ，その業務範囲の拡大について弾力的な対応を図ることが必要である。」と述べている。

　「新しい金融制度について（調査会答申）」からは，信用金庫の存在意義と役割について，以下の2点を指摘できる。

(1) 一層の金融自由化と金融機関経営の効率化が展望される中では，一般金融機関は中小企業，農林漁業者，個人等に対する金融を敬遠しがちになる。信用金庫は中小企業・個人に安定的な資金供給を行う専門金融機関としての存在意義を有する。

(2) 中小企業・個人に対する適切な金融サービスを確保するためには，信用金庫は経営の健全性に十分留意しつつ，業務範囲を拡大することが必要である。

6 「地域密着型金融の取組みについての評価と今後の対応について」：2007年4月

　金融審議会金融分科会第二部会「地域密着型金融の取組みについての評価と今後の対応について―地域の情報集積を活用した持続可能なビジネスモデルの確立を―」(2007年：以下，「地域密着型金融の取組み」と略称）は，リレバンは，中小・地域金融機関が引き続き取り組みを進めていくべきものであると結論づけ，「このような制度的制約（事業地区の制約など―引用者注）の下，地域の小

規模事業者を主要な顧客としている協同組織金融機関は，地域密着型金融のビジネスモデルが相対的に当てはまりやすい存在であり，今後とも，小規模事業者を対象とする地域密着型金融の重要な担い手となることが期待される。」と述べて，「補論 協同組織金融機関について」を設けている。

「地域密着型金融の取組み」は，協同組織金融機関の現状を「地域密着型金融への取組みは総じて自己資本比率の上昇や不良債権比率の低下に結びついている」，「先端的な金融手法（Debt Equity Swap, Debt Debt Swap など）については総じて実績が上がっていない」，「不良債権比率は他業態に比して高い」，「預貸率は他業態に比して低い」，「従業員数が減少する中，地区の拡大や会員・組合員数の増加がみられる」，「規模・マンパワーに制約がある」と特徴づけ，協同組織金融機関のリレバンの具体的内容および推進体制を論じている。

(1) 協同組織金融機関のリレーションシップ・バンキングの具体的内容

「地域密着型金融の取組み」は「協同組織金融機関は，相互扶助・非営利という特性を活かし，会員・組合員でもある取引先の身の丈・ニーズに合った地域密着型金融への取組みが必要であり，そのため地域銀行にも増した『選択と集中』の徹底が不可欠である。」と述べ，協同組織金融機関は「会員・組合員との関係強化」，「地域の現場に根ざした，地域に開かれた積極的な地域貢献・還元」を行うことが重要であると論じている。

協同組織金融機関のリレバンの具体的な取り組みとして，以下の3つを挙げている。
(1)「目利き能力の向上，人材育成」
(2)「身近な情報提供・経営指導・相談」
(3)「商工会議所，商工会，中小企業再生支援協議会等，他機関との連携」
協同組織金融機関のリレバンの具体的内容として，以下のものを挙げている。
(1)「会員・組合員に対する相談機能を活かした予防策を中心に，目的別ローンなども活用した，多重債務者問題解決への一定の役割発揮」
(2)「個人・小規模事業者の資金ニーズに対するきめ細やかな対応」

(3)「企業的な規模拡大を目指さず，地域・生活に密着した活動を行っているコミュニティ・ビジネスやNPOへの支援・融資（マイクロファイナンス的な取組み等），地域社会への貢献・還元」

(2) 協同組織金融機関のリレバン推進のための態勢強化

「地域密着型金融の取組み」は「協同組織金融機関は，その特性を踏まえつつ，ガバナンスの強化，コンプライアンス態勢・リスク管理態勢の強化等，経営力の強化に向けた取組みが必要である。」と述べ，協同組織金融機関のリレバン推進のための態勢整備・強化として，以下のものを挙げている。

(1)「経営力の強化として，コンプライアンス態勢及びリスク管理態勢の強化等に取り組む」
(2)「法令上，新たに半期開示について努力規定が設けられたこと等を踏まえると，引き続き，半期開示の充実や総代会の機能強化に自主的に取り組むことによりガバナンスの強化を図る」
(3)「会員・組合員の意見・ニーズを把握し，これを経営改善につなげていく組織的な枠組みを構築・強化することを通じ，会員・組合員との関係強化を図る」
(4)「地域の現場に根ざし，地域に開かれた，積極的な地域貢献・還元等の取組みを行うことを通じ，地域の幅広いステークホルダーに根ざした基盤強化を行う」

(3) 協同組織金融機関のリレバン推進のための中央機関・業界団体の業務補完・支援

「地域密着型金融の取組み」は「個別機関への対応のみならず，相互扶助の特性を業態内でも十分発揮するべく，中央機関・業界団体のネットワークを積極的に活用しつつ，その機能充実を通じた総合的な取組みの推進を図ることも必要である。」と述べ，協同組織金融機関のリレバン推進のための中央機関・業界団体の業務補完・支援として，以下のものを挙げている。

(1)「政府系金融機関等，事業再生や地域活性化等にノウハウを有する機関と傘下金融機関との連携の場を設定・提供」
(2)「中央機関や業界団体のネットワークを使った，先端的な金融手法に係る支援，事業再生・地域活性化に係るノウハウや全国的な取引先に係る情報等の共有・傘下金融機関への提供」
(3)「業務の効率化や『規模の経済』を発揮する観点から，事務・システムの共通化，業務提携等の推進」
(4)「日常的に協同組織金融機関が行っている債務者との長期的な密度の高いコミュニケーションの効果発揮に資する取組み」
(5)「業態としての地域密着型金融への取組み等に関し，中央機関や業界団体のネットワークを活かした，地域に対する情報収集・発信の強化」

「地域密着型金融の取組みについての評価と今後の対応について」からは，信用金庫の存在意義と役割について，以下の2点を指摘できる。
(1) 信用金庫は中小・地域金融機関の一つであり，リレバンのビジネスモデルが相対的に当てはまりやすい存在である。
(2) 信用金庫は「会員・組合員との関係強化」，「地域の現場に根ざした，地域に開かれた積極的な地域貢献・還元」という2つの意味で，地域銀行よりも「選択と集中」の徹底をしなければならない。

7 「規制改革推進のための3か年計画」：2007年6月

　2007年6月に閣議決定された「規制改革推進のための3か年計画」は，「イノベーションの創造とオープンな姿勢による成長経済の実現」，「再チャレンジが可能な社会の実現，地域の活性化」，「簡素で効率的な政府の実現」などを図ることによって，我が国の経済社会を官主導のシステムから脱却し，自由と規律に支えられたシステムへ移行することを目指したものである。
　「我が国の経済・社会の活性化のためには，競争政策の推進が一層重要な課題となっており，金融分野においても競争政策の推進は重要な課題である。」

と述べ，協同組織金融機関（信用金庫・信用組合）に関する法制の見直しについて，「協同組織金融機関は，地域密着型金融の機能強化に取り組んでおり，最も身近な金融機関として地域金融の重要な担い手となっている。（中略）協同組織金融機関は，業務や資金調達手段が制約されているため，今日の環境のなかでその制約を見直すことにより協同組織金融機関が一層そのあるべき機能を発揮できるようになるとの指摘がある一方，協同組織金融機関については税制上の優遇措置が認められており，今後，銀行と同一の条件で業務を行っていくのであれば，税制上の優遇措置の根拠を何に求めるのか再検討が必要になると考えられる。また，株式会社組織の金融機関に比べれば，ガバナンスが十分に機能していないとの指摘もあり，業務面と合わせて組織面での整備も必要であると考えられる。」と指摘し，員外取引制限，資金調達手段，ガバナンスなどの見直しを検討課題として取り上げている。

とくに，信用金庫については，「自己資本の充実を通じた経営基盤の強化を図る観点から，協同組織金融制度の理念の範囲内での信用金庫等による劣後債の発行の可否」，「信用金庫が地域経済において引き続きその役割を発揮する観点から，信用金庫の会員資格の資本金基準を引き上げること」，「信用金庫について，協同組織としての性格を踏まえつつ所在不明会員を法定脱退させるための制度の創設が可能か」についてそれぞれ検討されることになった。

「規制改革推進のための3か年計画」からは，信用金庫の存在意義と役割について，以下の2点を指摘できる。

(1) 我が国の経済・社会の活性化のためには，規制改革を推進し，官主導のシステムから自由と規律に支えられたシステムへ移行しなければならない。競争の推進が一層重要な課題となり，信用金庫をめぐっても競争の推進は重要な課題である。

(2) 信用金庫に対する税制上の優遇措置をアメとすれば，業務規制（員外取引制限，資金調達手段の制約，信用金庫の会員資格）はムチである。業務規制を緩和するのであれば，税制上の優遇措置の根拠を何に求めるのか再検討が必要になる。

8 「中間論点整理報告書(協同組織金融機関のあり方に関するワーキング・グループ)」: 2009年6月

「規制改革推進のための3か年計画」(2007年6月)を受けて,2008年3月に,金融審議会金融分科会第二部会の下に「協同組織金融機関のあり方に関するワーキング・グループ」が設置され,次の3つの視座に立った検討が行われ,09年6月29日に「中間論点整理報告書」がまとめられた。

① 協同組織金融機関本来の役割は,相互扶助という理念の下,中小企業および個人への金融仲介機能を専ら果たしていくことである。

② 協同組織金融機関がその取り巻く状況の変化等を受け,協同組織金融機関が担うべき役割を十全に果たしていないのではないか,との問題意識が存在する。

③ 協同組織金融機関が担うことが期待される役割について,その発揮の阻害要因の特定および一層の発揮のための方策や制度・環境整備のあり方を検討することが必要である。

「中間論点整理報告書」は,協同組織金融機関(信用金庫と信用組合)を「本来,相互扶助を理念とし,非営利という特性を有するもの」,「地域金融及び中小企業金融の専門金融機関」(p. 2)と位置づけ,「協同組織金融機関の本来的な役割は,相互扶助という理念の下で,中小企業及び個人への金融仲介機能を専ら果たしていくことであり,(中略)協同組織金融機関は,この本来的な役割を果たし,地域経済・中小企業に対する円滑な資金提供を通じて地域の資本基盤整備や雇用の確保に積極的に貢献していくことが重要である。」(p. 2)と論じ,「このことは,金融・資本市場の発展が見られる今日においてもなお,また,地域経済の疲弊や格差の問題が指摘される今日であるからこそより一層,あてはまるものと考えられる。」(p. 2)と述べ,「中長期的にみると,協同組織金融機関は,従来は必ずしも十分に取り組んでいなかったような分野も含め,地域経済や中小企業に対する金融仲介機能の担い手としてその重要性を益々増

してきている。」(p. 17) と結論づけている。

「中間論点整理報告書」は，預貸率の低下など，従来の融資を通じた金融仲介機能の伸び悩みが見られる中，協同組織金融機関が果たすことが望ましい機能として，中小企業金融機能（中小企業の規模に応じたきめ細かな金融機能），中小企業再生支援機能，生活基盤支援機能（業績不振の中小企業経営者や多重債務者に対するきめ細かい対応や，地域で生活支援活動を行っている団体に対する協力・支援），地域金融支援機能（地域の再生），コンサルティング機能（情報提供，アドバイス）の5つを挙げ，取引先の状況や協同組織金融機関の規模・特性に応じて，上記の5つの機能を適切に組み合わせることが重要であると論じている。

また，「中間論点整理報告書」は，以下のことを指摘している。

① **不良債権問題**

「一般に不良債権は経営の自由度を低下させ金融仲介機能の発揮を阻害する傾向がある。（中略）協同組織金融機関は，その業務の特質上，不良債権を直ちに切り離すことが困難な面があり，再生支援を図りながら解決の道筋を見つけていくことになるため，ある程度の時間をかけた取組みが必要となる。」

② **ガバナンス**

「協同組織金融機関は，信用秩序の維持の一端を担う一方，金融仲介機能を発揮することが求められる公共性の高い組織であることに鑑みれば，（中略）透明性の確保を含むガバナンスの一層の充実を図るため検討を行っていくことが望ましい。」

③ **協同組織金融機関の会員・組合員資格**

「協同組織金融機関の会員・組合員資格については，現在の運用上，特段の問題は生じておらず，制度の見直しの必要性は現時点では高くない。」

「中間論点整理報告書」からは，信用金庫の存在意義と役割について，以下の3点を指摘できる。

(1) 信用金庫にとっては，「業務の特質上」（相互扶助・非営利，地域金融および中小企業金融の専門金融機関）という理由づけから，不良債権をソフトランデ

ィングで処理することが望ましい。
(2) 信用金庫の組織特性は会員の利益を優先し，公益性を発揮しにくいものであるが，金融という事業の特性はきわめて高い水準の公共性を有している。
(3) 信用金庫が果たすことが望ましい機能として，中小企業金融機能（中小企業の規模に応じたきめ細かな金融機能），中小企業再生支援機能，生活基盤支援機能（業績不振の中小企業経営者・多重債務者に対するきめ細かい対応など），地域金融支援機能（地域の再生），コンサルティング機能（情報提供，アドバイス）の5つが挙げられている。

9 「我が国金融業の中長期的な在り方（素案）」：2012年3月

　金融審議会・我が国金融業の中長期的な在り方に関するワーキング・グループは，金融担当大臣より，「我が国金融機関の国際競争力の強化，地域経済における金融機能の向上，更には両者があいまって我が国経済・金融業の一層の発展を図るための中長期的な課題等」についての検討を諮問されたことを受け，2012年3月12日，「我が国金融業の中長期的な在り方（素案）」をとりまとめた。
　地域金融機関については，以下のことを指摘している。
① 外に向かってのグローバル化
　「地域金融機関においても，海外進出を企図し実行に移す中小企業を，情報と資金の両面で支援していくためには，大手金融機関や政府系機関との連携，海外現地の地場銀行との連携，さらには，地域金融機関同士の連携・提携（共同店舗等）などを展望することが不可欠になっている。ここでもやはり，顧客目線や国際展開戦略に対する経営陣のコミットメントの強弱，人材確保・管理の優劣など，組織の在り方に対する考え方が，結果を大きく左右していくことになる。」
② 地域経済における新産業振興・産業再編を支援
　「地域における医療・高齢者介護，環境・バイオ，農業等の分野をはじめとする新規事業への挑戦は，低迷を続ける地元経済の起爆剤になり得るほか，少

子高齢化という新たなフェーズに突入した我が国経済の成長に貢献するものと評価できる。これを支えるのは金融業としての使命でもあり，地域金融機関の積極的な関与が期待される。」

③ **地域における公益事業**

「地域の活性化等の計画策定や新しい形での公益事業の展開において，地域金融機関は，単に資金供給のみならず，コンサルティング機能の発揮を通じた貢献が可能である。」

④ **地域金融機関の課題**

「地域金融機関における預貸率の低さを踏まえると，資金が絶対量として不足しているわけではない。預貸率が低下する中，地域金融機関が提供する金融サービスの対価である貸出金利は低下傾向を辿っている。地域金融機関においては，国債投資による金利リスク・テイクが収益確保手段となる中で，適切なコンサルティング機能を発揮しつつ自らの収益力を高めていく道筋は見えていない。コンサルティング機能を発揮しつつリスク・テイクを実行していくだけの経営基盤が不足していることが根本的な課題となっているのである。」

⑤ **地域集中リスク**

「特定地域においてリスクマネー供給を増加させる場合，個別金融機関は『地域集中リスク』を負うことになる。このリスクの分散を含め，適切なリスク管理の在り方も，重要な課題になっていく。」

⑥ **連携・提携：中央機関を利用する形でのリスク分散**

「連携・提携に関しては，通常の業務提携に加え，地域 CLO (Collateralized Loan Obligation) などを活用しながら本拠地でない地域との関わりを強化することが地域金融機関にとって有益である。また，信用金庫や信用組合については，中央機関を利用する形でのリスク分散も検討されるべきであろう。」

⑦ **金融機関内部での意見が偏りがち：人材の同質性**

「地域金融機関の成長性・収益性が総じて停滞している背景として，地域経済，地域の中堅・中小企業の低迷がある。しかし，（中略）それと同時に，金融機関自身の先入観に起因する問題や内部ガバナンスの問題もあるのではない

かとの見方も示された。例えば，金融機関は総じて人材が同質的であり，内部での意見が偏りがちであることが，顧客ニーズに合致した金融商品の開発を妨げているとの指摘がなされた。」

⑧ **過剰な横並び意識**

「経営者が利益を確保するための動機づけ（インセンティブ）が弱い一方，失敗を恐れる意識が強いことが，過剰な横並び意識を生んでいる」

⑨ **変わらないことのリスクの存在**

「金融機関全体としても，リスクを取って収益を上げるというよりも，リスクを回避してビジネスを行うというマインドが強すぎるのではないかとの指摘もなされている。現状維持型の経営では，長い目でみると，私企業としての継続性のみならず，地域経済への貢献という公的使命も遂行できなくなる可能性もある。実際，地域経済の低迷等により，預貸率の低下，資金利鞘の縮小，そして収益性の低下等が進行しており，地域金融機関の中期的な持続可能性が脅かされている。変わらないことのリスクは確かに存在するのであろう。」

「我が国金融業の中長期的な在り方（素案）」からは，信用金庫の存在意義と役割について，以下の4点を指摘できる。

(1) 信用金庫は，海外進出を企図し実行に移す中小企業を，情報と資金の両面で支援しなければならない。

(2) 信用金庫は，たんに資金供給のみならず，コンサルティング機能の発揮を通じた貢献をしなければならない。

(3) 信用金庫は地域集中リスクを負わざるをえないので，リスク管理（地域CLO，信用金庫中央金庫を利用する形でのリスク分散の利用など）は重要な課題である。

(4) 信用金庫の経営者は，利益を確保するためのインセンティブが弱く，失敗を恐れる意識が強い。しかし，信用金庫の中期的な持続可能性のためには，リスクを取って収益をあげなければならない。

（1）金融審議会は，金融制度について調査・答申を行う内閣総理大臣，金融庁長官および

財務大臣の諮問機関である。金融審議会の分科会第一部会は市場関係,第二部会は銀行・保険関係,特別部会は個人情報関係について議論している。

第4章　協同組合金融の効率性
――借入者志向 vs. 預金者志向――

　我が国には，信用金庫，信用組合，労働金庫，農業協同組合，漁業協同組合などの「協同組織金融機関」があり，協同組織金融機関は，同じ預金取扱金融機関である普通銀行とは異なる行動原理をとっている。英語文献では，普通銀行は Stockholder-Owned Financial Institutions，協同組織金融機関は Mutually Owned Financial Institutions と言われているが，本章では，「普通銀行 vs. 協同組織金融機関」の対立軸を「株主主導型経営 vs. 利用者主導型経営」と特徴づけて分析する。

　Fama and Jensen [1983-b] は，異なった組織形態は，所有と経営の分離によって引き起こされるプリンシパル・エージェント（principal-agent）問題を処理するために生じていると考えているが，本章で取り上げる株式会社組織の普通銀行と協同組織金融機関について言えば，普通銀行のプリンシパルは株主，エージェントは経営者，協同組織金融機関のプリンシパルは出資者，エージェントは経営者であるが，両組織形態の基本的ちがいは，普通銀行のプリンシパルである株主は必ずしも借手（利用者）であるとは限らないが，協同組織金融機関のプリンシパルである出資者は必ずや借手であるということである。Hart and Moore [1996] は，協同組合の所有者と経営者との間のエージェンシー問題ではなく，協同組合の所有者（出資者）間の利害衝突の問題を取り上げている。同様に，Emmons and Mueller [1997] は，所有者と経営者との間のエージェンシー問題は協同組織金融機関のみならず株式会社形態の金融機関（民間銀行）にも起こることから，協同組織金融機関の所有者間の利害衝突，すなわち「借手としての組合員 vs. 貸手としての組合員」の問題を取り上げている。根本 [2005] は，世界レベルで協同組織金融機関が市場性と協同性の両立を図ろうとしており，「協同性の維持という視点で無視できないのが戦略と

してのリレーションシップの重要性であろう。」(p. 22) と指摘しているが，リレーションシップ・バンキングは「市場性 vs. 協同性」の問題ではないであろう。「市場性 vs. 協同性」の具体的問題の１つは「株式会社組織の普通銀行 vs. 協同組織金融機関」であり，株式会社組織の普通銀行は株主利益の最大化を図ろうとし，協同組織金融機関は非営利のもとで，組合員（出資者：借入者・預金者）の互助を図ろうとしている。本書は，「普通銀行 vs. 協同組織金融機関」という対立軸から，金融機関の特性を整理している。その中で，本章が取り上げているのは，会員・組合員が所有し，運営し，利用するという意味での，協同組織金融機関の三位一体的性格（利用者主導型経営）である。協同組織金融機関は，会員・組合員がみずから利用するために出資する継続的な経済組織体であり，その目標は事業利用を通じた会員・組合員利益の最大化であるが，会員・組合員には預金者と借入者がいるので，会員・組合員利益には預金者利益と借入者利益の両立しえない２つの利益がある。Emmons and Mueller [1997] は，協同組織金融機関は国内で経済的に遅れている地域において重要な役割を果たし，"backward economies" にとって相応しいと指摘したうえで，協同組織金融機関の性質が借入者志向（borrower orientation）から預金者志向（lender orientation）へ変わることは，協同組織金融機関の運営をして貸出金利の低位化から，競争市場化された貸出金利・預金金利の設定へ変化させ，預金者志向と借入者志向のバランスを保つことによって完全競争市場下と同様の金融仲介効率性を達成することができると論じている。本章では，Emmons and Mueller [1997] に従って，１つは，協同組織金融機関の借入者志向・預金者志向と貸出金利・預金金利設定の問題，もう１つは協同組織金融機関の借入者志向・預金者志向と金融仲介の効率性の問題を検討する。

1 金融仲介機関の経済的特質：普通銀行 vs. 協同組織金融機関

「普通銀行 vs. 協同組織金融機関」といった問題意識で，普通銀行と協同組織金融機関の組織特性のちがいを整理すると，以下の11項目にまとめられる。

(1) 普通銀行では「株主≠利用者」,協同組織金融機関では「出資者＝利用者」

1995年ICA声明は,協同組合を「共同所有され,かつ民主的に管理された事業体を通じて,人々に共通の経済的,社会的および文化的なニーズと願いを充足するために,自発的に結合された人々の自生的組織」と定義している。協同組合の1つである協同組織金融機関は会員・組合員がみずから利用するために出資する組織であり,普通銀行は株主がみずから利用するか否かにかかわりなく出資する組織である。すなわち,普通銀行では「株主＝利用者」であることは必ずしも想定されておらず,協同組織金融機関では必ずや「出資者＝利用者」であることが想定されている。

(2) 普通銀行の所有者は株主,協同組織金融機関の所有者は会員・組合員

協同組織金融機関は,会員・組合員が所有し,運営し,利用するという意味で三位一体的性格を有している。協同組織金融機関の所有者は出資者である会員・組合員であり,普通銀行の所有者は出資者である株主である。

(3) 普通銀行の運営は経営者,協同組織金融機関の運営は会員・組合員

協同組織金融機関は,利用者である会員・組合員みずからによる所有と運営を建て前とする組織である。普通銀行は,所有者である株主が選んだ経営者によって運営されている。

(4) 普通銀行の株主自益権は配当請求権,協同組織金融機関の組合員自益権は事業利用権

出資者の権利は,自益権(直接的な経済的利益の享受を目的とする権利)と共益権(運営への参画を目的とする権利)に分類されている。普通銀行の株主自益権は配当請求権(剰余金配当請求権,利益配当請求権),残余財産分配請求権などであるが,協同組織金融機関の会員・組合員自益権は事業利用権である。すなわち,普通銀行の株主は,出資に対する配当などに関心を払い,それがどのような事業を通じて稼得されたかについては関心を払わない。協同組織金融機関の会員・組合員の主たる関心は,出資に対する配当などにあるわけではなく,事業(預金・貸出など)の利用を通じて,会員・組合員がどのように経済的に改善,向上したかにある。協同組織金融機関の業績評価は,当該協同組織金融

機関の事業がいかに会員・組合員経済を助成したかにあるのであって，出資した資本に対して，どの程度の配当が実現されたかは本来二義的（というよりもほとんど無関心）である。

(5) 普通銀行の株主共益権は配当請求権を担保するための運営管理権，協同組織金融機関の会員・組合員共益権は事業利用権を担保するための運営管理権

普通銀行の株主共益権は配当請求権などを担保するための運営管理権，協同組織金融機関の会員・組合員共益権は事業利用権を担保するための運営管理権である。

(6) 普通銀行の目標は株主価値の最大化，協同組織金融機関の目標は事業利用を通じた会員・組合員利益の最大化

普通銀行の株主は残余利益の請求者として，ビジネスリスクを負担するがゆえに，支配者として統治が認められている。株主は企業統治者であり，普通銀行は，株主利益の最大化，すなわち株主価値の最大化を目標にしている。協同組織金融機関の目標は事業利用を通じた会員・組合員利益の最大化であるが，会員・組合員には預金者と借入者がいるので，会員・組合員利益には預金者利益と借入者利益がある。預金者利益と借入者利益は両立しにくいものである。

(7) 普通銀行の株主総会は１株１票，協同組織金融機関の総会は１人１票

普通銀行の株主は，株式を保有する個人・法人であり，出資者である。普通銀行の株主は，「株主平等の原則」（「会社法」第109条）により，原則として，保有株数に応じた権利を有している。協同組織金融機関は，会員・組合員による民主的運営がガバナンスの基本理念とみなされ，出資金の多寡に関係なく，１人１票（"one person, one vote"）である。協同組織金融機関を構成する会員・組合員の選好は，総会における投票を通じて，協同組織金融機関の所有者構造（ownership structure）を変え，行動（借入者志向 vs. 預金者志向）に影響を及ぼす。

(8) 普通銀行では株主主導型経営，協同組織金融機関では利用者主導型経営

普通銀行の所有者は出資者である株主であり，普通銀行は株主主導型経営を行っている。協同組織金融機関は，会員・組合員が所有し，運営し，利用する

という意味で三位一体的性格を有し，会員・組合員がみずから利用するために出資する組織であるので，利用者主導型経営を行っている。

(9) 普通銀行は株主とその代表である取締役会による監視，協同組織金融機関は会員・組合員とその代表である理事会による監視

普通銀行の株主は，残余財産分配の請求権者として，ビジネスリスクを負担しているので，ガバナンスが認められている。協同組織金融機関の会員・組合員は，事業利用を通じた会員・組合員利益を最大化するように，協同組織金融機関をガバナンスしている。普通銀行は，株主価値最大化の努力と実現度について，株主とその代表である取締役会の監視を受ける。協同組織金融機関は会員・組合員利益の最大化の努力と実現度について，会員・組合員とその代表である理事会の監視を受ける。

(10) 普通銀行の株主は企業価値の最大化を監視，協同組織金融機関の会員・組合員は事業を監視

普通銀行の株主は，経営者が企業価値の最大化を達成するように監視・統治（ガバナンス）しているが，協同組織金融機関の会員・組合員は，きわめて広範で多岐にわたる事業を監視・統治（ガバナンス）している。協同組織金融機関においては，会員・組合員による民主的運営がガバナンスの基本理念とみなされ，会員・組合員の意思を正しく反映し，会員・組合員に貢献する組合運営，経営者の暴走をチェックできる組合運営を保障するためのガバナンスが問われている。

(11) 普通銀行は営利企業，協同組織金融機関は非営利相互扶助組織

普通銀行は営利企業であり，利益は組織外の株主に分配される。協同組織金融機関は非営利相互扶助組織であり，利益は組織内の会員・組合員（預金者・借入者）に分配される。また，協同組織金融機関内では，会員・組合員間の相互扶助が行われている。

78　第4章　協同組合金融の効率性

2　協同組織金融機関のモデル

　Emmons and Mueller [1997] は，協同組織金融機関のモデル (recurring single-period co-operative association model) を構築している。モデルの仮定は次のとおりである。

(1) 借入を行わなければ購入できない高額商品を1人の個人が買おうとしている。あるいは，1人の個人が商品を買おうとしているが，その人の所得フロー・資産ストックが小さいので，借入を行わなければならない。経済には，個人は (2N−1) 人存在し，ある人は現在借り入れて商品を買い，将来返済する。ある人は現在貸し付けて，将来返済を受け商品を購入する。
(2) (2N−1) 人が集まって協同組織金融機関 (co-operative savings and credit association or co-operative bank) を作る。(2N−1) 人は協同組織金融機関の最終的借手であり，最終的貸手である。協同組織金融機関を構成する各個人は異時点間の資源配分を効率的に行うことができるようになり，(2N−1) 人は全体としての事前の経済厚生を改善できる。
(3) (2N−1) 人は借手にも貸手にもなるが，個人が協同組織金融機関から借り入れるのは1回だけとは限らない。したがって，各個人はいったん借入を行ったのちも，協同組織金融機関の会員・組合員になり続ける。
(4) 協同組織金融機関は独占的貸手である。
(5) 協同組織金融機関は内部留保を行わず，組合員は出資金の名目額面価額を超える請求を行うことができない。

(1) 貸出需要関数 vs. 貸出供給関数

　金利の下限は v，上限は V である。$r=$金利，$D_h(r)=$個人 h の貸出需要量 ($h=1, 2, \cdots, i, j, \cdots, 2N−1$) とし，図4−1は個人 i, j の貸出需要曲線，(2N−1) 人全体の貸出需要曲線を示している。個人 i は下限金利 v では q_i の

貸出需要，個人 j は下限金利 v では q_j の貸出需要を有している。上限金利 V では，あらゆる個人の貸出需要はゼロである。個人 i の下限金利 v での貸出需要が q_i であり，金利 r での貸出需要を x_i^d とすると，図 4-1 より，「$V-v:q_i = V-r:x_i^d$」であるので，

$$x_i^d = \frac{q_i(V-r)}{(V-v)}$$

が得られる。$(2N-1)$ 人全体の総貸出需要関数は，

$$D \equiv \sum_{k=1}^{2N-1} x_k^d \equiv \sum_{k=1}^{2N-1} \frac{q_k(V-r)}{(V-v)} = D(r)$$

である。これは $(2N-1)$ 人全体が協同組織金融機関から借入を行う借入需要関数（貸出需要関数）である。

$X = (2N-1)$ 人全体の貸出供給量（預金需要量），$C(X) =$ 貸出供給（預金需要）を行う総費用とし，$(2N-1)$ 人全体が協同組織金融機関に対して貸出供給（預金需要）を行う総費用関数は，

$$C(X) = F + \frac{cX^2}{2}$$

であり，ここで，F＝固定費用である。貸出供給費用は，$(2N-1)$ 人全体が協

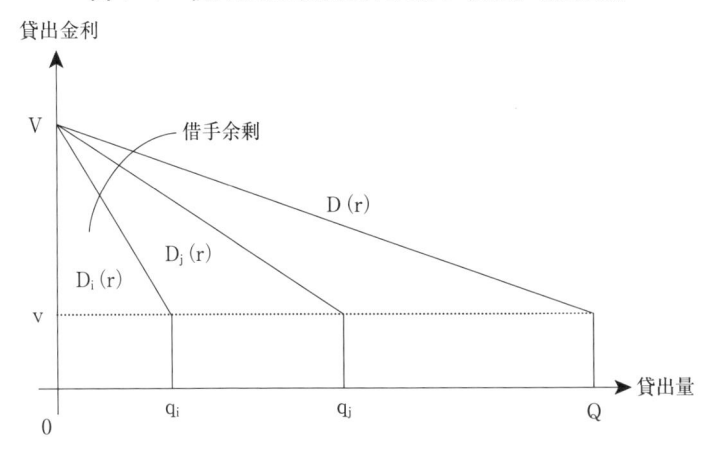

図 4-1　個人および経済全体の借入（貸出）需要曲線

同組織金融機関に対する貸出（預金）を行わず，他に資金運用したときに得られる収益率，つまり機会費用である。限界費用は

$$MC = cX$$

であり，その背景にある論理は，$(2N-1)$ 人全体が供給する資金は規模に対する収穫逓増の性質を有し，資金のロットが大きくなれば，より収益率の高い金融商品を購入できるというものである。平均費用は，

$$AC = \frac{F}{X} + \frac{cX}{2}$$

であり，$v \leq AC \leq V$ と仮定する。

$r = MC$ より，

$$S = S(r)$$

を得ることができる。これは $(2N-1)$ 人全体が協同組織金融機関に対して貸出（預金）を行う貸出供給関数（預金需要関数）であり，それは協同組織金融機関を構成する $(2N-1)$ 人の会員・組合員にとって共通のものである。すなわち，個人の金利 r での貸出供給を x とすると，

$$x = x(r)$$

である。

図4-2は固定費用をゼロとしている。図4-2の左は1個人の貸出需要曲線，右は1個人の貸出供給曲線をそれぞれ示している[2]。

(2) 借入者余剰 vs. 預金者余剰

$(2N-1)$ 人が集まって協同組織金融機関を作り，$(2N-1)$ 人は協同組織金融機関の最終的借手であり，最終的貸手である。協同組織金融機関を構成する各組合員は借手・貸手の二重の役割を有し，借手は借手余剰，貸手は貸手余剰といった余剰をそれぞれ得る[3]。

協同組織金融機関は非営利経営であることから「貸出金利＝預金金利」とすると，図4-2の左のAは貸出金利（個人にとっては借入金利）r_m のもとでの借手余剰（消費者余剰），右のC＋Dは預金金利（個人にとっては預金金利）r_m

2 協同組織金融機関のモデル

図4-2 貸出需給曲線と「借手余剰と貸手（預金者）余剰」

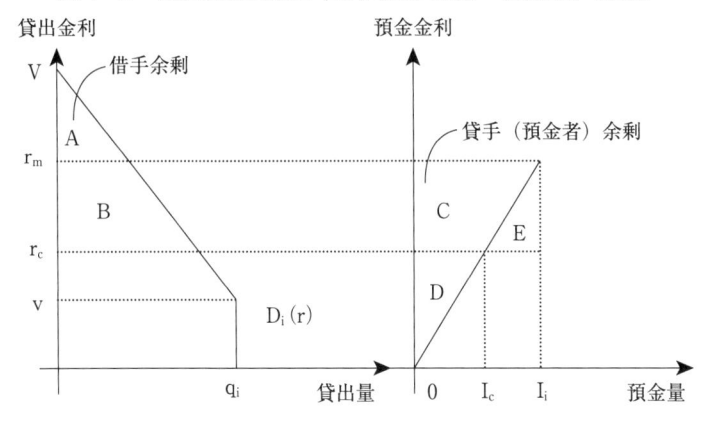

のもとでの貸手余剰（供給者余剰）をそれぞれ示している。

図4-2左のAの面積（個人kの借手余剰：CS_k）は，

$$CS_k = (V-r_m) \times x_k^d \times \frac{1}{2} = (V-r_m) \times \frac{q_k(V-r_m)}{(V-v)} \times \frac{1}{2}$$

$$= \frac{q_k(V-r_m)^2}{(V-v)} \times \frac{1}{2} = CS_k(r)$$

である[4]。

図4-2右のC+Dの面積（個人kの貸手余剰：PS_k）は，

$$PS_k = (r_m - 0) \times X \times \frac{1}{2N-1} \times \frac{1}{2}$$

$$= PS_k(r)$$

である。$\sum_{l=1}^{2N-1} \frac{q_l(V-r_m)}{V-v}(r_m - MC) - F$ は，金利 r_m のもとでの，貸手としての $(2N-1)$ 人全員，したがって協同組織金融機関の利潤である[5][6]。

個人kの総余剰（TS_k）は，

$$TS_k = CS_k + PS_k$$

である。

3 協同組織金融機関の金利設定と余剰：借入者志向 vs. 預金者志向

　個人が集まって協同組織金融機関を作り，個人は協同組織金融機関の最終的借手であり，最終的貸手である。協同組織金融機関が行う唯一の意思決定は金利（貸出金利＝預金金利）の決定である。独占者としての協同組織金融機関の経営は個人の意思によって決定され，協同組織金融機関が借入者志向をもてば，市場水準より低い貸出金利（個人にとっては借入金利）を設定し，預金者志向をもてば，市場水準より高い預金金利（個人にとっては預金金利）を設定する。

　協同組織金融機関は出資額の多寡に関係なく，組合員1人1票で意思決定される機関（democratic institution）であり，借入・貸出選好について中位に位置する組合員（median voter）を個人Nとする。個人の借入・貸出選好はさまざまであり，図4-3の個人iの借入需要曲線 $[D_i(r)]$ は個人Nの借入需要曲線より下に位置し，個人iは貸手グループの1人である。個人jの借入需要曲線 $[D_j(r)]$ は個人Nの借入需要曲線より上に位置し，個人jは借手グループの1人である。

　借手はより大きい借手余剰を得るために，より低い金利（貸出金利＝預金金利）を求め，逆に貸手はより大きい貸手余剰を得るために，より高い金利（貸出金利＝預金金利）を求めようとする。

　貸手の成長によって，協同組織金融機関は預金者志向へ傾斜しつつある。図4-3の個人iは貸手，個人jは借手である。借手である個人jにとって，協同組織金融機関が金利を r_m（貸出金利＝預金金利）に設定すると，個人jの借手余剰＝A＋F，個人jの貸手余剰＝C＋D，個人jの総余剰＝(A＋F)＋(C＋D)である。協同組織金融機関が金利を r_c（貸出金利＝預金金利）に設定すると，個人jの借手余剰＝A＋F＋B＋G，個人jの貸手余剰＝D－E，個人jの総余剰＝(A＋F＋B＋G)＋(D－E) である。個人jは預金金利 r_c で協同組織金融機関に預金 I_j をするが，Dは r_c が最小限要求したい金利を上回っているプラスの貸手余剰であり，Eは r_c が最小限要求したい金利を下回っているマイナス

3 協同組織金融機関の金利設定と余剰：借入者志向 vs. 預金者志向

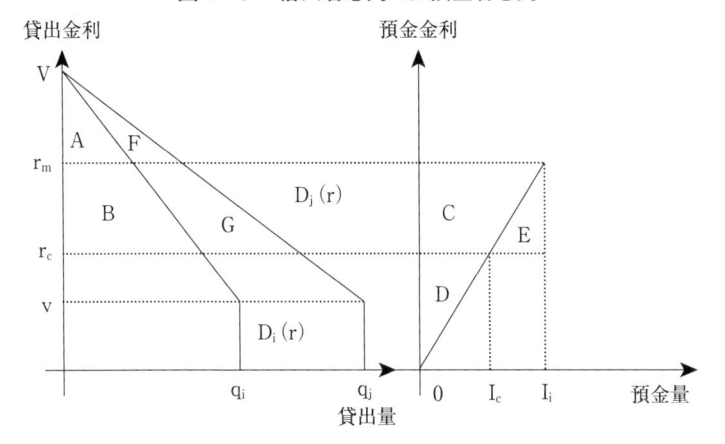

図4-3 借入者志向 vs. 預金者志向

の貸手余剰であるので，個人jの貸手余剰は (D−E) である。

借手としての個人jは金利r_c，つまりより低い金利を好み，貸手としての個人jは金利r_m，つまりより高い金利を望む。金利r_cにおける総余剰からr_mにおける総余剰を差し引くと，

$$\{(A+F+B+G)+(D-E)\}-\{(A+F)+(C+D)\}=(B+G)-(C+E)$$

である。(B+G)＞(C+E) ならば金利r_cが個人jにとって好ましいし，逆に (B+G)＜(C+E) ならば金利r_mが個人jにとって好ましい。

貸手である個人iにとって，協同組織金融機関が金利をr_m（貸出金利＝預金金利）に設定すると，個人iの借手余剰＝A，個人iの貸手余剰＝C+D，個人iの総余剰＝A+(C+D) である。協同組織金融機関が金利をr_c（貸出金利＝預金金利）に設定すると，個人iの借手余剰＝A+B，個人iの貸手余剰＝D−E，個人iの総余剰＝(A+B)+(D−E) である。個人iは預金金利r_cで協同組織金融機関に預金I_iをするが，Dはr_cが最小限要求したい金利を上回っているプラスの貸手余剰であり，Eはr_cが最小限要求したい金利を下回っているマイナスの貸手余剰であるので，個人iの貸手余剰は (D−E) である。

借手としての個人iは金利r_cを好み，貸手としての個人iは金利r_mを望む。金利r_mにおける総余剰からr_cにおける総余剰を差し引くと，

$\{A+(C+D)\}-\{(A+B)+(D-E)\}=C-B+E$

である。$C-B+E<0$ ならば金利 r_c が個人 i にとって好ましいし,逆に $C-B+E>0$ ならば金利 r_m が個人 i にとって好ましい。

4 借入者志向と金融仲介の効率性:C, j

借手としての個人 j は金利 r_c を好み,貸手としての個人 j は金利 r_m を望む。金利 r_c における総余剰から r_m における総余剰を差し引くと,

$\{(A+F+B+G)+(D-E)\}-\{(A+F)+(C+D)\}=(B+G)-(C+E)$

である。$(B+G)>(C+E)$ ならば金利 r_c が個人 j にとって好ましいし,逆に $(B+G)<(C+E)$ ならば金利 r_m が個人 j にとって好ましい。「借入者志向と金融仲介の効率性」の問題を検討するために,$(B+G)>(C+E)$,すなわち個人 j は金利 r_c を好むと仮定する。C の貸出需要曲線は個人 j のそれと同じものであり,図4-4において,C は金利 r_c を好む。

借入・貸出選好について中位に位置する組合員が C であるとき,協同組織金融機関は借入者志向 (borrower-dominated credit co-operative) になる。借入者志向の協同組織金融機関はできる限り低い金利の設定をしようとし,それが設定しうる実行可能な最低の金利は,貸出需要曲線と平均費用曲線の交点によって与えられる r_c であり,貸出額は Q_c である。

借手余剰$=A+B+C+D+E+F+G$

貸手余剰$=H-F-G-K$

総 余 剰$=(A+B+C+D+E+F+G)+(H-F-G-K)$
$=A+B+C+D+E+H-K$

である。

図4-4 金融仲介の効率性：借入者志向 vs. 預金者志向

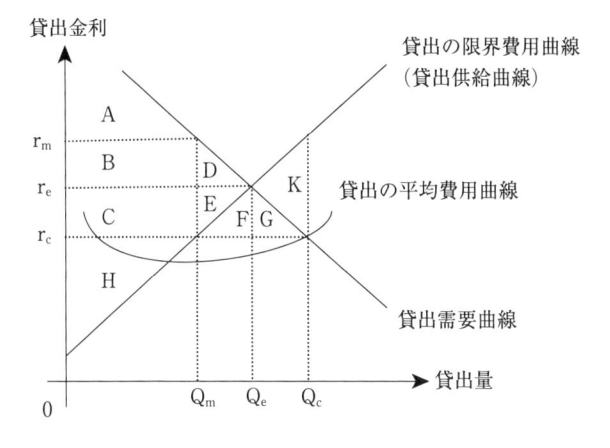

5　預金者志向と金融仲介の効率性：A, i

　図4-3において，借手としての個人iは金利r_c，つまりより低い金利を好み，貸手としての個人iは金利r_m，つまりより高い金利を望む。金利r_mにおける総余剰からr_cにおける総余剰を差し引くと，

$$\{A+(C+D)\}-\{(A+B)+(D-E)\}=C-B+E$$

である。$C-B+E<0$ならば金利r_cが個人iにとって好ましいし，逆に$C-B+E>0$ならば金利r_mが個人iにとって好ましい。「預金者志向と金融仲介の効率性」の問題を検討するために，$C-B+E>0$，すなわち個人iは金利r_mを好むと仮定する。Aの貸出需要曲線は個人iのそれと同じものであり，図4-4において，Aは金利r_mを好む。

　借入・貸出選好について中位に位置する組合員がAであるとき，協同組織金融機関は預金者志向（invesor-dominated credit co-operative）になる。預金者志向の協同組織金融機関はできる限り高い金利の設定をしようとするが，それには，1つには，協同組織金融機関と株式会社形態の普通銀行の間の貸出市場における金利競争は金利r_e，貸出額Q_eをもたらす，もう1つには，借入金

利上昇による組合員脱退懸念，といった実施上の障害がある[7]。

6 借入・預金選好の加重平均志向と金融仲介の効率性：B

協同組織金融機関による金融仲介の効率性を検討するために，協同組合組織金融機関は3人の組合員（A, B, C）から構成されるとする。図4－3を用いて，3人の組合員の特性を述べると，Aの貸出需要曲線は個人iのそれと同じもの，Cの貸出需要曲線は個人jのそれと同じもの，Bの貸出需要曲線は個人i・個人jの貸出需要曲線の中間に位置するものである。つまり，Aは貸手（預金者），Cは借手であり，Bの貸出・借入選好はA，Cの貸出・借入選好の加重平均である。

Aは貸手（預金者），Cは借手であり，Bの貸出・借入選好はA，Cの貸出・借入選好の加重平均である。借入・貸出選好について中位に位置する組合員がBであるとき，協同組織金融機関は何を志向するのであろうか。協同組織金融機関がB志向であれば，それは金利r_e，貸出額・預金額Q_eで貸出供給・預金需要を行う。借手余剰＝A＋B＋D，貸手余剰＝C＋E＋H，総余剰＝(A＋B＋D)＋(C＋E＋H)である。

したがって，総余剰は，

借入者志向の総余剰＝A＋B＋C＋D＋E＋H－K

預金者志向の総余剰＝A＋B＋C＋H

B志向の総余剰　　＝(A＋B＋D)＋(C＋E＋H)

である。このことから，第1に，借入者志向の総余剰とB志向の総余剰を比較すると，B志向の総余剰は借入者志向の総余剰よりKの大きさだけ大きいという意味で，B志向の協同組織金融機関は借入者志向の協同組織金融機関より効率的である。第2に，預金者志向の総余剰とB志向の総余剰を比較すると，B志向の総余剰は借入者志向の総余剰よりD＋Eの大きさだけ大きいという意味で，B志向の協同組織金融機関は預金者志向の協同組織金融機関より効率的である。すなわち，借入者志向と預金者志向について，いずれにも志向せ

ず，バランスのとれた経営を行っている協同組織金融機関は完全競争市場（株式会社形態の普通銀行）と同じ効率性を達成できる。

本章が取り上げている Emmons and Mueller [1997] の結論は次のとおりである。

① B志向の協同組織金融機関は借入者志向の協同組織金融機関より効率的である。
② B志向の協同組織金融機関は預金者志向の協同組織金融機関より効率的である。
③ 借入者志向と預金者志向について，いずれにも志向せず，バランスのとれた経営を行っている協同組織金融機関は完全競争市場（株式会社形態の普通銀行）と同じ効率性を達成できる。すなわち，協同組織金融機関の "one person, one vote" による所有者構造（ownership structure）は一般には非効率であると言われているが，協同組織金融機関は借入者志向と預金者志向のバランスを保つことによって完全競争市場下と同様の効率性を達成することができる。

（1）金融システムの効率性には「資金配分の効率性」と「運営上の効率性」の2つがある。
（2）協同組織金融機関は非営利経営である。協同組織金融機関が行いうる最大の実行可能与信額は貸出需要曲線と平均費用曲線の交点によって与えられ，そこでは「貸出金利＝平均費用」であるので，利潤はゼロである。貸出需要曲線と平均費用曲線の交点は限界費用曲線の下にあるので，「貸出金利≠平均費用」が成立せず，貸出市場は非効率になっている（図4-3参照）。
（3）株式組織形態の金融機関は利潤最大化をめざし，貸手余剰だけを報酬ととらえている。
（4）個人kにとって，貸出需要（借入需要）曲線の高さは喜んで支払おうとする金利であり，r_m は個人kが実際に支払う金利である。したがって，r_m を上回る金利の合計（A）は個人kが支払わずに済んだ金利の合計である。
（5）個人kにとって，貸出供給（預金需要）曲線の高さは最小限要求したい金利であり，r_m は個人kが実際に受け取る金利である。したがって，r_m を下回る金利の合計（C＋D）は個人kが受け取り過ぎる金利の合計である。
（6）協同組織金融機関は独占的貸手であるので，利潤を最大化するように金利を設定できる。$\sum_{k=1}^{2N-1} \frac{q_k(V-r_m)}{(V-v)}(r_m - MC) - F$ を r_m で微分すると，$r_m^* = \frac{cX+V}{2}$ が得られる。
（7）もし協同組織金融機関と株式会社形態の金融機関（民間銀行）が結託し，金利 r_m，貸

出額 Q_m を設定すれば,借手余剰＝A,貸手余剰＝B＋C＋H,総余剰＝A＋B＋C＋H である。

第5章　信用金庫の特性と事業パフォーマンス

　本章は，信用金庫についてのファクト・ファインディングスを整理するために，「選択，市場，成果」のアプローチを提案する。「選択」は信用金庫が選択（意思決定）しうるものであり，具体的には貸借対照表（2011年3月31日：平成21年度末）の「資産の部」諸項目，「負債の部」諸項目，「純資産の部」諸項目，役職員数（常勤役員，非常勤役員，正規職員の数），会員数，事業地区面積，店舗数などである。「市場」は信用金庫の貸借対照表の諸項目の価格（利子率），役職員の賃金・報酬，店舗の賃料などである。「成果」は信用金庫による選択の成果であり，収益性，健全性，効率性，経費効率性，生産性，安全性，発展性などといったものである[1]。成果は選択と市場の合成であり，例えば資金運用利回り＝資金運用収益／資金運用勘定＝利息／資金運用勘定＝{Σ(資金運用諸勘定×諸利子率)}／資金運用勘定のときは，資金運用諸勘定・資金運用勘定は信用金庫が選択したもの，諸利子率は市場で所与とされているものであり，資金運用利回りが信用金庫による選択の成果である。

　信金中央金庫（地域・中小企業研究所）「全国中小企業景気動向調査」は，地域を北海道，東北，関東（茨城，栃木，群馬，新潟，山梨，長野），首都圏（埼玉，千葉，東京，神奈川），北陸，東海（岐阜，静岡，愛知，三重），近畿，中国，四国，九州北部（福岡，佐賀，長崎），南九州（熊本，大分，宮崎，鹿児島，沖縄）に分類している[2]。本書では，埼玉県，千葉県，東京都，神奈川県，愛知県，京都府，大阪府，兵庫県，福岡県の9都府県を「大都市圏」，それ以外の道県を「大都市圏以外」と呼び，本章では，「大都市圏 vs. 大都市圏以外」といった所在地別，「信用組合の平均以下，信用金庫の平均以下，信用金庫の平均超，第二地方銀行の平均超」といった預金積金（預金）規模別，「北海道，東北，関東，首都圏，北陸，東海，近畿，中国，四国，九州北部，南九州」といった

地域別で，信用金庫の特性・事業パフォーマンスを表している各指標の平均値を比較することによって，信用金庫についてのファクト・ファインディングスを指摘する[3]。

本書のデータは，金融図書コンサルタント社『全国信用金庫財務諸表』，各信用金庫のディスクロージャー誌，金融庁のホームページ（「中小・地域金融機関の主な経営指標」），総務庁のホームページ（「統計でみる市区町村のすがた2012」）からの手入力データである。2010年度の全国271の信用金庫についてのクロスセクション・データであり，フロー期間2010年4月1日から11年3月31日まで，ストック時点2011年3月31日のデータである。「付表5-1　信用金庫の主たる特性：全体，大都市圏 vs. 大都市圏以外，規模別，地域別」は，信用金庫の主たる特性の全体（全国），所在地別（大都市圏 vs. 大都市圏以外），預金規模別，地域別の平均値，標準偏差，最大値，最小値を表示している[4]。

1　信用金庫の所在地別・規模別特性：信用金庫による選択

信用金庫によって選択されたものの特別な性質を「信用金庫の特性」と呼ぶことにする。「選択」は信用金庫が選択（意思決定）したものであり，具体的には貸借対照表の「資産の部」諸項目，「負債の部」諸項目，「純資産の部」諸項目，役職員数（常勤役員，非常勤役員，正規職員の数），会員数，事業地区面積，店舗数などである。信用金庫の貸借対照表の主要勘定は，貸出金，預金積金，純資産の部合計の3項目である[5]。

以下では，各信用金庫による選択指標の平均値を比較することによって，信用金庫の所在地別・規模別特性を明らかにする[6]。

① 信用金庫の所在地別特性

埼玉県，千葉県，東京都，神奈川県，愛知県，京都府，大阪府，兵庫県，福岡県の9都府県を「大都市圏」，それ以外の道県を「大都市圏以外」と呼び，「大都市圏 vs. 大都市圏以外」といった所在地別の信用金庫の特性を明らかにする。

② 信用金庫の規模別特性

　金融庁のホームページで「都道府県別の中小・地域金融機関一覧表」を見れば、地方銀行、第二地方銀行、信用金庫、信用組合の店舗数、預金、貸出金を知ることができる。第二地方銀行の預金の平均は10,868億円、最小値は2,149億円であり、信用金庫の預金の最大値は40,229億円、平均は4,418億円、最小値は385億円であり、信用組合の預金の最大値は10,788億円、平均は1,056億円である。信用金庫を預金残高で「①1,056億円以下：信用組合の平均以下」、「②1,056億円超4,418億円以下：信用金庫の平均以下」、「③4,418億円超10,868億円以下：信用金庫の平均超」、「④10,868億円超：第二地方銀行の平均超」の4つに分類し（①≦1,056億円＜②≦4,418億円＜③≦10,868億円＜④）、「信用組合の平均以下、信用金庫の平均以下、信用金庫の平均超、第二地方銀行の平均超」といった預金積金（預金）規模別の信用金庫の特性を明らかにする。

(1) 貸出金の特性

　全国信用金庫協会のホームページは「信用金庫は、地域の皆さまからお預かりした預金を地域の中小企業に融資することを通じて地域に貢献しています。」、「信用金庫の融資は主に会員の方を対象に行っておりますが、700万円以内の小口融資などについては、会員以外の方々も広くご利用いただけます。」と述べている。中小企業のニーズに応じた長期・短期の資金の融資は「一般融資」、信用金庫、地方公共団体、信用保証協会の三者が協調して行う融資は「制度融資」、信用金庫が公庫、事業団等の代理人となる政府資金の長期融資は「代理融資」とそれぞれ呼ばれている[7]。

　信用金庫貸出金と地区課税対象所得（信用金庫の事業地区の課税対象所得）の相関係数を調べると、所在地別で、大都市圏0.669、大都市圏以外0.418であり、預金規模別で、信用組合の平均以下0.154、信用金庫の平均以下0.215、信用金庫の平均超0.331、第二地方銀行の平均超0.093である。各信用金庫の（貸出金／課税対象所得）の平均値は、所在地別で、大都市圏0.041、大都市圏以外0.103であり、預金規模別で、信用組合の平均以下0.071、信用金庫の平均以下

0.083，信用金庫の平均超0.090，第二地方銀行の平均超0.087である。

① 貸出金の貸出先別構成：企業，地方公共団体，個人

　信用金庫のディスクロージャー誌に掲載されている「貸出金等に関する指標」中の「貸出金業種別残高」には，企業，地方公共団体，個人（住宅・消費・納税資金等）の項目がある。企業向け貸出の割合は，所在地別では大都市圏の信用金庫の方が高く，預金規模別では規模が大きくなるにつれて高くなる。逆に，個人（住宅・消費・納税資金等）向け貸出の割合は，所在地別では大都市圏以外の信用金庫の方が高い。企業向け貸出のうち金融業・保険業向け貸出（本書作成のための信用金庫へのアンケート調査で，リレーションシップ貸出と認められなかった唯一の貸出項目）の割合は，所在地別では大都市圏以外の信用金庫の方が高く，預金規模別では規模が小さくなるにつれて高くなる。地方公共団体向け貸出の割合も同様である。

② 貸出金の金利別構成：固定金利 vs. 変動金利

　信用金庫のディスクロージャー誌に掲載されている「貸出金等に関する指標」中の「固定金利及び変動金利の区分ごとの貸出金残高」には，固定金利，変動金利の項目がある。変動金利貸出の割合は，所在地別では大都市圏の信用金庫の方が高く，預金規模別では規模が大きくなるにつれて高くなる。

③ 貸出金の使途別構成：設備資金 vs. 運転資金

　「貸出金等に関する指標」中の「貸出金使途別残高」には，設備資金，運転資金の項目がある[8]。設備資金貸出の割合は，所在地別では大都市圏の信用金庫の方が高い。

④ 貸出金の残存期間別構成

　信用金庫のディスクロージャー誌に掲載されている「信用リスクに関する事項」中の「信用リスク・エクスポージャー及び主な種類別の期末残高」には，残存期間別（1年以下，1年超3年以下，3年超5年以下，5年超7年以下，7年超10年以下，10年超，期間の定めのないもの）の信用リスク・エクスポージャー期末残高が記載されている。大都市圏所在，大都市圏以外所在のいかんにかかわらず，信用金庫貸出は，10年超貸出，1年以下貸出，7年超10年以下貸出の

順番で高い。1年以下貸出，1年超3年以下貸出，5年超7年以下貸出，10年超貸出の割合については，預金規模別で信用組合の平均以下の信用金庫が大きい。逆に，3年超5年以下貸出，7年超10年以下貸出，10年超貸出の割合については，預金規模別で第二地方銀行の平均超の信用金庫が大きい[9]。

⑤ **貸出金の形態別構成：割引手形，手形貸付，証書貸付，当座貸越**

貸出の形態には，割引手形，手形貸付，証書貸付，当座貸越の4つがある。「中小企業が設備投資を行うと，証書貸付が増える」，「経済活動の拡大にともなう取引の活発化を反映して，割引手形が増加する」と指摘されている。証書貸付が圧倒的に多く，証書貸付の割合は，所在地別では大都市圏所在の信用金庫の方が高く，預金規模別では規模が大きくなるにつれて高くなる[10]。

⑥ **貸出金の担保・保証別構成**

信用金庫のディスクロージャー誌には「貸出金の担保別内訳」が掲載され，そこでは「当金庫預金積金」，「有価証券」，「動産」，「不動産」，「信用保証協会・信用保険」，「保証」，「信用」(無担保・無保証)，「その他」に区分されている。一般的には，信用保証協会・信用保険(保証会社など)と保証(経営者の人的保証)は一括して「保証」と整理分類されている。一方，「『保証』＝代表者等の個人保証(代表者の物的担保)」とすれば，当金庫預金積金，有価証券，動産，不動産を中小企業内の「内部担保」，保証を中小企業外の「外部担保」とみなすことができる。小野［2006］は，「担保は，借り手がデフォルトした際に債権者が売却して債務の弁済に充当できる物的な資産や有価証券を指すことが多い。企業向け貸出の場合，担保の多くは企業が所有するビジネス資産(内部担保，inside collateral)であるが，中小企業向け貸出の場合，オーナーの住宅などの個人資産が担保とされるケースも多いと言われている(外部担保，outside collateral)。デフォルト時には，担保であるかどうかを問わず，あらゆる企業資産が債権者に対する弁済原資となる以上，内部担保の提供によって，企業のオーナーや代表者が負う潜在的な損失額が，増えるわけではない。したがって，内部担保の主たる役割は，複数の債権者が存在する場合に，債権者間の優先劣後関係を規定することにある」(p. 6脚注)と述べていて，代表者等が

個人の不動産を担保として提供した場合，不動産担保の中に含められ，外部担保と内部担保を区別することが困難になるので，保証を外部担保，それ以外を内部担保とみなさざるをえない。また，「一方，個人保証は，企業がデフォルトした際に，企業のオーナー・代表者個人が，債権者に対して弁済責任を負うことを包括的に（特定の資産を見合いとすることなく）約定したものである。借入企業が株式会社などの有限責任に基づく事業体である場合，個人保証は外部担保として機能することになる。以下でサーベイする理論研究の多くは，担保が『外部担保』であると仮定している。ただし，我々の分析を含めて，多くの実証分析では，内部担保と外部担保を識別することが困難であるというデータ上の制約がある」(p. 6脚注）と述べていて，保証（個人保証）は外部担保とみなしうるのである。

　信用金庫の貸出金の担保・保証別構成を見ると，大都市圏では担保に基づく貸出42.43％，保証に基づく貸出40.29％，信用に基づく貸出（無担保・無保証の「信用貸し」）16.90％であり，大都市圏以外では担保に基づく貸出32.52％，保証に基づく貸出37.64％，信用に基づく貸出（無担保・無保証の「信用貸し」）29.55％である。大都市圏では担保に基づく貸出の割合が最大で，大都市圏以外では保証に基づく貸出の割合が最大である。また，大都市圏以外の無担保・無保証の「信用貸し」の割合は大都市圏のそれよりも高い。不動産に基づく貸出の割合は，大都市圏では39.13％，大都市圏以外では29.64％である。保証に基づく貸出の割合は，所在地別では大都市圏の信用金庫の方が高く，預金規模別では規模が大きくなるにつれて高くなる。ただし，保証の内訳を見ると，信用保証協会・信用保険に基づく貸出の割合は大都市圏所在の信用金庫の方が高く，保証に基づく貸出の割合は大都市圏以外の信用金庫の方が高い。無担保・無保証の「信用貸し」の割合は，所在地別では大都市圏以外の信用金庫の方が高く，預金規模別では規模が小さくなるにつれて高くなる[11]。

　「信用（無担保・無保証）は借手の質が良いことのシグナルになる。」と一般に言われているが，横軸に不良債権比率，縦軸に信用に基づく貸出（無担保・無保証の「信用貸し」）／貸出合計をとってみると，両者の間にはほとんど関係

がないことが分かる（1次回帰式の修正済み決定係数は0.004）。また，「低リスクの借手は外部担保を差し入れる傾向がある。」と一般に言われているが，横軸に不良債権比率，縦軸に保証に基づく貸出／貸出合計をとってみると，両者の間にはほとんど関係がないことが分かる（1次回帰式の修正済み決定係数は0.0006）。

⑦ 貸出金の会員・会員外別構成：会員 vs. 非会員

信用金庫のディスクロージャー誌に掲載されている「貸出金等に関する指標」中の「会員・会員外別」には，会員，非会員の項目がある。信用金庫の会員向け貸出の割合は，大都市圏では91.22％，大都市圏以外では81.18％であり，預金規模別では規模が大きくなるにつれて高くなる。

⑵ 預金積金の特性

全国信用金庫協会のホームページは「信用金庫は，一定地域内の中小企業者や地域住民を会員としています。融資対象は会員の方を原則としていますが，会員以外の方への融資も一定の条件で認められています。一方，預金は会員以外の方でもご利用いただけます。」と述べている[12]。

① 預金積金の満期別構成：流動性預金 vs. 定期性預金

信用金庫のディスクロージャー誌に掲載されている「預金に関する指標」中の「流動性預金・定期性預金・譲渡性預金・その他の預金の平均残高」には，流動性預金，定期性預金，その他の預金，譲渡性預金の項目があるが，それらは平均残高ベースである[13]。本書では，期末残高ベースで，以下のものを再計算する。

　　　　流動性預金＝当座預金＋普通預金＋貯蓄預金＋通知預金

　　　　定期性預金＝定期預金＋定期積金

信用金庫の流動性預金の割合は，所在地別では大都市圏の信用金庫の方が高く，預金規模別では規模が大きくなるにつれて高くなる。逆に，定期性預金の割合は，所在地別では大都市圏以外の信用金庫の方が高く，預金規模別では規模が小さくなるにつれて高くなる。したがって，「定期性預金／流動性預金」

比率は，大都市圏2.191％，大都市圏以外2.423％である。

② 預金積金の預金者区分別構成：個人，法人・一般法人，金融機関，公金

「預金に関する指標」中の「預金者別預金残高」には，個人，法人・一般法人，金融機関，公金の預金者区分別預金残高が記載されている。企業（法人・一般法人）からの預金は貸出が裏にある限り，信用金庫にとってはいわば固定票であって，流動的ではない。これに対して個人（家計）からの預金は，生活資金の一時預けとか，生活設計目的の積立であるから，流動的である。企業預金は信用金庫の指導性を貫きやすいが，家計預金はむしろ信用金庫の方が弱い立場にある。固定票を固めて浮動票を広げることが選挙の勝敗を決するものであるように，金融機関間競争においてもまず企業預金（固定票）を固めて，家計預金（浮動票）をどれだけ自分のところに取り込むかが勝敗を決めることになる[14]。個人預金は，事業地区住民の信用金庫に対する納得と好意（グッドウィル）を反映している。信用金庫が地域住民のグッドウィルを得る手段としてはCRA（Community Relation Approach）があり，CRAの4つの基本は「信用金庫のもつ情報をいかに地域に提供するか」，「信用金庫のもつ施設を地域にどの程度開放できるか」，「地域住民の教養にどのような貢献ができるか」，「信用金庫の意思決定を地域住民にどの程度知らせるのか」である。

信用金庫の個人預金の割合は，所在地別では大都市圏以外の方が高い。法人・一般法人預金の割合は，所在地別では大都市圏の方が高く，預金規模別では規模が大きくなるにつれて高くなる。信用金庫に対する地区住民のグッドウィル（個人預金）と信用金庫の事業パフォーマンス（収益性，健全性）の関係を見るために，横軸に個人預金／預金積金合計，縦軸に経常収益経常利益率（収益性指標）をとってみると，両者の間にはほとんど関係がない（1次回帰式の修正済み決定係数は0.017）ことが分かる。また，横軸に個人預金／預金積金合計，縦軸に自己資本比率（健全性指標）をとってみると，両者の間にはほとんど関係がない（1次回帰式の決定係数は0.001）ことが分かる。

③ 預金積金の会員・会員外別構成

信用金庫のディスクロージャー誌に掲載されている「預金に関する指標」中

の「預金科目別残高」には，会員，会員外の項目がある。会員からの預金積金の割合は，大都市圏以外の信用金庫の方が高い。

⑶ 純資産の部の特性

信用金庫の出資金の割合は，所在地別では大都市圏の方が高く，預金規模別では規模が大きくなるにつれて高くなる。逆に，利益剰余金の割合は，所在地別では大都市圏以外の方が高く，預金規模別では規模が小さくなるにつれて高くなる。

⑷ 外部負債比率

コールマネー，売渡手形，他の金融機関からの短期資金の借入れ，日本銀行からの借入れは「外部負債」と呼ばれている。

$$外部負債比率＝（コールマネー＋売渡手形＋借用金）÷（預金積金＋その他預金＋譲渡性預金）$$

である。外部負債比率は，所在地別では大都市圏以外の信用金庫の方が高い。

⑸ 役職員（常勤役員，非常勤役員，正規職員）の特性

信用金庫のディスクロージャー誌中の「最近5年間の主要な事業の状況を示す指標の推移（単体）」には職員数（役員・パートおよび被出向の職員は含まれていない）が掲載されている。金融庁ホームページ「中小・地域金融機関の主な経営指標」には常勤役職員数が掲載されている。「役職員（常勤役員＋職員）数」（金融庁）と「役員数＋職員数」（ディスクロージャー誌）から，常勤役員数を求めることができる。信用金庫の「正規職員数／役職員数」比率は，所在地別では大都市圏の方が高く，預金規模別では規模が大きくなるにつれて高くなる。「常勤役員／役員」比率は，所在地別では大都市圏の方が高く，預金規模別では規模が大きくなるにつれて高くなる。

(6) 事業地区の特性

各信用金庫の事業対象地域として認可されている範囲(「地区」)，すなわち本支店のネットワークの範囲を求める[15]。

① 地区面積（事業地区面積＝円の面積）

「地区面積＝半径×半径×3.14」から，各信用金庫の地区半径を求めると，大都市圏の信用金庫は26.292km，大都市圏以外の信用金庫は36.240km である。

② 地区の人口密度：人口学的・地理学的指標

「従業員数が減少する中，地区の拡大や会員・組合員数の増加がみられる」，「人縁・地縁は信用金庫発展の根幹」(『尼崎信用金庫七十年史』)と言われている。信用金庫は，定款に明示した地区（事業地区）でどれだけの顧客をもつか，1つの店舗でいかなる取引を行うかという密度の濃さが効率性を決定する。地区の人口密度（地区人口／地区面積）は，所在地別では大都市圏の信用金庫4,223人，大都市圏以外の信用金庫337人であり，預金規模別では規模が大きくなるにつれて高くなる[16]。

③ 地区の高齢化率

地区の高齢化率は，所在地別では大都市圏の信用金庫21.28％，大都市圏以外の信用金庫24.29％であり，預金規模別では規模が小さくなるにつれて高くなる。

(7) 店舗の特性：地域に対するサービスの濃密度

信用金庫のディスクロージャー誌中の「最近5年間の主要な事業の状況を示す指標の推移（単体）」には店舗数が掲載されている。店舗数は，所在地別では大都市圏の信用金庫40，大都市圏以外の信用金庫23であり，預金規模別では規模が大きくなるにつれて多くなる。

2 信用金庫の地域別特性：信用金庫による選択

信用金庫の「貸出金／課税対象所得」は，地域別では，首都圏0.024，九州

北部0.033，近畿0.070，北海道0.083，関東0.094，東海0.097，北陸0.102，四国0.103，中国0.106，南九州0.112，東北0.116の順番で大きい。信用金庫の地域別特性について，以下のことが分かる。

⑴ 貸出金の特性
① 貸出金の貸出先別構成：企業，地方公共団体，個人

　信用金庫の企業向け貸出の割合は，首都圏，近畿，九州北部，東海，東北，関東，中国，北陸，南九州，北海道，四国の順番で高い。逆に，個人（住宅・消費・納税資金等）向け貸出の割合は，南九州，九州北部，東海，関東，首都圏，四国，東北，北陸，中国，近畿，北海道の順番で高い。企業向け貸出のうち金融業・保険業向け貸出（本書作成のための信用金庫へのアンケート調査で，リレーションシップ貸出と認められなかった唯一の貸出項目）の割合は，四国，北海道，関東，中国，東北，東海，近畿，北陸，南九州，九州北部，首都圏の順番で高い。

② 貸出金の金利別構成：固定金利 vs. 変動金利

　信用金庫の変動金利貸出の割合は，南九州，首都圏，中国，近畿，九州北部，東北，四国，東海，関東，北海道，北陸の順番で高い。

③ 貸出金の使途別構成：設備資金 vs. 運転資金

　信用金庫の設備資金貸出の割合は，首都圏，東海，東北，四国，関東，中国，北海道，北陸，九州北部，南九州，近畿の順番で高い。

④ 貸出金の残存期間別構成

　信用金庫の1年以下貸出の割合は，北陸，東海，四国，関東，東北，北海道，中国，南九州，近畿，首都圏，九州北部の順番で高い。10年超貸出の割合は，首都圏，九州北部，近畿，中国，四国，東海，北海道，南九州，東北，関東，北陸の順番で高い。期間の定めのない貸出の割合は，東北，関東，北陸，南九州，四国，近畿，北海道，中国，東海，九州北部，首都圏の順番で高い。

⑤ 貸出金の形態別構成：割引手形，手形貸付，証書貸付，当座貸越

　信用金庫の割引手形の割合は，近畿，北陸，九州北部，首都圏，関東，中国，

東海,四国,北海道,東北,南九州の順番で高い。証書貸付の割合は,首都圏,近畿,九州北部,南九州,関東,中国,東北,東海,北陸,四国,北海道の順番で高い。

⑥ 貸出金の担保・保証別構成

信用金庫の担保に基づく貸出の割合は,首都圏,南九州,四国,九州北部,東海,東北,中国,近畿,北海道,北陸,関東の順番で高い。保証に基づく貸出の割合は,東海,中国,北陸,近畿,関東,北海道,首都圏,九州北部,東北,南九州,四国の順番で高い。信用(無担保・無保証)に基づく貸出の割合は,四国,関東,北海道,東北,北陸,南九州,九州北部,中国,近畿,東海,首都圏の順番で高い。

⑦ 貸出金の会員・会員外別構成：会員 vs. 非会員

信用金庫の会員向け貸出の割合は,首都圏,東海,九州北部,近畿,関東,四国,南九州,北陸,東北,中国,北海道の順番で高い。

(2) 預金積金の特性

① 預金積金の満期別構成：流動性預金 vs. 定期性預金

信用金庫の流動性預金の割合は,首都圏,北海道,東北,中国,九州北部,南九州,東海,関東,近畿,北陸,四国の順番で高い。逆に,定期性預金の割合は,四国,北陸,近畿,東海,関東,南九州,九州北部,中国,東北,北海道,首都圏の順番で高い。

② 預金積金の預金者区分別構成：個人,法人・一般法人,金融機関,公金

信用金庫の個人預金の割合は,四国,関東,北陸,中国,東北,九州北部,首都圏,東海,南九州,北海道,近畿の順番で高い。法人・一般法人預金の割合は,近畿,東海,北海道,南九州,九州北部,東北,首都圏,中国,北陸,関東,四国の順番で高い。

③ 預金積金の会員・会員外別構成

信用金庫の会員からの預金積金の割合は,東北,中国,東海,関東,南九州,首都圏,北陸,北海道,近畿,四国,九州北部の順番で高い。

(3) 純資産の部の特性

　信用金庫の出資金の割合は，首都圏，南九州，東北，関東，北海道，中国，近畿，九州北部，北陸，四国，東海の順番で高い。利益剰余金の割合は，四国，東海，近畿，北陸，関東，九州北部，北海道，東北，中国，南九州，首都圏の順番で高い。

(4) 外部負債比率

　信用金庫の外部負債比率は，中国，東北，四国，南九州，首都圏，関東，九州北部，近畿，東海，北陸，北海道の順番で高い。

(5) 役職員（常勤役員，非常勤役員，正規職員）の特性

　信用金庫の「正規職員数／役職員数」比率は，首都圏，近畿，東海，関東，中国，東北，九州北部，南九州，北陸，四国，北海道の順番で高い。「常勤役員／役員」比率は，中国，近畿，首都圏，北海道，関東，東北，東海，北陸，四国，九州北部，南九州の順番で高い。

(6) 事業地区の特性

① 地区面積（事業地区面積＝円の面積）

　信用金庫の地区半径（地区面積）は，北海道，東北，南九州，関東，中国，四国，九州北部，東海，近畿，北陸，首都圏の順番で大きい。

② 地区の人口密度：人口学的・地理学的指標

　信用金庫の地区の人口密度は，首都圏，近畿，東海，九州北部，関東，中国，四国，北陸，南九州，北海道，東北の順番で高い。

③ 地区の高齢化率

　信用金庫の地区の高齢化率は，四国，中国，南九州，東北，北陸，関東，北海道，近畿，九州北部，東海，首都圏の順番で高い。

(7) 店舗の特性：地域に対するサービスの濃密度

信用金庫の店舗数は，首都圏，近畿，東海，中国，北海道，関東，南九州，四国，北陸，東北，九州北部の順番で多い。

3　信用金庫の所在地別・規模別事業パフォーマンス：信用金庫による選択の成果

金融機関の評価制度の1つは，米国の評定制度（共通金融機関評価システム：CAMELS）である。CAMELSは「自己資本（capital adequacy）」，「資産内容（asset quality）」，「経営（management）」，「収益性（earnings）」，「流動性（liquidity）」，「市場リスクに対する感応性（sensitivity to market risk）」の6項目の頭文字をとったものであり，評定（総合評定と個別評定）は，金融機関の規模，業務の性質・複雑性およびリスク特性などを考慮して行われている。総合評定は5段階で行われ，6項目の中では経営（management）が最重要視されている。以下では，各信用金庫による選択の成果（事業パフォーマンス）指標，すなわち収益性，健全性，効率性，経費効率性，生産性，安全性の平均値を比較することによって，信用金庫の所在地別・規模別特性を明らかにする[17]。

(1) 信用金庫の収益性

信用金庫の利益概念には，業務粗利益（売上総利益），業務純益（営業利益），経常利益（経常利益），当期純利益（当期純利益）の4つがある。ただし，括弧内は非金融業の利益概念である。

(1) 業務粗利益

「業務粗利益＝業務収益－業務費用」であり，「業務収益＝資金運用収益＋役務取引等収益＋その他業務収益」，「業務費用＝資金調達費用＋役務取引等費用＋その他業務費用」である。ここで，「資金運用収益＝貸出金利息＋有価証券利息配当金等」，「役務取引等収益（非金利収入）＝為替や代理業務等に係る手数料収入」，「その他業務収益＝国債等の債券運用益＋売買益等」である。

(2) 業務純益

「業務純益＝業務粗利益－（経費＋一般貸倒引当金繰入額）」であり，業務純益は信用金庫の本来業務の利益である。

(3) 経常利益

「経常利益＝業務純益＋臨時損益＝業務純益＋（臨時収益－臨時費用）」である。ここで，臨時収益は会計基準変更による償却債権取立益など，臨時費用は個別貸倒引当金繰入額，貸出金償却などの不良債権処理費用などのことである。

(4) （税引前）当期純利益

「税引前当期純利益＝経常利益＋（特別利益－特別損失）」である。ここで，特別利益は償却債権取立益など，特別損失は固定資産処分損などのことである。

第6章の主成分分析では，総資産経常利益率と経常収益経常利益率の2つの収益性指標から総合的収益性指標1，総資産経常利益率と純資産当期利益率の2つの収益性指標から総合的収益性指標2を求めているが，以下では，総資産利益率，純資産利益率，経常収益経常利益率，総資金利鞘，業務粗利益率といった大別5種類の収益性指標の平均値と利益構造を比較することによって，信用金庫の所在地別・規模別特性を明らかにする。

① 総資産利益率

信用金庫のディスクロージャー誌中の「総資産利益率」には，「総資産経常利益率」，「総資産当期純利益率」が記載され，分母の総資産は「総資産（債務保証見返を除く）平均残高」である。ここでは，業務粗利益，業務純益，経常利益，当期純利益といった4つの利益を分子，（総資産－債務保証見返）を分母にとって，4つの総資産利益率（総資産業務粗利益率，総資産業務純益率，総資産経常利益率，総資産当期純利益率）を求める。信用金庫の業務粗利益／（総資産－債務保証見返），業務純益／（総資産－債務保証見返）は大都市圏以外が高く，経常利益／（総資産－債務保証見返），当期純利益／（総資産－債務保証見返）は大都市圏が高い。経常利益／（総資産－債務保証見返），当期純利益／（総資産－債務保証見返）は，預金規模別では，規模が大きくなるにつれて高くなる。

② **純資産利益率**

業務粗利益，業務純益，経常利益，当期純利益といった4つの利益を分子，純資産を分母にとって，4つの純資産利益率（純資産業務粗利益率，純資産業務純益率，純資産経常利益率，純資産当期純利益率）を求める。信用金庫の業務粗純益／純資産は大都市圏以外が高く，業務純益／純資産，経常利益／純資産，当期純利益／純資産は大都市圏が高い。業務純益／純資産，経常利益／純資産，当期純利益／純資産は，預金規模別では規模が大きくなるにつれて高くなる。

③ **経常収益経常利益率＝経常利益／経常収益**

信用金庫の経常収益経常利益率は，大都市圏が高く，預金規模別では規模が大きくなるにつれて高くなる。大都市圏以外の信用金庫の経常収益経常利益率はバラツキが大きい。

④ **総資金利鞘**

信用金庫のディスクロージャー誌中の「総資金利鞘」には，「資金運用利回」，「資金調達原価率」，「総資金利鞘」が掲載されている。

$$総資金利鞘＝資金運用利回り－資金調達原価率$$

である[18]。信用金庫の資金運用利回り，資金調達原価率はともに大都市圏以外が高いが，総資金利鞘は大都市圏が高い。総資金利鞘は，預金規模別では規模が大きくなるにつれて高くなる。信用金庫の総資金利鞘のバラツキは大都市圏，大都市圏以外ほぼ同じである。信用金庫の預貸利鞘のバラツキは大都市圏以外の方が大きい。

⑤ **業務粗利益率＝業務粗利益／資金運用勘定平均残高**

信用金庫のディスクロージャー誌中の「業務粗利益」には，「業務粗利益」，「業務粗利益率」などが記載され，業務粗利益率は「業務粗利益／資金運用勘定平均残高」として計算されている[19]。業務粗利益率は，大都市圏以外の信用金庫が高い。

⑥ **利益（業務粗利益）の構造：フルビジネスライン度**

信用金庫のディスクロージャー誌中の「業務粗利益」には，「資金運用収支＝資金運用収益－資金調達費用」，「役務取引等収支＝役務取引等収益－役務

取引等」,「その他業務収支＝その他業務収益－その他業務費用」などが記載されている。

　　　業務粗利益＝(資金運用収益－資金調達費用)＋(役務取引等収益－役務
　　　　　　　　取引等費用)＋(その他業務収益－その他業務費用)

であり，業務粗利益の構造を以下のように整理する。

　　　業務粗利益＝(資金運用収益－資金調達費用)＋(役務取引等収益－役務
　　　　　　　　取引等費用)＋(その他業務収益－その他業務費用)
　　　(資金運用収益－資金調達費用)／業務粗利益
　　　(役務取引等収益－役務取引等費用)／業務粗利益
　　　(その他業務収益－その他業務費用)／業務粗利益
　　　資金運用収支＝資金運用収益－資金調達費用
　　　役務取引等収支＝役務取引等収益－役務取引等費用
　　　その他業務収支＝その他業務収益－その他業務費用

「資金運用収支／業務粗利益」比率は，大都市圏の信用金庫91.52％，大都市圏以外の信用金庫91.84％である。「役務取引等収支／業務粗利益」比率は，所在地別では大都市圏0.4％，大都市圏以外0.26％であり，預金規模別では規模が大きくなるにつれて高くなる。

⑦ 資金運用勘定・資金調達勘定の利回り

　信用金庫のディスクロージャー誌中の「資金運用勘定・調達勘定の平均残高等」には，資金運用勘定（うち貸出金，預け金，コールローン，商品有価証券，有価証券），資金調達勘定（うち預金積金，借用金，コールマネー）について，それぞれ平均残高，利息，利回りが記載されている。ただし，資金運用勘定は無利息預け金の平均残高を，資金調達勘定は金銭の信託運用見合額の平均残高および利息を控除している。

　信用金庫の貸出金利回りは，大都市圏以外が高く，預金規模別では規模が小さくなるにつれて高くなる。商品有価証券利回りは，大都市圏以外が高く，預金規模別では規模が小さくなるにつれて高くなる。資金運用勘定，貸出金，預け金の利回りは大都市圏以外が高いが，資金調達勘定，預金積金，借用金の利

回りは大都市圏の信用金庫が高くなる。

　各信用金庫の業務粗利益率，資金運用利回り，資金調達原価率，総資金利鞘，総資産経常利益率，総資産当期純利益率，預金積金の対数の間の相関係数を求めると，業務粗利益率は資金運用利回り，総資金利鞘とやや強い正の相関を有し，総資産経常利益率とやや正の相関を有している。総資産経常利益率と総資産当期純利益率の相関係数は0.840であり，強い正の相関を有している。

(2) 信用金庫の健全性
(1) 自己資本比率
(2) 不良債権比率＝不良債権合計／(不良債権合計＋正常債権)

　信用金庫の自己資本比率は，大都市圏以外が高く，預金規模別では規模が小さくなるにつれて高くなる。横軸に個人預金／預金積金合計，縦軸に自己資本比率(健全性指標)をとってみると，両者の間にはほとんど関係がない(1次回帰式の修正済み決定係数は0.001)ことが分かる。大都市圏以外の信用金庫の自己資本比率はバラツキが大きい。

(3) 信用金庫の効率性
(1) 常勤役職員1人当たり業務純益：業務純益／常勤役職員数
(2) 1店舗当たり業務純益：業務純益／店舗数

　信用金庫の常勤役職員1人当たり業務純益(業務純益／常勤役職員数)は，大都市圏以外が高いが，1店舗当たり業務純益(業務純益／店舗数)は大都市圏が高い。1店舗当たり業務純益は，預金規模別では規模が大きくなるにつれて大きくなる。大都市圏以外の信用金庫の1店舗当たり業務純益はバラツキが大きい。

(4) 信用金庫の経費効率性
(1) 人件費率：人件費／預金積金

　大都市圏以外の信用金庫の人件費率はバラツキが大きい。

(2) 物件費率：物件費／預金積金

　信用金庫の人件費率（人件費／預金積金），物件費率（物件費／預金積金）はともに，所在地別では大都市圏以外の信用金庫が高い。人件費率は，預金規模別では規模が小さくなるにつれて高くなる。

(3) 地区人口／店舗数

　信用金庫の1店舗当たり地区人口（地区人口／店舗数）は，大都市圏の信用金庫228,710人，大都市圏以外の信用金庫64,577人であり，預金規模別では規模が大きくなるにつれて多くなる。

(4) 地区面積／店舗数

　信用金庫の1店舗当たり地区面積（地区面積／店舗数）は，大都市圏の信用金庫72.56平方km，大都市圏以外の信用金庫247.92平方kmであり，預金規模別では規模が小さくなるにつれて大きくなる。

(5) OHR（Over Head Ratio）：経費／業務粗利益

　信用金庫のOHRは，所在地別では大都市圏の信用金庫が高く，預金規模別では規模が小さくなるにつれて高くなる。預金積金の対数とOHRの相関係数は−0.161であり，負の相関がある。

　預金経費率（経費／預金積金）が低ければより経費効率性が高いとみなされる。信用金庫の預金経費率は，所在地別では大都市圏以外が高く，預金規模別では規模が小さくなるにつれて高くなる（規模の経済の存在）。預金積金の対数と預金経費率の相関係数は−0.283であり，やや負の相関がある。ここで，経費＝人件費＋物件費＋税金である[20]。

⑸ 信用金庫の生産性

(1) 常勤役職員1人当たり預金残高：預金積金／常勤役職員数
(2) 常勤役職員1人当たり貸出金残高：貸出金／常勤役職員数
(3) 1店舗当たり預金残高：預金積金／店舗数
(4) 1店舗当たり貸出金残高：貸出金／店舗数

　信用金庫の常勤役職員1人当たり預金残高（預金積金／常勤役職員数），常勤

役職員1人当たり貸出金残高（貸出金／常勤役職員数），1店舗当たり預金残高（預金積金／店舗数），1店舗当たり貸出金残高（貸出金／店舗数）はすべて，所在地別では大都市圏が大きく，預金規模別では規模が大きくなるにつれて大きくなる。大都市圏の信用金庫の1店舗当たり預金積金の対数のバラツキが大きい[21]。

(6) 信用金庫の安全性

経常収支率（経常費用／経常収益）が低ければより安全性が高いとみなされる。信用金庫の経常収支率（経常費用／経常収益）は，所在地別では大都市圏が小さく，預金規模別では規模が大きくなるにつれて低くなる。

4 信用金庫の地域別事業パフォーマンス：信用金庫による選択の成果

(1) 信用金庫の収益性

① 総資産利益率

信用金庫の業務粗利益／（総資産－債務保証見返）は，東北，四国，南九州，九州北部，中国，関東，首都圏，北海道，北陸，近畿，東海の順番で高い。業務純益／（総資産－債務保証見返）は，四国，近畿，北海道，東海，首都圏，東北，北陸，関東，九州北部，中国，南九州の順番で高い。経常利益／（総資産－債務保証見返）は，東海，北海道，近畿，首都圏，九州北部，北陸，東北，南九州，関東，中国，四国の順番で高い。当期純利益／（総資産－債務保証見返）は，首都圏，東海，北海道，近畿，北陸，九州北部，南九州，関東，中国，東北，四国の順番で高い。

② 純資産利益率

信用金庫の業務粗純益／純資産は，東北，南九州，中国，関東，首都圏，九州北部，四国，近畿，北陸，北海道，東海の順番で高い。業務純益／純資産は，四国，近畿，首都圏，関東，東北，中国，北海道，南九州，東海，北陸，九州

4 信用金庫の地域別事業パフォーマンス：信用金庫による選択の成果　109

北部の順番で高い。経常利益／純資産は，首都圏，近畿，東海，北海道，九州北部，北陸，南九州，東北，関東，四国，中国の順番で高い。当期純利益／純資産は，首都圏，近畿，東海，北海道，北陸，九州北部，南九州，関東，東北，中国，四国の順番で高い。

③ 経常収益経常利益率＝経常利益／経常収益

　信用金庫の経常収益経常利益率は，東海，北海道，首都圏，近畿，北陸，九州北部，東北，南九州，関東，中国，四国の順番で高い。

④ 総資金利鞘

　信用金庫の資金運用利回りは，南九州，九州北部，四国，東北，首都圏，中国，関東，近畿，北陸，北海道，東海の順番で高い。資金調達原価率は，南九州，九州北部，東北，中国，北陸，四国，首都圏，近畿，東海，関東，北海道の順番で高い。総資金利鞘は，四国，首都圏，関東，九州北部，近畿，北海道，南九州，東北，東海，北陸，中国の順番で高い。

⑤ 業務粗利益率＝業務粗利益／資金運用勘定平均残高

　信用金庫の業務粗利益率は，東北，四国，南九州，九州北部，中国，関東，首都圏，北海道，北陸，近畿，東海の順番で高い。

⑥ 利益（業務粗利益）の構造：フルビジネスライン度

　信用金庫の（資金運用収益－資金調達費用）／業務粗利益は，南九州，九州北部，首都圏，関東，東北，中国，北海道，北陸，東海，近畿，四国の順番で高い。（役務取引等収益－役務取引等費用）／業務粗利益は，北海道，首都圏，東海，近畿，中国，関東，北陸，東北，南九州，九州北部，四国の順番で高い。（その他業務収益－その他業務費用）／業務粗利益は，四国，近畿，北陸，東海，東北，北海道，関東，中国，九州北部，南九州，首都圏の順番で高い。

⑦ 資金運用勘定・資金調達勘定の利回り

　信用金庫の貸出金利回りは，南九州，四国，東北，九州北部，中国，関東，首都圏，近畿，北陸，北海道，東海の順番で高い。商品有価証券利回りは，四国，北陸，南九州，東北，東海，九州北部，中国，北海道，関東，首都圏，近畿の順番で高い。預金積金の利回りは，東海，北陸，首都圏，近畿，関東，東

北,北海道,中国,四国,九州北部,南九州の順番で高い。

(2) 信用金庫の健全性

① 自己資本比率

　信用金庫の自己資本比率は,北海道,四国,東海,北陸,近畿,東北,関東,九州北部,中国,南九州,首都圏の順番で高い。

② 不良債権比率＝不良債権合計／(不良債権合計＋正常債権)

　信用金庫の不良債権比率は,東北,九州北部,南九州,中国,関東,四国,北陸,東海,近畿,首都圏,北海道の順番で高い。

(3) 信用金庫の効率性

① 常勤役職員1人当たり業務純益：業務純益／常勤役職員数

　信用金庫の常勤役職員1人当たり業務純益は,四国,北海道,近畿,東海,首都圏,関東,北陸,九州北部,東北,中国,南九州の順番で大きい。

② 1店舗当たり業務純益：業務純益／店舗数

　信用金庫の1店舗当たり業務純益は,四国,近畿,首都圏,東海,北海道,関東,北陸,九州北部,東北,中国,南九州の順番で大きい。

(4) 信用金庫の経費効率性

① 人件費率：人件費／預金積金

　信用金庫の人件費率は,南九州,九州北部,東北,中国,関東,首都圏,北陸,東海,近畿,四国,北海道の順番で高い。

② 物件費率：物件費／預金積金

　信用金庫の物件費率は,南九州,東北,九州北部,中国,北海道,首都圏,北陸,四国,関東,東海,近畿の順番で高い。

③ 地区人口／店舗数

　信用金庫の1店舗当たり地区人口は,首都圏,九州北部,近畿,北海道,東海,関東,中国,四国,北陸,東北,南九州の順番で多い。

④ 地区面積／店舗数

　信用金庫の1店舗当たり地区面積は，北海道，東北，九州北部，関東，南九州，四国，中国，北陸，東海，近畿，首都圏の順番で大きい。

⑤ OHR (Over Head Ratio)：経費／業務粗利益

　信用金庫のOHRは，南九州，九州北部，中国，東北，関東，首都圏，北陸，東海，近畿，北海道，四国の順番で大きい。預金経費率は，南九州，九州北部，東北，中国，関東，首都圏，北陸，四国，北海道，東海，近畿の順番で高い。

(5) 信用金庫の生産性

① 常勤役職員1人当たり預金残高：預金積金／常勤役職員数

　信用金庫の常勤役職員1人当たり預金残高は，北海道，近畿，東海，四国，首都圏，北陸，関東，中国，九州北部，東北，南九州の順番で大きい。

② 常勤役職員1人当たり貸出金残高：貸出金／常勤役職員数

　信用金庫の常勤役職員1人当たり貸出金残高は，北海道，首都圏，近畿，東海，四国，関東，九州北部，中国，北陸，東北，南九州の順番で大きい。

③ 1店舗当たり預金残高：預金積金／店舗数

　信用金庫の1店舗当たり預金残高は，首都圏，近畿，東海，関東，北海道，四国，北陸，中国，九州北部，東北，南九州の順番で大きい。

④ 1店舗当たり貸出金残高：貸出金／店舗数

　信用金庫の1店舗当たり貸出金残高は，首都圏，近畿，東海，関東，北海道，九州北部，四国，中国，東北，北陸，南九州の順番で大きい。

(6) 信用金庫の安全性

　信用金庫の経常収支率（経常費用／経常収益）は，四国，中国，関東，南九州，東北，九州北部，北陸，近畿，首都圏，北海道，東海の順番で大きい。

5　信用金庫の位置：信用金庫 vs. 他の地域金融機関

　我が国の金融規制の1つにかつて「業務分野規制」があった。業務分野規制は，専門分野への安定的な資金供給の確保と専門金融機関の経営安定化を目的として，金融業務を複数の専門分野に分割して，それぞれの分野に専門金融機関を置き，1つの金融機関が複数の分野の業務を兼営することを制限ないし禁止する規制のことである。日本では，これまで銀行・信託の分離，銀行・証券の分離，長短金融（長期信用銀行・信託銀行 vs. 普通銀行）の分離の3つの特徴的な分業体制がとられてきたが，1993年4月の業態別子会社を通じた相互参入の容認と，99年10月の業態別子会社の規制の完全撤廃によって，業務分野規制は消滅した。しかし，現在においても，農林水産業に対しては農林水産金融機関（農業協同組合，漁業協同組合など），中小企業に対しては「中小・地域金融機関」（地方銀行，第二地方銀行，信用金庫，信用組合）といった専門金融機関が存在している。

　「銀行 vs. 協同組織金融機関」という対立軸においては，都市銀行，地方銀行，第二地方銀行はすべて「銀行法」に基づく銀行（普通銀行）であり，都市銀行は「普通銀行統制会に加入した銀行グループ」（「金融統制団体令」），「普通銀行のうち6大都市またはそれに準ずる都市を本拠として，全国的にまたは数地方にまたがる広域的営業基盤を持つ銀行」（「金融制度調査会」第1分科会），「普通銀行のうちの本庁直轄銀行」（金融行政での統計資料等）など，地方銀行（第一地方銀行は俗称）は全国地方銀行協会の会員である銀行，第二地方銀行は第二地方銀行協会の会員である銀行とそれぞれ定義されている[22]。最近，都市銀行の定義はあいまいになっているが，本書では，都市銀行，地方銀行，第二地方銀行の本質的相違は営業地域のちがいであるととらえている。すなわち，一方で，地方銀行・第二地方銀行は「地域金融機関（地域銀行）」と言われ，地方銀行はその本店所在道府県（大都市部を除く地域）で最大規模の金融機関である[23]。他方で，都市銀行は全国展開する銀行と言われ，各地の主だった

都市に営業拠点を置いて全国的な営業展開をしているが，実質は，東京・大阪などの大都市を主たる営業基盤とする都市型地域金融機関とみなしうる。協同組織金融機関（信用金庫，信用組合など）は，地方銀行・第二地方銀行とともに，中小企業向け金融に特化した地域金融機関とみなされている。

「地域銀行（地方銀行，第二地方銀行）vs.信用金庫」という対立軸においては，地方銀行・第二地方銀行・信用金庫は営業基盤の広狭のちがいはあるが，ともに地域性を有する金融機関であり，地域住民，地元企業，地方公共団体などの顧客に応えるべく金融サービスを提供している。地方銀行・第二地方銀行・信用金庫の特色の１つは営業基盤の特定地域性であり，地方銀行の営業基盤は都道府県ないしその同一経済圏に属する隣接地域，第二地方銀行の営業基盤は都道府県を越えた広域，信用金庫の営業基盤は複数の市町村単位の地域である。信用金庫は「中小・地域金融機関」として地域銀行（地方銀行，第二地方銀行）と同質化していると言われ，地域銀行と信用金庫の相違は営業地域のちがいであるととらえられがちであるが，本書では，信用金庫と地域銀行の相違は会員限定制度の有無などのちがいであるととらえている[24]。

「各信用金庫の貸出金／その信用金庫のある都道府県の信用金庫全体の貸出金」の平均値は17.3％，標準偏差は18.1％，最大値は100％，最小値は0.5％で

表5-1　地域金融機関における信用金庫の位置

	店舗数	預金（億円）	貸出金（億円）
全国ベース	20,148	4,174,353	2,810,900
信用金庫の合計	7,583	1,197,323	637,404
信用金庫のシェア	0.376365	0.286828	0.226762
大都市圏以外	13,438	2,497,537	1,695,643
信用金庫の合計	4,144	495,209	253,825
信用金庫のシェア	0.308379	0.198279	0.149692
大都市圏	6,710	1,676,816	1,115,257
信用金庫の合計	3,439	702,114	383,579
信用金庫のシェア	0.512519	0.418719	0.343938

ある。「各信用金庫の貸出金／その信用金庫のある都道府県の信用金庫全体の貸出金」の平均値は地域別では，北海道4.3％，首都圏10.0％，東海10.3％，北陸17.6％，近畿18.8％，関東18.8％，東北22.2％，中国22.7％，九州北部23.1％，南九州31.3％，四国40.0％の順番で大きい。所在地別では，大都市圏10.3％，大都市圏以外20.7％である。

以下では，我が国の地域金融機関（地方銀行，第二地方銀行，信用金庫，信用組合）の中での信用金庫の位置づけを明らかにする。

(1) 信用金庫の預金，貸出金，店舗のシェア

地域金融機関のうち，信用金庫の預金シェアは，全国で28.68％，大都市圏で41.87％，大都市圏以外で19.83％である。信用金庫の貸出シェアは，全国で22.68％，大都市圏で34.39％，大都市圏以外で14.97％である。したがって，第1に各信用金庫は小規模であるとは言え，信用金庫全体として見るとかなりの預金シェアを有し，地域における存在感は大きい。第2に信用金庫のシェアは預金，貸出金ともに大都市圏の方が高い。第3に「信用金庫の預貸率は他業態のそれに比して低い」と言われているが，全国，大都市圏，大都市圏以外のいずれにおいても貸出シェアよりも預金シェアの方が高い。第4に地域金融機関のうち，信用金庫の店舗シェアは，全国で37.64％，大都市圏で51.25％，大都市圏以外で30.84％であり，預金シェア，貸出金シェアよりも大きい。したがって，信用金庫の特徴は，地域金融機関の中では，豊富な店舗ネットワークを構築して，高い預金シェアを保持していること，大都市圏型の金融機関であることである。

(2) 中小企業金融機関性：中小企業等向け貸出金残高／貸出金

地方銀行，第二地方銀行，信用金庫それぞれの「中小企業等向け貸出金残高／貸出金」を全国，大都市圏，大都市圏以外ベースで求めたものが表5－2であり，信用金庫の「中小企業等向け貸出金残高／貸出金」（中小企業金融機関性）が全国，大都市圏，大都市圏以外のいずれにおいても地域銀行より高いこ

5 信用金庫の位置：信用金庫 vs. 他の地域金融機関　115

表5-2　中小企業等向け貸出金残高／貸出金

(単位：%)

	地方銀行	第二地方銀行	信用金庫
全　国	71.49	80.55	87.12
大都市圏	79.85	86.14	92.89
大都市圏以外	67.74	76.63	84.38

表5-3　中小企業等向け貸出金残高／中小企業等向け貸出件数

(単位：万円)

	地方銀行	第二地方銀行	信用金庫
全　国	1,353	1,399	1,032
大都市圏	1,561	1,830	1,443
大都市圏以外	1,264	1,180	838

とが分かる。

(3) 中小企業金融機関性：中小企業等向け貸出金残高／中小企業等向け貸出件数

　地方銀行，第二地方銀行，信用金庫それぞれの「中小企業等向け貸出金残高／中小企業等向け貸出件数」を全国，大都市圏，大都市圏以外ベースで求めたものが表5-3であり，信用金庫の中小企業等1件当たりの貸出金残高が全国，大都市圏，大都市圏以外のいずれにおいても地域銀行より小さいことが分かる。中小企業等1件当たりの貸出金残高が小さい，つまり小口融資を行っていることをもって中小企業金融機関性とみなせば，信用金庫は全国，大都市圏，大都市圏以外のいずれにおいても地域銀行より中小企業金融機関性が大きいことが分かる。

(4) 各地域金融機関の預金格差・貸出金格差：ローレンツ曲線とジニ係数

　横軸に「累積地方銀行比率」，縦軸に「累積預金比率」をとって，地方銀行の預金ローレンツ曲線を作図する。地方銀行間で預金格差が生じていると，預

図5-1 地域金融機関の預金ローレンツ曲線

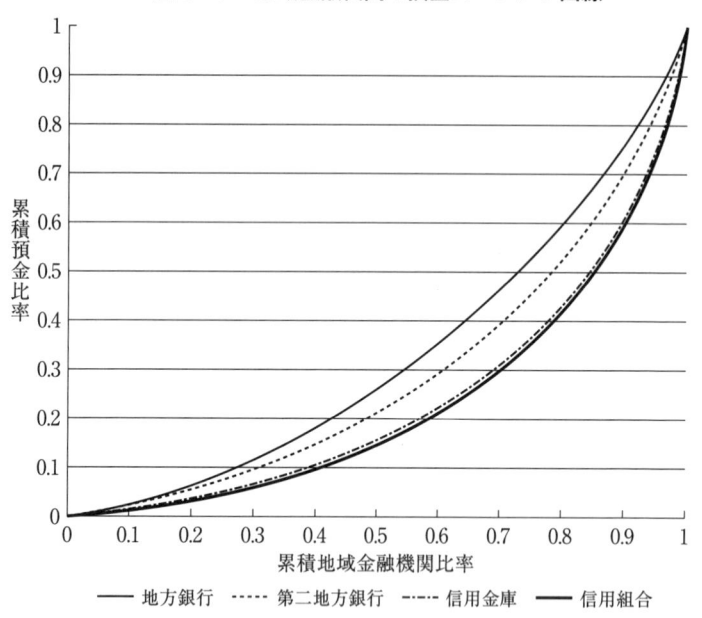

縦軸：累積預金比率
横軸：累積地域金融機関比率
凡例：―― 地方銀行　‥‥‥ 第二地方銀行　―‥― 信用金庫　━━ 信用組合

金ローレンツ曲線は完全平等線から離れ，右下の方向へとシフトする。同様にして，第二地方銀行，信用金庫，信用組合それぞれの預金ローレンツ曲線を作図する。図5-1は，以上の4つの預金ローレンツ曲線を1枚の図に描いたものであり，各地域金融機関の預金ベースの平等度が分かる。預金格差が生じていると，預金ローレンツ曲線は完全平等線から離れ，右下の方向へとシフトする。

また，横軸に「累積地方銀行比率」，縦軸に「累積貸出金比率」をとって，地方銀行の貸出金ローレンツ曲線を作図する。地方銀行間で貸出金格差が生じていると，貸出金ローレンツ曲線は完全平等線から離れ，右下の方向へとシフトする。同様にして，第二地方銀行，信用金庫，信用組合それぞれの貸出金ローレンツ曲線を作図する。図5-2は，以上の4つの貸出金ローレンツ曲線を1枚の図に描いたものであり，各地域金融機関の貸出金ベースの平等度が分かる。貸出金格差が生じていると，貸出金ローレンツ曲線は完全平等線から離れ，

5 信用金庫の位置：信用金庫 vs. 他の地域金融機関　117

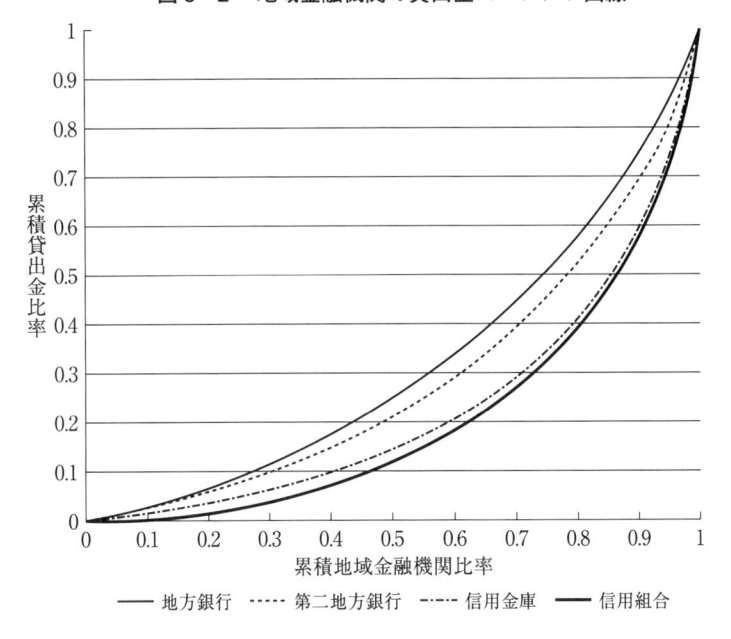

図5-2　地域金融機関の貸出金ローレンツ曲線

縦軸：累積貸出金比率
横軸：累積地域金融機関比率

凡例：── 地方銀行　‥‥‥ 第二地方銀行　─･─ 信用金庫　━━ 信用組合

右下の方向へとシフトする。

　各地域金融機関のジニ係数（預金ジニ係数，貸出金ジニ係数）は，ローレンツ曲線の形を計測可能な指数にしたもので，各地域金融機関の格差（預金格差，貸出金格差）を示している。ジニ係数は，0から1の間の数値をとり，0に近いほど平等に近く，格差は存在せず，逆に1に近いほど不平等度が大きく，格差は存在する。

　預金ローレンツ曲線，貸出金ローレンツ曲線を見ると，信用組合，信用金庫，第二地方銀行，地方銀行の順番で完全平等線から離れ，右下の方向へとシフトしていることが分かり，それは信用組合，信用金庫，第二地方銀行，地方銀行の順番で預金，貸出金の格差が大きいことを意味している。ジニ係数（預金ジニ係数，貸出金ジニ係数）からは，信用組合，信用金庫，第二地方銀行，地方銀行の順番で預金，貸出金の格差が大きいことが分かる（表5-4）。

表5-4 地域金融機関のジニ係数

	預金ジニ係数	貸出金ジニ係数
地方銀行	0.344	0.361
第二地方銀行	0.422	0.428
信用金庫	0.52	0.546
信用組合	0.545	0.584

付表5-1 信用金庫の主なる特性：全体，大都市圏vs.大都市圏以外，規模別，地域別

		(1) 協同組合性		(2) 地域金融機関性		(3) 中小企業金融機関性		(4) リレーションシップ・バンキング性		
		① 会員率1 会員数／地区人口	② 会員率2 会員数／中小企業向け貸出先件数	① 店舗配置密度 店舗数／地区総面積	② 預貸率 貸出金／預金	① 中小企業金融機関度(%) 中小企業等向け貸出金／貸出金	② 中小企業等向け貸出の1件当たり平均残高(百万円)	① 定期積金／預金積金合計	② (「10年超」+「期間の定めのないもの」)／信用リスク・エクスポージャー期末残高	③ 信用(無担保・無保証)に基づく貸出／貸出金合計
全体	平均値	0.02	1.94	0.01	0.51	87.12	10.32	0.05	0.34	0.26
	標準偏差	0.02	0.58	0.01	0.09	8.28	5.19	0.02	0.16	0.13
	最大値	0.11	5.27	0.05	0.73	99.98	55.00	0.14	0.79	0.69
	最小値	0.00	0.76	0.00	0.14	51.12	1.36	0.00	0.01	0.00
	サンプル数	271	271	271	271	271	271	271	270	269
大都市圏vs.大都市圏以外										
大都市圏所在	平均値	0.01	1.93	0.02	0.53	92.89	14.43	0.05	0.36	0.17
	標準偏差	0.01	0.63	0.01	0.09	6.02	6.63	0.02	0.18	0.10
	最大値	0.07	5.27	0.05	0.71	99.82	55.00	0.14	0.66	0.50
	最小値	0.00	0.81	0.00	0.32	58.61	4.70	0.00	0.01	0.00
	サンプル数	87	87	87	87	87	87	87	87	86
大都市圏以外所在	平均値	0.03	1.94	0.01	0.51	84.38	8.38	0.05	0.33	0.30
	標準偏差	0.02	0.55	0.00	0.10	7.80	2.70	0.02	0.15	0.13
	最大値	0.11	4.06	0.02	0.73	99.98	18.27	0.12	0.79	0.69
	最小値	0.00	0.76	0.00	0.14	51.12	1.36	0.00	0.01	0.00
	サンプル数	184	184	184	184	184	184	184	183	183

5 信用金庫の位置：信用金庫 vs. 他の地域金融機関　119

		(1) 協同組合性		(2) 地域金融機関性		(3) 中小企業金融機関性		(4) リレーションシップ・バンキング性		
		① 会員率1 会員数／地区人口	② 会員率2 会員数／中小企業向け貸出先件数	① 店舗配置密度 店舗数／地区総面積	② 預貸率 貸出金／預金	① 中小企業金融機関度（％）中小企業等向け貸出金／貸出金	② 中小企業等向け貸出の1件当たり平均残高（百万円）	① 定期積金／預金積金合計	②（「10年超」+「期間の定めのないもの」）／信用リスク・エクスポージャー期末残高	③ 信用（無担保・無保証）に基づく貸出／貸出金合計
規模別										
① 信用組合の平均以下：預金残高で1,056億円以下	平均値	0.02	1.98	0.00	0.51	83.73	7.31	0.06	0.26	0.32
	標準偏差	0.02	0.59	0.00	0.10	9.03	2.90	0.02	0.13	0.11
	最大値	0.07	3.49	0.01	0.69	99.98	19.92	0.12	0.53	0.53
	最小値	0.00	1.03	0.00	0.27	60.82	3.24	0.02	0.05	0.06
	サンプル数	47	47	47	47	47	47	47	47	46
② 信用金庫の平均以下：預金残高で1,056億円超4,418億円以下	平均値	0.02	1.92	0.01	0.51	86.17	9.68	0.05	0.35	0.28
	標準偏差	0.02	0.57	0.01	0.09	8.00	5.30	0.02	0.16	0.13
	最大値	0.11	4.06	0.03	0.73	99.62	55.00	0.14	0.79	0.69
	最小値	0.00	0.76	0.00	0.19	51.12	2.70	0.00	0.01	0.00
	サンプル数	145	145	145	145	145	145	145	144	144
③ 信用金庫の平均超：預金残高で4,418億円超10,868億円以下	平均値	0.02	1.91	0.02	0.51	89.65	12.07	0.05	0.36	0.19
	標準偏差	0.02	0.47	0.01	0.09	7.33	4.09	0.02	0.16	0.12
	最大値	0.07	3.04	0.05	0.71	99.05	21.44	0.09	0.65	0.50
	最小値	0.00	0.91	0.00	0.14	58.61	1.36	0.00	0.01	0.01
	サンプル数	56	56	56	56	56	56	56	56	56
④ 第二地方銀行の平均超：預金残高で10,868億円超	平均値	0.02	1.98	0.02	0.58	93.82	16.32	0.05	0.38	0.14
	標準偏差	0.01	0.82	0.01	0.06	4.97	4.43	0.02	0.17	0.09
	最大値	0.05	5.27	0.04	0.70	99.82	29.89	0.08	0.66	0.30
	最小値	0.00	1.14	0.01	0.48	82.98	7.67	0.01	0.01	0.00
	サンプル数	23	23	23	23	23	23	23	23	23
地域別										
① 北海道	平均値	0.02	2.10	0.00	0.48	73.79	9.59	0.04	0.31	0.33
	標準偏差	0.02	0.74	0.00	0.10	8.28	2.89	0.01	0.15	0.11
	最大値	0.07	4.06	0.01	0.67	87.79	18.27	0.06	0.58	0.51
	最小値	0.00	0.76	0.00	0.51.12	4.39	0.00	0.01	0.02	
	サンプル数	23	23	23	23	23	23	23	23	23
② 東北	平均値	0.03	2.13	0.00	0.54	84.60	6.43	0.05	0.35	0.31

120　第5章　信用金庫の特性と事業パフォーマンス

		(1) 協同組合性		(2) 地域金融機関性		(3) 中小企業金融機関性		(4) リレーションシップ・バンキング性		
		① 会員率1 会員数/地区人口	② 会員率2 会員数/中小企業向け貸出先件数	① 店舗配置密度 店舗数/地区総面積	② 預貸率 貸出金/預金	① 中小企業金融機関度(%) 中小企業等向け貸出金/貸出金	② 中小企業等向け貸出の1件当たり平均残高(百万円)	① 定期積金/預金積金合計	② (「10年超」+「期間の定めのないもの」)/信用リスク・エクスポージャー期末残高	③ 信用(無担保・無保証)に基づく貸出/貸出金合計
	標準偏差	0.02	0.58	0.00	0.06	5.85	1.57	0.01	0.14	0.10
	最大値	0.09	3.49	0.01	0.68	96.36	10.42	0.09	0.61	0.52
	最小値	0.01	1.25	0.00	0.43	64.39	3.51	0.03	0.09	0.15
	サンプル数	27	27	27	27	27	27	27	27	27
③ 関東(茨城,栃木,群馬,新潟,山梨,長野)	平均値	0.02	1.95	0.01	0.50	85.33	8.63	0.06	0.29	0.33
	標準偏差	0.01	0.49	0.00	0.07	4.58	2.01	0.02	0.15	0.11
	最大値	0.06	3.07	0.01	0.72	93.17	13.39	0.12	0.64	0.69
	最小値	0.01	1.29	0.00	0.38	73.65	4.79	0.02	0.01	0.16
	サンプル数	32	32	32	32	32	32	32	32	32
④ 首都圏(埼玉,千葉,東京,神奈川)	平均値	0.01	2.07	0.02	0.53	95.16	14.62	0.05	0.41	0.14
	標準偏差	0.00	0.67	0.01	0.08	4.53	4.53	0.02	0.16	0.10
	最大値	0.00	5.27	0.04	0.69	99.82	29.89	0.14	0.66	0.34
	最小値	0.00	0.81	0.01	0.33	83.24	4.70	0.01	0.01	0.00
	サンプル数	40	40	40	40	40	40	40	40	40
⑤ 北陸	平均値	0.03	2.15	0.01	0.46	82.78	8.89	0.07	0.27	0.31
	標準偏差	0.01	0.42	0.00	0.10	7.66	1.70	0.01	0.15	0.16
	最大値	0.07	3.00	0.02	0.60	91.85	11.62	0.08	0.52	0.61
	最小値	0.00	1.52	0.00	0.27	60.82	5.45	0.04	0.05	0.05
	サンプル数	17	17	17	17	17	17	17	17	17
⑥ 東海(岐阜,静岡,愛知,三重)	平均値	0.02	1.87	0.01	0.49	90.03	12.12	0.06	0.32	0.19
	標準偏差	0.02	0.54	0.01	0.09	4.80	3.17	0.02	0.18	0.10
	最大値	0.11	3.58	0.05	0.63	97.14	18.59	0.09	0.60	0.42
	最小値	0.00	1.14	0.00	0.19	72.77	4.03	0.00	0.01	0.00
	サンプル数	39	39	39	39	39	39	39	39	39
⑦ 近畿	平均値	0.01	1.87	0.02	0.51	87.97	15.03	0.04	0.34	0.22
	標準偏差	0.01	0.59	0.01	0.11	8.82	9.26	0.02	0.17	0.14
	最大値	0.07	3.63	0.04	0.71	97.37	55.00	0.07	0.66	0.50
	最小値	0.00	0.91	0.00	0.33	58.61	6.37	0.00	0.01	0.00
	サンプル数	32	32	32	32	32	32	32	32	31

		(1) 協同組合性		(2) 地域金融機関性		(3) 中小企業金融機関性		(4) リレーションシップ・バンキング性		
		① 会員率1 会員数/地区人口	② 会員率2 会員数/中小企業向け貸出先件数	① 店舗配置密度 店舗数/地区総面積	② 預貸率 貸出金/預金	① 中小企業金融機関度(%) 中小企業等向け貸出金/貸出金	② 中小企業向け貸出の1件当たり平均残高(百万円)	① 定期積金/預金積金合計	② (「10年超」+「期間の定めのないもの」)/信用リスク・エクスポージャー期末残高	③ 信用(無担保・無保証)に基づく貸出/貸出金合計
⑧ 中国	平均値	0.03	1.89	0.01	0.52	85.35	7.94	0.04	0.35	0.24
	標準偏差	0.02	0.47	0.00	0.09	8.26	2.05	0.02	0.16	0.12
	最大値	0.07	3.02	0.01	0.70	97.02	13.44	0.07	0.79	0.48
	最小値	0.00	1.17	0.00	0.39	64.29	4.61	0.02	0.12	0.06
	サンプル数	22	22	22	22	22	22	22	22	21
⑨ 四国	平均値	0.02	1.50	0.01	0.51	87.32	7.65	0.05	0.31	0.38
	標準偏差	0.02	0.46	0.00	0.16	5.76	2.72	0.02	0.17	0.14
	最大値	0.07	2.37	0.02	0.69	95.75	11.55	0.08	0.54	0.54
	最小値	0.01	0.90	0.00	0.14	76.99	1.36	0.00	0.11	0.04
	サンプル数	10	10	10	10	10	10	10	9	10
⑩ 九州北部(福岡, 佐賀, 長崎)	平均値	0.01	1.38	0.01	0.60	91.92	7.28	0.05	0.36	0.27
	標準偏差	0.00	0.33	0.00	0.06	3.05	1.65	0.01	0.11	0.05
	最大値	0.02	2.19	0.01	0.69	98.14	9.39	0.07	0.50	0.36
	最小値	0.00	1.03	0.00	0.49	85.82	4.26	0.03	0.11	0.19
	サンプル数	13	13	13	13	13	13	13	13	13
⑪ 南九州(熊本, 大分, 宮崎, 鹿児島, 沖縄)	平均値	0.03	1.85	0.01	0.56	88.19	5.76	0.06	0.36	0.29
	標準偏差	0.02	0.37	0.00	0.09	6.37	1.95	0.02	0.11	0.11
	最大値	0.11	2.41	0.01	0.73	99.98	8.41	0.10	0.59	0.48
	最小値	0.01	1.21	0.00	0.44	75.17	2.70	0.03	0.17	0.03
	サンプル数	16	16	16	16	16	16	16	16	16

（1）成果のうちの「発展性」の指標は一般には預金増加率，貸出金増加率，会員数増加率等で測られているが，それらは異時点間の計数で計算されうるものであり，本書は2010年度だけの計数を取り上げているので，「発展性」を計算できない。信用金庫の「流動性」は，許容不可能な損失を被ることなく，資産を増加させるための資金を調達し，期日の到来した債務を履行する能力であり，信用金庫の基本的な役割は，短期預金を用いて長期貸出を行うという満期変換機能にあることから，信用金庫は本来的に流動性リスクに晒されている。しかし，ここでは流動性の指標を取り上げていない。

（2）信用金庫の地域別分類基準には，信用金庫免許一覧（財務局），全国信用金庫財務諸表

(金融図書コンサルタント社),全国中小企業景気動向調査(全国信用金庫概況:信金中央金庫)の3つがある。「信用金庫免許一覧」は,北海道財務局 (23金庫),東北財務局 (27金庫),関東財務局 (72金庫),東海財務局 (39金庫),北陸財務局 (17金庫),近畿財務局 (32金庫),中国財務局 (22金庫),四国財務局 (10金庫),福岡財務局 (13金庫),九州財務局 (15金庫),沖縄総合事務局 (1金庫) といった分類であり,「全国信用金庫財務諸表」は,北海道 (北海道財務局),東北 (東北財務局),関東+東京+甲信越 (関東財務局),東海 (東海財務局),北陸 (北陸財務局),近畿 (近畿財務局),中国 (中国財務局),四国 (四国財務局),九州 (福岡財務局+九州財務局+沖縄総合事務局) といった分類である。「全国中小企業景気動向調査(本書の分類基準)」は,北海道 (北海道財務局),東北 (東北財務局),関東+首都圏 (関東財務局),北陸 (北陸財務局),東海 (東海財務局),近畿 (近畿財務局),中国 (中国財務局),四国 (四国財務局),九州北部 (福岡財務局),南九州 (九州財務局+沖縄総合事務局) である。
(3) 大都市圏の信用金庫と大都市圏以外の信用金庫を比較するのは競争環境の違いによる特性・事業パフォーマンスの異同を検討するためである。
(4) 散布図からはしばしば異常値が散見されるので,極端な値があっても影響を受けないという長所をもっているメディアン(中央値)も表示すべきであるかもしれない。
(5) 須戸裕治・摂津水都信用金庫常務理事(当時)からのヒアリングによれば,「資産の部」の貸出金,「負債の部」の預金積金などは受け身の変数であるとされる。しかし,預金については会員限定ではないが,事業地区外の預金を受け入れない信用金庫があったり,員外貸出(会員資格があるのに会員になっていない者への貸出)への対応,貸出目標の設定などを見ると,貸出金,預金積金を信用金庫の選択変数とみなしうるように思える。
(6) 堀江 [2008] は367の信用金庫についてクラスター分析を行い,信用金庫を「大都市所在型ないし大都市圏」(69),「中核都市所在等」(125),「中核都市等進出型」(48),「中都市所在型」(40),「小都市所在型」(85) の5つに分類している。
(7) 根本 [2011] は,2009年11月に都市銀行,地域銀行(地方銀行・第二地方銀行),信用金庫,信用組合を対象としたアンケートを実施し,「融資担当者に対する法人向け融資関連の数値目標」について質問している。このアンケート結果から,信用金庫は圧倒的に貸出量を目標として追求していることが分かる。
(8) 消費ローン・住宅ローンは個人(生活者)と信用金庫の拘束接触の始まりであり,個人(生活者)は信用金庫を身近なものとして見るようになるであろう。
(9) 長期運転資金は,一定水準の金額が長期固定的に融資され続けているという意味で事実上,自己資本に類似する性格を有する疑似エクイティ的融資である。一般に,融資は利払いが正常に行われている限り,金融機関・借手間においては基本的に問題はないと認識されているが,長期運転資金貸出については,「その実態に着目し,短期融資のロールオーバーとしてではなく,借手企業の長期的な経営の安定に資するよう,長期貸出として明確に位置付ける」あるいは「エクイティとして位置付け直す,すなわちデット・エクイティ・スワップの手法を有効に活用する」が適当である。
(10) 割引手形の拡大は資金の回転率を高めることを意味する。
(11) 「無担保・無保証貸出/貸出合計」はリレーションシップ貸出の尺度の1つである。
(12) 信用金庫・信用組合は同じ会員・組合員制度による協同組織の地域金融機関であるが,

注　123

信用組合が「預金は原則として組合員を対象とするが，総預金額の20％まで員外預金が認められる。融資は原則として組合員を対象とするが，制限つきで組合員でないものに貸出ができる（卒業生金融なし）。」であるのに対して，信用金庫は「預金は制限なし。融資は原則として会員を対象とするが，制限つきで会員外貸出もできる（卒業生金融あり）。」（全国信用金庫協会のホームページ）である。

(13) その他の預金には，外貨預金，非居住者円預金を含んでいる。
(14) 信用金庫は，リーテイル中心の活動から個人の小口預金のウエイトが比較的高い。
(15) 堀江 [1997] は，本店所在地の市街地人口の多寡いかんによって集積の経済の作用ないし経済的な『豊かさ』の影響度合いが異なると考え，市街地人口を「地域性」を表す代理指標とし，その規模を基準として金融機関をいくつかのグループに分けて計測を行い，規模の経済性の作用状況および「地域性」の存在を強調している。
(16) 地域社会とは，同一地域に住んでいる人々の集群である。信用金庫の「地区」と，現実に存在している明確な機能的単位としての地域社会（コミュニティ）とは当然異なっている。堀江 [2008] は，「企業数等をはじめとする店舗周辺の実情を捉えた『地域性』を定義し，それを基に営業地盤を考えていくことが重要である。」(p. 189) と述べ，地域金融機関の営業地盤は各営業店周辺における顧客数（潜在的な可能性をもつに留まっている先を含む）ないし競合先数によって示すことができると論じている。
(17) 信用金庫の事業パフォーマンスは当該信用金庫の選択特性のみならず，当該信用金庫が直面している競争環境・市場環境，すなわち他の金融機関の総資産，預金，貸出金，店舗数などにも依存している。
(18) 総資産運用利鞘＝総資金運用利回り－総資金原価率，総資金運用利回り＝経常収益／資産合計，総資金原価率＝経常費用／負債・自己資本合計である。因に，預貸金利鞘＝貸出金利回り－預金債券等原価率，預金貸出金利鞘＝貸出金利回り－預金原価率，預金原価率＝預金利回り＋経費率，経費率＝（業務粗利益－業務純益）／業務粗利益である。
(19) 信用金庫のディスクロージャー誌中の「業務粗利益率」は「業務粗利益／資金運用勘定平均残高」として計算されているが，ここでは，資金運用勘定ではなく（総資産－債務保証見返）を，平均残高ではなく期末残高をとって計算している。
(20) 信用金庫業界は「装置産業化した金融機関が経営の効率化と利用者利便の向上を追求する限り，経営規模拡大志向の高まりとともに，機械化の投資負担が増大の一途をたどることなどを考えても，金融変革の試練はつのる一方であり，金融機関の生き残りをかけた再編成はますますひろがりそうである。」（『尼崎市信用金庫七十年史』）と指摘している。横軸に預金積金，縦軸に経費率，人件費率，物件費率をとってみると，経費率，人件費率，物件費率が預金積金の増加にともなって低下していることが分かる。
(21) 「ソフト情報収集度」をリレーションシップ貸出の尺度の1つとみなしている文献がしばしば見られ，ソフト情報収集度の代理変数として，店舗当たり貸出数，役職員1人当たりの貸出数などが取り上げられている。そこでは，店舗当たり貸出数，役職員1人当たりの貸出数が少なければ，それはよりていねいに貸出を行っているとみなされている。本書では，店舗当たり貸出額，役職員1人当たりの貸出額を生産性の尺度とみなしている。
(22) 三菱UFJフィナンシャル・グループ，みずほフィナンシャル・グループ，三井住友フィナンシャル・グループは「3大メガバンク」と呼ばれているが，メガバンクについて，

(社) 全国地方銀行協会事務局・地方銀行読本編集委員会編 [2006] は,「平成12～13年 (2000年～01年—引用者注) にかけて, 都市銀行を軸に持株会社を活用した金融再編が起こり, 銀行, 信託, 証券, 生命保険, 損害保険, ノンバンクを包含したメガバンクと呼ばれる総合金融グループが誕生した。」(pp. 9-10) と記述している。
(23) 東京都所在の地方銀行は東京都民銀行だけである。愛知県は47都道府県中, 地方銀行の存在しない唯一の県である。
(24) (社) 全国地方銀行協会事務局・地方銀行読本編集委員会編 [2006] の図表1-2 (p. 5) は商工組合中央金庫を協同組織金融機関とみなしているが, 商工中金は株式会社商工組合中央金庫法に基づく特殊会社 (政策金融機関) であり, 協同組織金融機関ではない。

第6章　信用金庫事業の総合的指標
——主成分分析——

　第5章では，収益性（総資産経常利益率，純資産当期利益率，経常収益経常利益率），健全性（自己資本比率，不良債権比率），効率性（常勤役職員1人当たり業務純益，1店舗当たり業務純益），経費効率性（人件費率，物件費率），生産性（常勤役職員1人当たり預金残高，常勤役職員1人当たり貸出金残高，1店舗当たり預金残高，1店舗当たり貸出金残高），安全性（経常収支率）といった6種類の事業パフォーマンスによって，信用金庫の選択の成果を見た。

　n個の個体（$i=1, 2, \cdots, n$）について，p個の特性値（変量：$x_1, x_2, \cdots, x_p$）が観測されているとしよう。p個の変量 $x_1, x_2, \cdots, x_p$ から，できるだけ情報の損失なしに，それらの変量を代表する1つまたは少数個の総合的指標（主成分：合成変量）を求める方法は「主成分分析法」と呼ばれ，本章では，信用金庫の1つの特性（規模：預金積金，貸出金）と5種類の事業パフォーマンス（健全性，収益性，効率性，経費効率性，生産性）の総合的指標（主成分得点）を求める[1]。

　本章の主成分分析において取り組んでいる問題は，次のものである。

(1) 金融機関に関する先行実証研究では，規模，健全性，収益性，効率性，経費効率性，生産性などをそれぞれ表している事業パフォーマンス指標を恣意的に取り上げている。それに対して，本章は，例えば規模変数として預金積金，貸出金の2つのうち，どちらが規模の代理変数として相応しいかを明らかにしている。同様に，総資産経常利益率，純資産当期利益率，経常収益経常利益率の3つのうち，どれが収益性の代理変数として相応しいか，自己資本比率，不良債権比率の2つのうち，どちらが健全性の代理変数として相応しいか，常勤役職員1人当たり業務純益，1店舗当たり業務純益の2つのうち，どちらが効率性の代理変数として相応しいか，人件費率，物件費率の2

つのうち，どちらが経費効率性の代理変数として相応しいか，常勤役職員1人当たり預金残高，常勤役職員1人当たり貸出金残高，1店舗当たり預金残高，1店舗当たり貸出金残高の4つのうち，どれが生産性の代理変数として相応しいかをそれぞれ明らかにしている。

(2) 本章は，例えば規模変数として預金積金，貸出金の2つのうち，どちらが規模の代理変数として相応しいかを明らかにしているが，預金積金，貸出金のいずれかの選択ではなく，規模を表している指標である預金積金，貸出金をともに考慮した規模の総合的指標（主成分得点）を計算している。同様に，5種類の事業パフォーマンス（健全性，収益性，効率性，経費効率性，生産性）の総合的指標を計算している。

(3) 本章の主成分分析により，2つの変量を総合して1つのものさし（総合的指標，主成分得点の計算式）を作り，そのものさしを使って，信用金庫の順位付けを行うことが可能である。ただし，本章では，紙幅の関係で，信用金庫の1つの特性（規模：預金積金，貸出金）と5種類の事業パフォーマンス（健全性，収益性，効率性，経費効率性，生産性）の総合的指標（主成分得点）による信用金庫のランキングを割愛している。

1　信用金庫の規模：預金積金と貸出金

標本の大きさ271の信用金庫（$i=1, 2, \cdots, 271$）について，2個の特性値（変量：x_1＝預金積金，x_2＝貸出金）が観測されているとしよう。信用金庫の規模を示す2個の変量（x_1＝預金積金，x_2＝貸出金）から，両者を代表する1つの「総合的規模指標」（合成変量）を求める[2]。

x_1，x_2の1つの総合的指標（合成変量：z）への影響の大きさは一般に等しくなく，x_1，x_2のバラツキの大小に依存している。a_1，a_2をx_1，x_2に対する重み（係数）とし，

$$z = a_1 x_1 + a_2 x_2$$

と定式化する[3]。

係数 a_1, a_2 は，z が x_1, x_2 をできるだけよく代表するように定められる。すなわち，$\mu_1, \mu_2 = x_1, x_2$ の平均，$s_{11}, s_{22} = x_1, x_2$ の分散，$s_{12} = x_1, x_2$ の共分散，$V(z) = z$ の分散とすると[4]，問題は，

$$\text{Max } V(z) = a_1^2 s_{11} + 2a_1 a_2 s_{12} + a_2^2 s_{22}$$
$$\text{s. t. } a_1^2 + a_2^2 = 1$$

つまり，λ = Lagrange の未定乗数とすると，

$$\text{Max } F(a_1, a_2, \lambda) = a_1^2 s_{11} + 2a_1 a_2 s_{12} + a_2^2 s_{22} - \lambda (a_1^2 + a_2^2 - 1)$$

を解いて，$a_1{}^*, a_2{}^*$ を求めることである。F を a_1, a_2, λ で偏微分してゼロとおくと，

$$(s_{11} - \lambda) a_1 + s_{12} a_2 = 0$$
$$s_{12} a_1 + (s_{22} - \lambda) a_2 = 0$$
$$a_1^2 + a_2^2 = 1$$

が得られ，これら3本の方程式から $a_1{}^*, a_2{}^*, \lambda^*$ を得ることができる。

実際の分析手順は次のとおりである。

① 2つの変量 x_1, x_2 の平均（μ_1, μ_2），分散（s_{11}, s_{22}），共分散（s_{12}）を求める。

$\mu_1 = 441{,}868.2$ 百万円，$\mu_2 = 235{,}330.3$ 百万円，$s_{11} = 2.82117 \times 10^{11}$，$s_{22} = 92{,}825{,}224{,}607$，$s_{12} = 1.59952 \times 10^{11}$ である。

② 分散共分散行列（V）を作る。

$$V = \begin{bmatrix} s_{11} & s_{12} \\ s_{12} & s_{22} \end{bmatrix}$$

行列 V は対称でかつ非負定符号である。つまり，任意のベクトルを用いて，2次形式をつくるとき，その2次形式は非負である。

③ 特性方程式（係数行列式）を作り，これを解いて，2つの解（固有値：$\lambda_1{}^*$, $\lambda_2{}^*$）を得る。

$$(s_{11} - \lambda) a_1 + s_{12} a_2 = 0$$
$$s_{12} a_1 + (s_{22} - \lambda) a_2 = 0$$

は，

$$\begin{bmatrix} s_{11} & s_{12} \\ s_{12} & s_{22} \end{bmatrix} \begin{bmatrix} a_1 \\ a_2 \end{bmatrix} = \lambda \begin{bmatrix} a_1 \\ a_2 \end{bmatrix}$$

と書き直され,これは行列 V の固有値問題と呼ばれている。

$$\begin{vmatrix} s_{11}-\lambda & s_{12} \\ s_{12} & s_{22}-\lambda \end{vmatrix} = 0$$

はその特性方程式と呼ばれ,

$$(s_{11}-\lambda)(s_{22}-\lambda) - s_{12}^2 = 0$$

を解いて,2つの解(行列 V の固有値:λ_1^*, λ_2^*)を得る。行列 V は対称でかつ非負定符号であるので,2個の固有値 λ_1^*, λ_2^* は非負の実数(実根)であり,$\lambda_1^* \geq \lambda_2^* \geq 0$ とする。$\lambda_1^* = 3.73 \times 10^{11}$,$\lambda_2^* = 1.61 \times 10^7$ である。

④ 固有値(λ_k^*: k=1, 2)に対応する固有ベクトル(a_{1k}^*, a_{2k}^*)を求める。

固有値 λ_k^* (k=1, 2)を以下の2本の式に代入すると,1本の式は他の式に1次従属になるので,その1本の式を除き,その代わりに $a_1^2 + a_2^2 = 1$ を考慮して係数 a_{1k}^*, a_{2k}^* を求めることができる。

$$(s_{11}-\lambda)a_1 + s_{12}a_2 = 0$$
$$s_{12}a_1 + (s_{22}-\lambda)a_2 = 0$$

すなわち,

$$(s_{11}-\lambda_1^*)a_{1k} + s_{12}a_{2k} = 0$$
$$a_{1k}^2 + a_{2k}^2 = 1$$

より,a_{1k}^*, a_{2k}^* を求めることができる。$a_{11}^* = 0.869$,$a_{21}^* = 0.495$,$a_{12}^* = -0.495$,$a_{22}^* = 0.869$ である[5]。

⑤ 第1主成分を求める。

$$z_k^* = a_{1k}^* x_1 + a_{2k}^* x_2$$

であり,

$$V(z_k^*) = \lambda_k^*$$

である。$\lambda_1^* \geq \lambda_2^*$ であるので,$V(z_1^*) \geq V(z_2^*)$ である。係数 a_1, a_2 は合成変量 z が各変量 x_1, x_2 をできるだけよく代表するように,つまり z の分散を最大にするように定められるので,λ_1^*, λ_2^* のうち大きい方 λ_1^* に対応する

$(a_{11}{}^*, a_{21}{}^*)$ が求める係数であり，$(a_{11}{}^*, a_{21}{}^*)$ を用いた合成変量

$$z_1{}^* = a_{11}{}^* x_1 + a_{21}{}^* x_2$$

は「第1主成分」と呼ばれている。$V(z_1{}^*) = \lambda_1{}^*$ である。こうして，第1主成分は，分散共分散行列 (V) の最大固有値 $\lambda_1{}^*$ に対応する，固有ベクトル $(a_{11}{}^*, a_{21}{}^*)$ の要素を重みとする合成変量である[6]。x_1, x_2 の係数を比較すると，x_1（預金積金）の係数の方がかなり大きくなっているが，これは x_1 の分散が x_2 の分散に比べて大きいことによる[7]。係数（固有ベクトルの要素）を見ると，総合的規模指標はもっぱら預金積金であることが分かる。

⑥ 固有値（$\lambda_2{}^*$）に対応する固有ベクトル $(a_{12}{}^*, a_{22}{}^*)$ を求める。

$$\lambda_1{}^* + \lambda_2{}^* = s_{11} + s_{22}$$

すなわち，固有値（合成変量の分散）の和はもとの変量 x_1, x_2 の各分散の和に等しく，もし $\lambda_1{}^*$ が十分大きく，$(s_{11} + s_{22})$ のほとんど100％に相当するときには，第1主成分だけで (x_1, x_2) のばらつきの大部分を説明することになり，これ以上の主成分を考える必要はない。$\lambda_1{}^*$ が十分大きくないときには，

$$\text{Max } V(z) = a_1{}^2 s_{11} + 2 a_1 a_2 s_{12} + a_2{}^2 s_{22}$$
$$\text{s. t. } a_1{}^2 + a_2{}^2 = 1$$
$$\text{Cov}(z, z_1) = \lambda_1 (a_1 a_{11} + a_2 a_{21}) = 0$$

から，$(a_1{}^*, a_2{}^*)$ を求めればよい。

⑦ 第2主成分を求める。

結局，第1主成分の場合と同じ固有値問題が得られ，すでに大きい方の固有値 $\lambda_1{}^*$ に対応する固有ベクトル $(a_{11}{}^*, a_{21}{}^*)$ は第1主成分に用いられているので，小さい方の固有値 $\lambda_2{}^*$ に対応する固有ベクトル $(a_{12}{}^*, a_{22}{}^*)$ を用いて，合成変量

$$z_2{}^* = a_{12}{}^* x_1 + a_{22}{}^* x_2$$

を得ることができる。固有値は合成変量の分散を表しているので，できる限り大きい固有値に対応する固有ベクトルを採用したいが，すでに最大固有値 $\lambda_1{}^*$ に対応する固有ベクトル $(a_{11}{}^*, a_{21}{}^*)$ は第1主成分に使われているので，第2主成分としては，2番目に大きい固有値 $\lambda_2{}^*$ に対する固有ベクトル $(a_{12}{}^*,$

$a_{22}{}^*$) の要素を用いた合成変量を採用すればよい。$z_2{}^*$ は「第 2 主成分」と呼ばれ，$V(z_2{}^*)=\lambda_2{}^*$ である。こうして，第 2 主成分は，分散共分散行列（V）の最大固有値 $\lambda_2{}^*$ に対応する，固有ベクトル（$a_{12}{}^*$, $a_{22}{}^*$）の要素を重みとする合成変量である[8]。

⑧ 主成分の値（主成分得点）を求める。

第 1 主成分，第 2 主成分はそれぞれ，

$$z_1{}^*=a_{11}{}^*x_1+a_{21}{}^*x_2$$
$$z_2{}^*=a_{12}{}^*x_1+a_{22}{}^*x_2$$

であり，271 の信用金庫（i=1, 2, …, 271）それぞれのデータ（x_{1i}＝預金積金, x_{2i}＝貸出金）を代入すると，主成分の値を計算することができるが，その値は「主成分得点」と呼ばれている[9]。

⑨ 寄与率を求める。

$$\lambda_1{}^*+\lambda_2{}^*=s_{11}+s_{22}$$

である。$V(z_1{}^*)=\lambda_1{}^*$，$V(z_2{}^*)=\lambda_2{}^*$ であるので，

$$V(z_1{}^*)+V(z_2{}^*)=V(x_1)+V(x_2)$$

である。$V(z_1{}^*)/\{V(z_1{}^*)+V(z_2{}^*)\}$，$V(z_2{}^*)/\{V(z_1{}^*)+V(z_2{}^*)\}$ は「寄与率」と呼ばれ，もとの変量による全分散［$V(x_1)+V(x_2)$］のうち，その主成分で説明される割合を表している。すなわち，寄与率は各主成分がもとの変量全体の持つ情報をどの程度説明するかを示し，寄与率がもっとも大きいものが第 1 主成分と呼ばれている。第 1 主成分の寄与率は 99.57％，第 2 主成分の寄与率は 0.43％であり，第 1 主成分だけで，もとの変量のもっていた分散の大部分が説明されている[10]。総合的規模指標（第 1 主成分得点）と総資産の相関係数は 0.998 である。大都市圏の信用金庫の総合的規模指標はバラツキが大きい。

2 信用金庫の健全性：自己資本比率と不良債権比率

271 の信用金庫（i=1, 2, …, 271）について，2 個の特性値（変量：x_1＝自己資本比率, x_2＝不良債権比率）が観測されているとしよう。ここで，不良債権比

率＝不良債権合計／（不良債権合計＋正常債権）である。信用金庫の健全性を示す2個の変量（x_1＝自己資本比率，x_2＝不良債権比率）から，両者を代表する1つの「総合的健全性指標」（合成変量）を求める。

μ_1, μ_2＝x_1, x_2の平均，s_{11}, s_{22}＝x_1, x_2の分散，s_{12}＝x_1, x_2の共分散，λ_1^*, λ_2^*＝固有値とすると，μ_1＝13.74％，μ_2＝6.82％，s_{11}＝0.004，s_{22}＝0.0008，s_{12}＝－0.0002，λ_1^*＝0.0008，λ_2^*＝0.0042である。固有値（λ_k^*：k＝1, 2）に対応する固有ベクトル（a_{1k}^*, a_{2k}^*）を求めると，a_{11}^*＝0.998，a_{21}^*＝－0.061，a_{12}^*＝0.061，a_{22}^*＝0.998である。係数（固有ベクトルの要素）を見ると，総合的健全性指標はもっぱら自己資本比率であることが分かる[11]。第1主成分の寄与率は83.94％，第2主成分の寄与率は16.06％であり，第1主成分だけで，もとの変量のもっていた分散の大部分が説明されている。大都市圏以外の信用金庫の総合的健全性指標はバラツキが大きい。

3　信用金庫の収益性

3-1　総資産経常利益率と経常収益経常利益率

271の信用金庫（i＝1, 2, …, 271）について，2個の特性値（変量：x_1＝総資産経常利益率，x_2＝経常収益経常利益率）が観測されているとしよう。ここで，総資産経常利益率（ROA：％）＝経常利益÷「資産の部合計」×100，経常収益経常利益率（％）＝経常利益÷経常収益×100である。信用金庫の収益性を示す2個の変量（x_1＝総資産経常利益率，x_2＝経常収益経常利益率）から，両者を代表する1つの「総合的収益性指標1」（合成変量）を求める[12]。

μ_1, μ_2＝x_1, x_2の平均，s_{11}, s_{22}＝x_1, x_2の分散，s_{12}＝x_1, x_2の共分散，λ_1^*, λ_2^*＝固有値とすると，μ_1＝0.17％，μ_2＝8.64％，s_{11}＝0.000005，s_{22}＝0.0119，s_{12}＝0.0002，λ_1^*＝0.012，λ_2^*＝0.0000004である。固有値（λ_k^*：k＝1, 2）に対応する固有ベクトル（a_{1k}^*, a_{2k}^*）を求めると，a_{11}^*＝0.020，a_{21}^*＝0.9998，a_{12}^*＝0.9998，a_{22}^*＝－0.020である。係数（固有ベクトルの要素）を見ると，総

合的収益性指標1はもっぱら経常収益経常利益率であることが分かる[13]。第1主成分の寄与率は100％，第2主成分の寄与率は0％であり，第1主成分だけで，もとの変量のもっていた分散のすべてが説明されている。大都市圏以外の信用金庫の総合的収益性指標1はバラツキが大きい。

3-2　総資産経常利益率と純資産当期利益率

271の信用金庫（i=1, 2, …, 271）について，2個の特性値（変量：x_1＝総資産経常利益率，x_2＝純資産当期利益率）が観測されているとしよう。ここで，総資産経常利益率（ROA：％）＝経常利益÷「資産の部合計」×100，純資産当期利益率（ROE：％）＝当期純利益÷「純資産の部合計」×100である。信用金庫の収益性を示す2個の変量（x_1＝総資産経常利益率，x_2＝純資産当期利益率）から，両者を代表する1つの「総合的収益性指標2」（合成変量）を求める。

μ_1, μ_2＝x_1, x_2 の平均，s_{11}, s_{22}＝x_1, x_2 の分散，s_{12}＝x_1, x_2 の共分散，λ_1^*, λ_2^*＝固有値とすると，μ_1＝0.17％，μ_2＝1.84％，s_{11}＝0.00005，s_{22}＝0.004，s_{12}＝0.0001，λ_1^*＝0.004，λ_2^*＝0.000002である。固有値（λ_k^*：k＝1, 2）に対応する固有ベクトル（a_{1k}^*, a_{2k}^*）を求めると，a_{11}^*＝0.027，a_{21}^*＝0.9996，a_{12}^*＝0.9996，a_{22}^*＝-0.027である。係数（固有ベクトルの要素）を見ると，総合的収益性指標2はもっぱら純資産当期利益率であることが分かる[14]。第1主成分の寄与率は99.95％，第2主成分の寄与率は0.05％であり，第1主成分だけで，もとの変量のもっていた分散の大半が説明されている。

4　信用金庫の効率性・経費効率性

4-1　効率性：常勤役職員1人当たり業務純益と1店舗当たり業務純益

271の信用金庫（i=1, 2, …, 271）について，2個の特性値（変量：x_1＝常勤役職員1人当たり業務純益，x_2＝1店舗当たり業務純益）が観測されているとしよう。ここで，常勤役職員1人当たり業務純益（単位：百万円）＝業務純益／常

勤役職員数，1店舗当たり業務純益（単位：百万円）＝業務純益／店舗数である[15]。信用金庫の効率性を示す2個の変量（x_1＝常勤役職員1人当たり業務純益，x_2＝1店舗当たり業務純益）から，両者を代表する1つの「総合的効率性指標」（合成変量）を求める。

μ_1, μ_2＝x_1, x_2の平均，s_{11}, s_{22}＝x_1, x_2の分散，s_{12}＝x_1, x_2の共分散，λ_1^*, λ_2^*＝固有値とすると，μ_1＝4.84, μ_2＝65.37, s_{11}＝63.225, s_{22}＝7005.56, s_{12}＝493.054, λ_1^*＝7040.399, λ_2^*＝28.382である。固有値（λ_k^*：k＝1, 2）に対応する固有ベクトル（a_{1k}^*, a_{2k}^*）を求めると，a_{11}^*＝0.070, a_{21}^*＝0.998, a_{12}^*＝0.998, a_{22}^*＝－0.070である。係数（固有ベクトルの要素）を見ると，総合的効率性指標はもっぱら1店舗当たり業務純益であることが分かる[16]。第1主成分の寄与率は99.60％，第2主成分の寄与率は0.40％であり，第1主成分だけで，もとの変量のもっていた分散の大半が説明されている。信用金庫の総合的効率性指標のバラツキは大都市圏，大都市圏以外ほぼ同じである。

4-2　経費効率性：人件費率と物件費率

271の信用金庫（i＝1, 2, …, 271）について，2個の特性値（変量：x_1＝人件費率，x_2＝物件費率）が観測されているとしよう。ここで，人件費率（％）＝人件費÷預金積金×100，物件費率（％）＝物件費÷預金積金×100である。信用金庫の経費効率性を示す2個の変量（x_1＝人件費率，x_2＝物件費率）から，両者を代表する1つの「総合的経費効率性指標」（合成変量）を求める。

μ_1, μ_2＝x_1, x_2の平均，s_{11}, s_{22}＝x_1, x_2の分散，s_{12}＝x_1, x_2の共分散，λ_1^*, λ_2^*＝固有値とすると，μ_1＝0.008, μ_2＝0.005, s_{11}＝2.00×10^{-6}, s_{22}＝1.00×10^{-6}, s_{12}＝1.00×10^{-6}, λ_1^*＝2.63×10^{-6}, λ_2^*＝4.07×10^{-7}である。固有値（λ_k^*：k＝1, 2）に対応する固有ベクトル（a_{1k}^*, a_{2k}^*）を求めると，a_{11}^*＝0.9498, a_{21}^*＝0.313, a_{12}^*＝－0.313, a_{22}^*＝0.9498である。係数（固有ベクトルの要素）を見ると，総合的経費効率性指標はもっぱら人件費率であることが分かる[17]。第1主成分の寄与率は86.60％，第2主成分の寄与率は13.40％であり，第1主成分だけで，もとの変量のもっていた分散の大半が説明されている。大

都市圏以外の信用金庫の総合的経費効率性指標はバラツキが大きい。

5 信用金庫の生産性

5-1 常勤役職員1人当たり預金残高と1店舗当たり預金残高

271の信用金庫（i=1, 2, …, 271）について，2個の特性値（変量：x_1＝常勤役職員1人当たり預金残高，x_2＝1店舗当たり預金残高）が観測されているとしよう。ここで，常勤役職員1人当たり預金残高（単位：百万円）＝預金積金残高／常勤役職員数，1店舗当たり預金残高（単位：百万円）＝預金積金残高／店舗数である。信用金庫の生産性を示す2個の変量（x_1＝常勤役職員1人当たり預金残高，x_2＝1店舗当たり預金残高）から，両者を代表する1つの「総合的生産性指標1」（合成変量）を求める。

μ_1, μ_2＝x_1, x_2の平均，s_{11}, s_{22}＝x_1, x_2の分散，s_{12}＝x_1, x_2の共分散，λ_1^*, λ_2^*＝固有値とすると，μ_1＝939.84, μ_2＝13290.44, s_{11}＝68382.41, s_{22}＝31480006.35, s_{12}＝959760.8265, λ_1^*＝31509304, λ_2^*＝39084.89である。固有値（λ_k^*：k=1, 2）に対応する固有ベクトル（a_{1k}^*, a_{2k}^*）を求めると，a_{11}^*＝0.031, a_{21}^*＝0.9995, a_{12}^*＝0.9995, a_{22}^*＝－0.031である。係数（固有ベクトルの要素）を見ると，総合的生産性指標1はもっぱら1店舗当たり預金残高であることが分かる[18]。第1主成分の寄与率は99.88％，第2主成分の寄与率は0.12％であり，第1主成分だけで，もとの変量のもっていた分散の大半が説明されている。大都市圏の信用金庫の総合的生産性指標1はバラツキが大きい。

5-2 常勤役職員1人当たり貸出金残高と1店舗当たり貸出金残高

271の信用金庫（i=1, 2, …, 271）について，2個の特性値（変量：x_1＝常勤役職員1人当たり貸出金残高，x_2＝1店舗当たり貸出金残高）が観測されているとしよう。ここで，常勤役職員1人当たり貸出金残高（単位：百万円）＝貸出金残高／常勤役職員数，1店舗当たり貸出金残高（単位：百万円）＝貸出金残高／店

舗数である。信用金庫の生産性を示す 2 個の変量（x_1＝常勤役職員 1 人当たり貸出金残高，x_2＝1 店舗当たり貸出金残高）から，両者を代表する 1 つの「総合的生産性指標 2」（合成変量）を求める。

μ_1, μ_2＝x_1, x_2 の平均，s_{11}, s_{22}＝x_1, x_2 の分散，s_{12}＝x_1, x_2 の共分散，λ_1^*, λ_2^*＝固有値とすると，μ_1＝475.29，μ_2＝6814.90，s_{11}＝17089.53，s_{22}＝10544680.21，s_{12}＝334346.72，λ_1^*＝10555288，λ_2^*＝6481.672 である。固有値（λ_k^*：k＝1, 2）に対応する固有ベクトル（a_{1k}^*, a_{2k}^*）を求めると，a_{11}^*＝0.032，a_{21}^*＝0.999，a_{12}^*＝0.999，a_{22}^*＝－0.032 である。係数（固有ベクトルの要素）を見ると，総合的生産性指標 2 はもっぱら 1 店舗当たり貸出金残高であることが分かる[19]。第 1 主成分の寄与率は99.94％，第 2 主成分の寄与率は0.06％であり，第 1 主成分だけで，もとの変量のもっていた分散の大半が説明されている。

（1）p 個の変量（p 次元空間）の場合，一般に p 個の固有値が得られ，対応する固有ベクトルの要素を係数として用いることにより，p 個の主成分を求めることができる。しかし，p 個の主成分全部を用いなくても，そのうちの一部で，もとの変量のもっていたバラツキの大部分が説明されることが多い。また，複雑なものをできるだけ単純化して理解しようという観点から言えば，少ない数の主成分で，もとの変量が代表されることが望ましい。したがって，主成分分析を行う場合，主成分をいくつまで取り上げるかが問題になる。一般には，「累積寄与率が80％以上大きくなること」，「各主成分の寄与率がもとの変量 1 個分以上あること（$V(z) > \{V(x_1^*) + V(x_2^*) + \cdots + V(z_p^*)\}/p$）」という基準で，主成分の数が決められている。本章の主成分分析ではすべての第 1 主成分が 2 個の変量だけで寄与率が80％を超えている。
（2）信用金庫の貸借対照表においては，預金積金には譲渡性預金は含まれていない。また，信用金庫の規模を示す変量として，x_3＝総資産，x_4＝出資金を取り上げることもできる。本章では，2 個の特性値（変量）を取り上げて主成分（総合的指標）を求めるが，それは容易に p 個（$p \geq 3$）の変量の場合に拡張でき，主成分（合成変量）の導出過程はまったく同じである。
（3）同様に，p 個の変量 x_1, x_2, …, x_p からは，
　　　　$z = a_1 x_1 + a_2 x_2 + \cdots + a_p x_p$
を求めることができる。
（4）共分散の値を見れば，2 変量間の関係が瞬時に分かる。ただし，単位が異なる 2 つの資料の間では，相関係数を見なければならない。
（5）分散，共分散は各変量の測定単位のとり方によって変わるので，固有値，したがって主成分も測定単位に依存している。

136　第6章　信用金庫事業の総合的指標

(6) a_{11}^*, a_{21}^* はともにプラスであり，x_1, x_2 のいずれの変量が大きくなっても，z_1^*（第1主成分）の値は大きくなる。第1主成分は全体的な大きさを表す主成分と解釈され，このような性質をもつ因子は「大きさの因子」と呼ばれている。

(7) ただし，変動係数（＝標準偏差／平均：相対的標準偏差）を計算すると，x_1（預金積金），x_2（貸出金）の変動係数はそれぞれ1.204，1.297であり，x_2（貸出金）のバラツキがより大きい。

(8) $a_{11}a_{12}+a_{21}a_{22}=0$ であるので，第1主成分と第2主成分は互いに無相関になることが分かる。p個の変量を取り上げるときは，第2主成分までとってもなお不十分なときには，第3主成分がとられる。第3主成分は第1主成分，第2主成分と無相関な合成変量の中で，分散が最大となるように求められる。

(9) 主成分得点を見ただけでは，個々の主成分得点が全体でどのような位置にあるかはすぐには分からない。標準化変量は，データの中のある数値が，算術平均（0）から標準偏差（1）の何倍離れているかを表す指標であり，ある数値が，データ全体の中でどの辺りに位置するかが分かる。標準化された主成分得点の平均は0，分散は1であり，第1に，標準化された主成分得点がプラスであるならば標準（平均）よりも大きく，マイナスであるならば標準よりも小さい，第2に標準化された主成分得点が1を超えているならば，標準から大きく離れていることが分かる。

(10) p個の変量を取り上げるときは，第1～第k主成分で説明される割合は，第k主成分までの「累積寄与率」と呼ばれる。

$$\{V(z_1^*)+V(z_2^*)+\cdots+V(z_k^*)\}/\{V(z_1^*)+V(z_2^*)+\cdots+V(z_k^*)+\cdots+V(z_p^*)\}$$

(11) 第1主成分の x_1, x_2 の係数を比較すると，x_1 の係数の方がかなり大きくなっているが，これは x_1 の分散が x_2 の分散に比べて大きいことによる。変動係数（＝標準偏差／平均）を計算すると，x_1（自己資本比率），x_2（不良債権比率）の変動係数はそれぞれ0.472，0.420であり，x_1 のバラツキがより大きい。

(12) 信用金庫の収益性を示す変量として，x_3＝総資金利鞘，x_4＝業務粗利益率を取り上げることもできる。

(13) 第1主成分の x_1, x_2 の係数を比較すると，x_2 の係数の方がかなり大きくなっているが，これは x_2 の分散が x_1 の分散に比べて大きいことによる。ただし，変動係数（＝標準偏差／平均）を計算すると，x_1（総資産経常利益率），x_2（経常収益経常利益率）の変動係数はそれぞれ1.349，1.268であり，x_1 のバラツキがより大きい。

(14) 第1主成分の x_1, x_2 の係数を比較すると，x_2 の係数の方がかなり大きくなっているが，これは x_2 の分散が x_1 の分散に比べて大きいことによる。変動係数（＝標準偏差／平均）を計算すると，x_1（総資産経常利益率），x_2（純資産当期利益率）の変動係数はそれぞれ1.349，3.488であり，x_2 のバラツキがより大きい。

(15) 高知信用金庫の常勤役職員1人当たり業務純益，1店舗当たり業務純益はきわめて高い。

(16) 第1主成分の x_1, x_2 の係数を比較すると，x_2 の係数の方がかなり大きくなっているが，これは x_2 の分散が x_1 の分散に比べて大きいことによる。ただし，変動係数（＝標準偏差／平均）を計算すると，x_1（常勤役職員1人当たり業務純益），x_2（1店舗当たり業務純益）の変動係数はそれぞれ1.648，1.283であり，x_1 のバラツキがより大きい。

(17) 第1主成分の x_1, x_2 の係数を比較すると，x_1 の係数の方がかなり大きくなっているが，

これは x_1 の分散が x_2 の分散に比べて大きいことによる。ただし，変動係数（＝標準偏差／平均）を計算すると，x_1（人件費率），x_2（物件費率）の変動係数はそれぞれ0.196，0.164であり，x_1 のバラツキがより大きい。

(18) 第1主成分の x_1, x_2 の係数を比較すると，x_2 の係数の方がかなり大きくなっているが，これは x_2 の分散が x_1 の分散に比べて大きいことによる。変動係数（＝標準偏差／平均）を計算すると，x_1（常勤役職員1人当たり預金残高），x_2（1店舗当たり預金残高）の変動係数はそれぞれ0.279, 0.423であり，x_2 のバラツキがより大きい。

(19) 第1主成分の x_1, x_2 の係数を比較すると，x_2 の係数の方がかなり大きくなっているが，これは x_2 の分散が x_1 の分散に比べて大きいことによる。変動係数（＝標準偏差／平均）を計算すると，x_1（常勤役職員1人当たり貸出金残高），x_2（1店舗当たり貸出金残高）の変動係数はそれぞれ0.276, 0.477であり，x_2 のバラツキがより大きい。

第7章　信用金庫の行動特性
――所在地別，地域別，規模別――

　全国信用金庫協会のホームページ（「信用金庫とは」）には，信用金庫と銀行・信用組合の違いについて「信用金庫は，地域の方々が利用者・会員となって互いに地域の繁栄を図る相互扶助を目的とした協同組織の金融機関で，主な取引先は中小企業や個人です。」，信用金庫のビジョンとして「信用金庫は，中小企業や地域住民のための協同組織による地域金融機関です。」が記されている。この文面からは，「信用金庫らしさ」のキーワードは「協同組合組織性」，「地域金融機関性」，「中小企業金融機関性」の3つであるように思われ，この種の解釈を信用金庫の経営陣に聞くと，「私たちも協同組合組織性，地域金融機関性，中小企業金融機関性の3つを信用金庫の行動特性として理解しているが，ではそれらを何によって測り，自らの信用金庫が協同組合組織性，地域金融機関性，中小企業金融機関性といった3つの行動特性をどの程度有し，したがって『信用金庫らしさ』がどの程度あるのかは考えたことがない」との回答が返ってきた。本章は，協同組合組織性，地域金融機関性，中小企業金融機関性といった3つの行動特性をどのように測ればよいのか，そのうえで各信用金庫がこれら3つの行動特性をどの程度有しているのかを主成分分析を用いて実証的に明らかにしている。また，主成分分析により，リレーションシップ・バンキング性の総合的指標を算出している。さらに，信用金庫のリスクテーキング度をどのように測ればよいのか，そのうえで各信用金庫がリスクテーキング度をどの程度有しているのかを明らかにしている[1]。

1　協同組合組織性の総合的指標：主成分分析

　本書では，協同組合組織性を表している指標として，会員数／地区人口，会

員数／中小企業等向け貸出先件数,会員への貸出金／貸出金合計,会員からの預金積金／預金積金合計の4つを取り上げている。会員率1（会員数／地区人口），会員率2（会員数／中小企業等向け貸出先件数），「会員からの預金積金／預金積金合計」は，所在地別では，大都市圏以外の信用金庫が大きい。「会員への貸出金／貸出金合計」は，所在地別では大都市圏の信用金庫が大きく，預金規模別では規模が大きくなるにつれて大きくなる。会員率2のバラツキは大都市圏，大都市圏以外ほぼ同じである。地域別では，会員率1（会員数／地区人口）は，東北，南九州，中国，北陸，四国，関東，東海，北海道，近畿，九州北部，首都圏の順番で高い。会員率2（会員数／中小企業等向け貸出先件数）は，北陸，東北，北海道，首都圏，関東，中国，東海，近畿，南九州，四国，九州北部の順番で高い。会員への貸出金／貸出金合計は，首都圏，東海，九州北部，近畿，関東，四国，南九州，北陸，東北，中国，北海道の順番で高い。会員からの預金積金／預金積金合計は，東北，中国，東海，関東，南九州，首都圏，北陸，北海道，近畿，四国，九州北部の順番で高い。

(1) 協同組合組織性の総合的指標

271の信用金庫（$i=1, 2, \cdots, 271$）について，2個の特性値（変量：x_1＝会員率1，x_2＝会員率2）が観測されているとしよう。ここで，会員率1＝会員数／地区人口，会員率2＝会員数／中小企業等向け貸出先件数である。信用金庫の協同組合組織性を示す2個の変量（x_1＝会員率1，x_2＝会員率2）から，両者を代表する1つの「総合的協同組合性指標」（合成変量）を求める[2]。

x_1, x_2の1つの総合的指標（合成変量：z）への影響の大きさは一般に等しくなく，x_1, x_2のバラツキの大小に依存している。a_1, a_2をx_1, x_2に対する重み（係数）とし，

$$z = a_1 x_1 + a_2 x_2$$

と定式化する。係数a_1, a_2は，zがx_1, x_2をできるだけよく代表するように定められる。μ_1, μ_2＝x_1, x_2の平均，s_{11}, s_{22}＝x_1, x_2の分散，s_{12}＝x_1, x_2の共分散，λ_1^*, λ_2^*＝固有値とすると，$\mu_1=0.019922$, $\mu_2=1.935103$, $s_{11}=$

0.0003, $s_{22}=0.3304$, $s_{12}=0.0007$, $\lambda_1^*=0.330$, $\lambda_2^*=0.0003$ である。固有値 (λ_k^*：k=1, 2) に対応する固有ベクトル (a_{1k}^*, a_{2k}^*) を求めると，$a_{11}^*=0.002$, $a_{21}^*=0.9999$, $a_{12}^*=0.9999$, $a_{22}^*=-0.002$である。係数（固有ベクトルの要素）を見ると，総合的協同組合性指標はもっぱら会員率2（会員数／中小企業等向け貸出先件数）であることが分かる[3]。

第1主成分，第2主成分はそれぞれ，

$z_1^*=a_{11}^*x_1+a_{21}^*x_2$

$z_2^*=a_{12}^*x_1+a_{22}^*x_2$

であり，分散共分散行列の固有値に対応する，固有ベクトルの要素を重みとする合成変量である。271の信用金庫それぞれのデータ（x_{1i}=会員率1，x_{2i}=会員率2）を代入すると，主成分の値を計算することができ，その値は「主成分得点」と呼ばれている。第1主成分の寄与率は99.91％，第2主成分の寄与率は0.09％である。付表7-2には，信用金庫の協同組合組織性のランキングを示している。

(2) 総合的協同組合性：所在地別・規模別

総合的協同組合性指標（標準化していないもの）は，所在地別の信用金庫の平均値では，大都市圏1.932，大都市圏以外1.937とほとんど差異はなく，標準偏差では大都市圏0.632，大都市圏以外0.549で，大都市圏の信用金庫の方がバラツキが大きい。

総合的協同組合性指標（標準化していないもの）は，預金規模別の信用金庫の平均値では，信用組合の平均以下1.977，信用金庫の平均以下1.923，信用金庫の平均超1.910，第二地方銀行の平均超1.985であり，第二地方銀行の平均超の信用金庫の協同組合性がもっとも高い。

(3) 総合的協同組合性：地域別

総合的協同組合性指標（標準化していないもの）は，地域別の信用金庫の平均値では，九州北部1.380，四国1.496，南九州1.848，近畿1.866，東海1.874，

表7-1 信用金庫の協同組合組織性（会員率1, 会員率2）についての基本統計
（会員率1（会員数／地区人口），会員率2（会員数／中小企業等向け貸出先件数）

	会員数／地区人口	会員数／中小企業等向け貸出先件数
Mean	0.019922	1.935103
Median	0.015315	1.882891
Maximum	0.111841	5.265549
Minimum	0.00091	0.764489
Std. Dev.	0.017665	0.575832
Skewness	1.989419	1.240527
Kurtosis	8.502831	7.079985
Jarque-Bera	520.6846	257.4716
Probability	0.00E+00	0.00E+00
Sum	5.398805	5.24E+02
Sum Sq. Dev.	8.43E-02	8.95E+01
Observations	271	271
Covariance	会員数／地区人口	会員数／中小企業等向け貸出先件数
会員数／地区人口	0.000311	
会員数／中小企業等向け貸出先件数	0.000657	0.330358
変動係数	会員数／地区人口	会員数／中小企業等向け貸出先件数
	0.886708162	0.297571757

【主成分分析結果】

	第1主成分	第2主成分
会員数／地区人口	0.001989	0.999998
会員数／中小企業等向け貸出先件数	0.999998	-0.001989
固有値	0.33036	0.00031
寄与率	0.9991	0.0009

中国1.895, 関東1.946, 首都圏2.074, 北海道2.098, 東北2.127, 北陸2.148の順番で大きい。

2　地域金融機関性の総合的指標：主成分分析

本書では，地域金融機関性を表している指標として，店舗配置密度（店舗数／地区総面積），預貸率（貸出金残高／預金積金残高），地方公共団体向け貸出／貸出合計の3つを取り上げている。店舗配置密度，預貸率は，所在地別では大都市圏の信用金庫が大きく，預金規模別では規模が大きくなるにつれて大きくなる。逆に，「地方公共団体向け貸出／貸出合計」は，所在地別では大都市圏以外の信用金庫が大きく，預金規模別では規模が小さくなるにつれて大きくなる。預貸率のバラツキは大都市圏以外の信用金庫の方が大きい。地域別では，店舗配置密度は，首都圏，近畿，東海，北陸，四国，中国，関東，南九州，九州北部，東北，北海道の順番で高い。預貸率は，九州北部，南九州，東北，首都圏，中国，四国，近畿，関東，東海，北海道，北陸の順番で高い。地方公共団体向け貸出／貸出合計は，北海道，北陸，四国，東北，中国，関東，南九州，近畿，東海，九州北部，首都圏の順番で高い。

(1) 地域金融機関性の総合的指標

271の信用金庫（i=1, 2, …, 271）について，2個の特性値（変量：x_1＝店舗配置密度，x_2＝預貸率）が観測されているとしよう。ここで，店舗配置密度＝店舗数／地区総面積，預貸率＝貸出金残高／預金積金残高である。信用金庫の地域金融機関性を示す2個の変量（x_1＝店舗配置密度，x_2＝預貸率）から，両者を代表する1つの「総合的地域金融機関性指標」（合成変量）を求める[4]。

μ_1, μ_2＝x_1, x_2 の平均，s_{11}, s_{22}＝x_1, x_2 の分散，s_{12}＝x_1, x_2 の共分散，λ_1^*, λ_2^*＝固有値とすると，μ_1＝0.010，μ_2＝0.514，s_{11}＝7.44×10^{-5}，s_{22}＝0.0087，s_{12}＝0.0001，λ_1^*＝0.009，λ_2^*＝7.19×10^{-5} である。固有値（λ_k^*：k=1, 2）に対応する固有ベクトル（a_{1k}^*, a_{2k}^*）を求めると，a_{11}^*＝0.016，a_{21}^*＝0.9999，a_{12}^*＝0.9999，a_{22}^*＝－0.016である。係数（固有ベクトルの要素）を見ると，総合的地域金融機関性指標はもっぱら預貸率であることが分かる[5]。271の信用

金庫それぞれのデータ（x_{11}＝店舗配置密度，x_{21}＝預貸率）を代入すると，主成分の値を計算することができる。第1主成分の寄与率は99.19％，第2主成分の寄与率は0.81％である。

(2) 地域金融機関性：所在地別・規模別

　総合的地域金融機関性指標（標準化していないもの）は，所在地別の信用金庫の平均値では，大都市圏0.530，大都市圏以外0.506で，大都市圏の信用金庫の方が高い。標準偏差では大都市圏0.087，大都市圏以外0.096で，大都市圏以外の信用金庫の方がバラツキが大きい。

　総合的地域金融機関性指標（標準化していないもの）は，預金規模別の信用金庫の平均値では，信用組合の平均以下0.507，信用金庫の平均以下0.507，信用金庫の平均超0.510，第二地方銀行の平均超0.583であり，預金規模が大きくなればなるほど，信用金庫の地域金融機関性が高くなる。

(3) 地域金融機関性：地域別

　総合的地域金融機関性指標（標準化していないもの）は，地域別の信用金庫の平均値では，北陸0.456，北海道0.483，東海0.492，関東0.500，近畿0.509，四国0.514，中国0.519，首都圏0.530，東北0.535，南九州0.562，九州北部0.599の順番で高い。

3　中小企業金融機関性の総合的指標：主成分分析

　本書では，中小企業金融機関性を表している指標として，中小企業金融機関度（中小企業等向け貸出金残高／貸出金），中小企業等向け貸出の1件当たり平均残高（中小企業等向け貸出金残高／中小企業等向け貸出先件数）の2つを取り上げている。信用金庫の中小企業金融機関度，中小企業等向け貸出の1件当たり平均残高はともに，所在地別では大都市圏が大きく，預金規模別では規模が大きくなるにつれて大きくなる。中小企業等向け貸出の1件当たり平均残高のバ

3 中小企業金融機関性の総合的指標：主成分分析

表7-2 信用金庫の地域金融機関性（店舗配置密度，預貸率）についての基本統計

	店舗配置密度	預貸率
Mean	0.010262	0.513928
Median	0.007202	0.515341
Maximum	0.046778	0.733451
Minimum	0.000731	0.143141
Std. Dev.	0.008616	0.093688
Skewness	1.483872	−0.38742
Kurtosis	5.027959	3.990332
Jarque-Bera	145.8897	17.85364
Probability	0.00E+00	1.33E−04
Sum	2.78096	1.39E+02
Sum Sq. Dev.	2.00E−02	2.37E+00
Observations	271	271
Covariance	店舗配置密度	預貸率
店舗配置密度	7.40E−05	
預貸率	0.000135	0.008745
変動係数	店舗配置密度	預貸率
	0.839602417	0.182297909

【主成分分析結果】

	第1主成分	第2主成分
店舗配置密度	0.01553	0.999879
預貸率	0.999879	−0.01553
固有値	0.008747	7.19E−05
寄与率	0.9919	0.0081

ラツキは大都市圏の方が大きい。地域別では，中小企業金融機関度は，首都圏，九州北部，東海，南九州，近畿，四国，中国，関東，東北，北陸，北海道の順番で高い。中小企業等向け貸出の1件当たり平均残高は，近畿，首都圏，東海，

北海道，北陸，関東，中国，四国，九州北部，東北，南九州の順番で高い。

(1) 中小企業金融機関性の総合的指標

　　271の信用金庫（i=1, 2, …, 271）について，2個の特性値（変量：x_1＝中小企業金融機関度，x_2＝中小企業等向け貸出の1件当たり平均残高）が観測されているとしよう。ここで，中小企業金融機関度（％）＝中小企業等向け貸出金残高÷貸出金×100，中小企業等向け貸出の1件当たり平均残高（単位：百万円）＝中小企業等向け貸出金残高／中小企業等向け貸出先件数である。信用金庫の中小企業金融機関性を示す2個の変量（x_1＝中小企業金融機関度，x_2＝中小企業等向け貸出の1件当たり平均残高）から，両者を代表する1つの「総合的中小企業金融機関性指標」（合成変量）を求める。

　　μ_1, μ_2＝x_1, x_2の平均，s_{11}, s_{22}＝x_1, x_2の分散，s_{12}＝x_1, x_2の共分散，λ_1^*, λ_2^*＝固有値とすると，μ_1＝87.12％，μ_2＝10.324，s_{11}＝6.84×10^{-3}，s_{22}＝26.839，s_{12}＝0.155，λ_1^*＝26.840，λ_2^*＝0.006である。固有値（λ_k^*：k＝1, 2）に対応する固有ベクトル（a_{1k}^*, a_{2k}^*）を求めると，a_{11}^*＝0.006，a_{21}^*＝0.9999，a_{12}^*＝0.9999，a_{22}^*＝－0.006である。係数（固有ベクトルの要素）を見ると，総合的中小企業金融機関性指標はもっぱら中小企業等向け貸出の1件当たり平均残高であることが分かる[6]。271の信用金庫それぞれのデータ（x_{1i}＝中小企業金融機関度，x_{2i}＝中小企業等向け貸出の1件当たり平均残高）を代入すると，主成分の値を計算することができる。第1主成分の寄与率は99.98％，第2主成分の寄与率は0.02％である。

(2) 中小企業金融機関性：所在地別・規模別

　総合的中小企業金融機関性指標（標準化していないもの）は，所在地別の信用金庫の平均値では，大都市圏14.438，大都市圏以外8.386で，大都市圏の信用金庫の方が高い。標準偏差では大都市圏6.625，大都市圏以外2.701で，大都市圏の信用金庫の方がバラツキが大きい。

　総合的中小企業金融機関性指標（標準化していないもの）は，預金規模別の

表7-3 信用金庫の中小企業金融機関性（中小企業金融機関度，中小企業等向け貸出の1件当たり平均残高）についての基本統計

	中小企業等向け貸出金残高／貸出金	中小企業等向け貸出金残高／中小企業等向け貸出先件数
Mean	0.871158	10.32426
Median	0.885601	9.166455
Maximum	0.999834	55.00463
Minimum	0.511197	1.357452
Std. Dev.	0.082841	5.190189
Skewness	−1.0646	3.083833
Kurtosis	4.691678	23.34883
Jarque-Bera	83.50489	5105.131
Probability	0.00E+00	0.00E+00
Sum	236.0839	2.80E+03
Sum Sq. Dev.	1.85E+00	7.27E+03
Observations	271	271
Covariance	中小企業等向け貸出金残高／貸出金	中小企業等向け貸出金残高／中小企業等向け貸出先件数
中小企業等向け貸出金残高／貸出金	6.84E−03	
中小企業等向け貸出金残高／中小企業等向け貸出先件数	0.155418	26.838658
変動係数	中小企業等向け貸出金残高／貸出金	中小企業等向け貸出金残高／中小企業等向け貸出先件数
	0.095092968	0.502717773

【主成分分析結果】

	第1主成分	第2主成分
中小企業等向け貸出金残高／貸出金	0.005792	0.999983
中小企業等向け貸出金残高／中小企業等向け貸出先件数	0.999983	−0.005792
固有値	26.83956	0.005937
寄与率	0.9998	0.0002

信用金庫の平均値では,信用組合の平均以下7.313,信用金庫の平均以下9.683,信用金庫の平均超12.071,第二地方銀行の平均超16.323であり,預金規模が大きくなればなるほど,信用金庫の中小企業金融機関性が高くなる。

(3) 中小企業金融機関性:地域別

総合的中小企業金融機関性指標(標準化していないもの)は,地域別の信用金庫の平均値では,南九州5.760,東北6.439,九州北部7.290,四国7.659,中国7.941,関東8.634,北陸8.895,北海道9.589,東海12.128,首都圏14.622,近畿15.038の順番で高い。

4 リレーションシップ・バンキング性の総合的指標:主成分分析

本書では,信用金庫のリレーションシップ度の尺度として,定期積金/預金積金合計,(10年超の貸出金+期間の定めのない貸出金)/貸出金合計,信用(無担保・無保証)に基づく貸出/貸出金合計の3つを取り上げている[7]。所在地別,規模別では,以下のことを指摘できる。

(1) 定期積金/預金積金合計は,大都市圏の信用金庫0.615,大都市圏以外の信用金庫0.631であり,預金取引におけるリレーションシップは大都市圏以外の信用金庫が少しだけより強い。
(2) (10年超の貸出金+期間の定めのない貸出金)/貸出金合計は,大都市圏の信用金庫0.359,大都市圏以外の信用金庫0.327であり,貸出取引におけるリレーションシップは大都市圏の信用金庫が少しだけより強い。
(3) 信用(無担保・無保証)に基づく貸出/貸出金合計は,大都市圏の信用金庫0.169,大都市圏以外の信用金庫0.296であり,貸出取引におけるリレーションシップは大都市圏以外の信用金庫がより強い。「信用に基づく貸出/貸出金合計」のバラツキは大都市圏以外の信用金庫の方が大きい。地域別では,定期積金/預金積金合計は,北陸,関東,南九州,東海,東北,首都圏,四国,九州北部,中国,北海道,近畿の順番で高い。(10年超の貸出金+期間

の定めのない貸出金)／貸出金合計は，首都圏，九州北部，南九州，東北，中国，近畿，東海，北海道，四国，関東，北陸の順番で高い。信用（無担保・無保証）に基づく貸出／貸出金合計は，四国，関東，北海道，東北，北陸，南九州，九州北部，中国，近畿，東海，首都圏の順番で高い。

(1) リレバン性の総合的指標

269の信用金庫（i＝1, 2, …, 269）について，2個の特性値（変量：x_1＝リレーションシップ預金度，x_2＝リレーションシップ貸出度）が観測されているとしよう。ここで，リレーションシップ預金度＝定期積金／預金積金合計，リレーションシップ貸出度＝信用（無担保・無保証）に基づく貸出／貸出金合計である。信用金庫のリレーションシップ・バンキング（以下リレバン）性を示す2個の変量（変量：x_1＝リレーションシップ預金度，x_2＝リレーションシップ貸出度）から，両者を代表する1つの「総合的リレバン指標（リレバン度）」（合成変量）を求める[8]。

μ_1, μ_2＝x_1, x_2の平均，s_{11}, s_{22}＝x_1, x_2の分散，s_{12}＝x_1, x_2の共分散，λ_1^*, λ_2^*＝固有値とすると，μ_1＝5.16％，μ_2＝25.50％，s_{11}＝0.0004，s_{22}＝0.018，s_{12}＝0.0003，λ_1^*＝0.018，λ_2^*＝0.0004である。固有値（λ_k^*：k＝1, 2）に対応する固有ベクトル（a_{1k}^*, a_{2k}^*）を求めると，a_{11}^*＝0.021，a_{21}^*＝0.999，a_{12}^*＝0.999，a_{22}^*＝－0.021である。係数（固有ベクトルの要素）を見ると，リレバン度はもっぱらリレーションシップ貸出度であることが分かる[9]。269の信用金庫それぞれのデータ（x_{1i}＝リレーションシップ預金度，x_{2i}＝リレーションシップ貸出度）を代入すると，主成分の値を計算することができる。第1主成分の寄与率は97.91％，第2主成分の寄与率は2.09％である。

(2) リレバン性：所在地別・規模別

総合的リレバン性指標（標準化していないもの）は，所在地別の信用金庫の平均値では，大都市圏0.170，大都市圏以外0.297で，大都市圏以外の信用金庫の方が高い。標準偏差では大都市圏0.105，大都市圏以外0.126で，大都市圏以

表7-4 信用金庫のリレバン度（リレーションシップ預金度，リレーションシップ貸出度）についての基本統計

	定期積金／預金積金合計	信用に基づく貸出金／貸出金
Mean	0.051623	0.255049
Median	0.051349	0.265504
Maximum	0.135958	0.685334
Minimum	0.000132	0.001517
Std. Dev.	0.0197	0.133462
Skewness	0.437515	0.145052
Kurtosis	4.274784	2.663725
Jarque-Bera	26.79636	2.210751
Probability	2.00E-06	3.31E-01
Sum	13.88657	6.86E+01
Sum Sq. Dev.	1.04E-01	4.77E+00
Observations	269	269
Covariance		
定期積金／預金積金合計	0.000387	
信用に基づく貸出金／貸出金	0.000357	0.017746
変動係数	定期積金／預金積金合計	信用に基づく貸出金／貸出金
	0.381612847	0.52327984

【主成分分析結果】

	第1主成分	第2主成分
定期積金／預金積金合計	0.020562	0.999789
信用に基づく貸出金／貸出金	0.999789	-0.020562
固有値	0.017753	0.000379
寄与率	0.9791	0.0209

外の信用金庫の方がバラツキが大きい。

　総合的リレバン性指標（標準化していないもの）は，預金規模別の信用金庫の平均値では，信用組合の平均以下0.320，信用金庫の平均以下0.278，信用金

庫の平均超0.196，第二地方銀行の平均超0.138であり，預金規模が大きくなればなるほど，信用金庫のリレバン性が低くなる。

(3) リレバン性：地域別

総合的リレバン性指標（標準化していないもの）は，地域別の信用金庫の平均値では，首都圏0.140，東海0.189，近畿0.220，中国0.240，九州北部0.274，南九州0.290，東北0.314，北陸0.314，北海道0.330，関東0.331，四国0.382の順番で大きい。

5　信用金庫のリスクテーキング度

本書では，リスクテーキング度の尺度として，信用に基づく貸出（無担保・無保証貸出）／（貸出金合計－その他），リスク・アセット等合計／資産合計の2つを取り上げている[10]。「信用に基づく貸出（無担保・無保証貸出）／（貸出金合計－その他）」と「リスク・アセット等合計／資産合計」は，リスクテーキング度としては，「大都市圏 vs. 大都市圏以外」で異なる結論になる。信用に基づく貸出（無担保・無保証貸出）／（貸出金合計－その他）は，本書ではリレーションシップ貸出の尺度としても取り上げているので，ここでは，「リスク・アセット等合計／資産合計」を信用金庫のリスクテーキング度として取り上げる。

(1) 信用金庫のリスクテーキング度：所在地別・規模別

信用に基づく貸出（無担保・無保証貸出）／（貸出金合計－その他）は，全国ベースで25.73％，大都市圏16.93％，大都市圏以外29.87％であり，大都市圏以外の信用金庫が大きい。預金規模別では規模が小さくなるにつれて大きくなる。リスク・アセット等合計／資産合計は，全国ベースで40.98％，大都市圏42.91％，大都市圏以外40.07％であり，大都市圏の信用金庫が大きい。信用金庫のリスクテーキング度を信用に基づく貸出（無担保・無保証貸出）／（貸出金合

計-その他)で測ると大都市圏以外の信用金庫が大きく,リスク・アセット等合計／資産合計で測ると逆に大都市圏の信用金庫が大きい。

(2) 信用金庫のリスクテーキング度：地域別

地域別では,信用に基づく貸出（無担保・無保証貸出）／（貸出金合計-その他）は,四国,北海道,関東,東北,北陸,南九州,九州北部,中国,近畿,東海,首都圏の順番で高い。リスク・アセット等合計／資産合計は,四国,九州北部,南九州,首都圏,中国,東北,北陸,近畿,関東,東海,北海道の順番で高い。

6 「信用金庫らしさ」の指標：主成分分析

本書では,「信用金庫らしさ」を協同組合組織性,地域金融機関性,中小企業金融機関性の3つの行動特性に求めている。協同組合組織性と地域金融機関性の相関係数は-0.002,協同組合組織性と中小企業金融機関性の相関係数は0.357,地域金融機関性と中小企業金融機関性の相関係数は0.281である。

(1)「信用金庫らしさ」の総合的指標

271の信用金庫（$i=1, 2, \cdots, 271$）について,「信用金庫らしさ」を示す3個の特性値（x_1=協同組合組織性,x_2=地域金融機関性,x_3=中小企業金融機関性）から,それらを代表する1つの「信用金庫らしさ指標」（合成変量）を求め,各信用金庫を「信用金庫らしさ指標」でランキングする。x_1, x_2, x_3の1つの総合的指標（合成変量：z）への影響の大きさは一般に等しくなく,x_1, x_2, x_3のバラツキの大小に依存している。a_1, a_2, a_3をx_1, x_2, x_3に対する重み（係数）とし,

$$z = a_1 x_1 + a_2 x_2 + a_3 x_3$$

と定式化する。係数a_1, a_2, a_3は,zがx_1, x_2, x_3をできるだけよく代表するように定められる。$\lambda_1^*, \lambda_2^*, \lambda_3^*$=固有値とすると,$\lambda_1^*=26.883$,$\lambda_2^*=$

0.288, $\lambda_3^*=0.008$である。固有値 λ_1^* に対応する固有ベクトルを求めると, $a_{11}^*=0.040$, $a_{21}^*=0.005$, $a_{31}^*=0.999$である。係数（固有ベクトルの要素）を見ると,「信用金庫らしさ」の尺度はもっぱら中小企業金融機関性, したがって中小企業等向け貸出の1件当たり平均残高であることが分かる[11]。

第1主成分は,

$$z_1^* = a_{11}^* x_1 + a_{21}^* x_2 + a_{31}^* x_3$$

であり，分散共分散行列の固有値に対応する，固有ベクトルの要素を重みとする合成変量である。271の信用金庫それぞれのデータ（変量：x_1＝協同組合組織性, x_2＝地域金融機関性, x_3＝中小企業金融機関性）を代入すると，主成分の値を計算することができる。第1主成分の寄与率は98.91％である。

(2) 信用金庫らしさ：所在地別・規模別

「信用金庫らしさ」（標準化していないもの）は，所在地別の信用金庫の平均値では，大都市圏14.506, 大都市圏以外8.460であり，大都市圏の信用金庫の方が信用金庫らしい。標準偏差では大都市圏6.635, 大都市圏以外2.705で，大都市圏の信用金庫の方がバラツキが大きい。

「信用金庫らしさ」（標準化していないもの）は，預金規模別の信用金庫の平均値では，信用組合の平均以下7.389, 信用金庫の平均以下9.755, 信用金庫の平均超12.140, 第二地方銀行の平均超16.393であり，信用金庫は預金規模が大きくなればなるほど信用金庫らしくなる。

(3) 信用金庫らしさ：地域別

「信用金庫らしさ」（標準化していないもの）は，地域別の信用金庫の平均値では，南九州5.833, 東北6.521, 九州北部7.342, 四国7.716, 中国8.013, 関東8.707, 北陸8.976, 北海道9.688, 東海12.196, 首都圏14.695, 近畿15.100の順番で大きい。

表7-5 「信用金庫らしさ」（協同組合組織性、地域金融機関性、中小企業金融機関性）についての基本統計

	協同組合組織性	地域金融機関性	中小企業金融機関性
Mean	1.94E+00	5.14E-01	1.03E+01
Median	1.883019	0.515614	9.170966
Maximum	5.265572	0.733585	55.0093
Minimum	0.764494	0.143198	1.362974
Std. Dev.	0.575833	0.0937	5.190275
Skewness	1.240503	-0.387992	3.083706
Kurtosis	7.079855	3.989966	23.3471
Jarque-Bera	257.4569	17.86548	5104.301
Probability	0.00E+00	1.32E-04	0.00E+00
Sum	5.24E+02	1.39E+02	2.80E+03
Sum Sq. Dev.	8.95E+01	2.37E+00	7.27E+03
Observations	271	271	271
Covariance			
協同組合組織性	3.30E-01		
地域金融機関性	-0.000126	0.008747	
中小企業金融機関性	1.063583	0.136165	26.839546
変動係数	協同組合組織性	地域金融機関性	中小企業金融機関性
	0.297566738	0.182286854	0.502489077

【主成分分析結果】

	第1主成分	第2主成分	第3主成分
協同組合組織性	0.040023	0.999004	0.019704
地域金融機関性	0.005062	-0.019923	0.999789
中小企業金融機関性	0.999186	-0.039915	-0.005855
固有値	26.88284	0.287867	0.007947
寄与率	0.9891	0.0106	0.0003

6 「信用金庫らしさ」の指標：主成分分析

付表7-1 信用金庫の行動特性

			協同組合組織性（標準化前）	地域金融機関性（標準化前）	中小企業金融機関性（標準化前）	リレーションシップ・バンキング性（標準化前）	信用金庫らしさ（標準化前）
全体		平均値	1.94	0.51	10.33	0.26	10.40
		標準偏差	0.58	0.09	5.19	0.13	5.19
		最大値	5.27	0.73	55.01	0.69	55.11
		最小値	0.76	0.14	1.36	0.002	1.40
		サンプル数	271	271	271	269	271
地域別							
	① 北海道	平均値	2.10	0.48	9.59	0.33	9.67
		標準偏差	0.74	0.10	2.89	0.11	2.90
		最大値	4.06	0.67	18.27	0.51	18.34
		最小値	0.76	0.23	4.39	0.02	4.42
		サンプル数	23	23	23	23	23
	② 東北	平均値	2.13	0.54	6.44	0.31	6.52
		標準偏差	0.58	0.06	1.57	0.10	1.59
		最大値	3.49	0.68	10.43	0.52	10.56
		最小値	1.25	0.43	3.51	0.15	3.59
		サンプル数	27	27	27	27	27
	③ 関東（茨城,栃木,群馬,新潟,山梨,長野）	平均値	1.95	0.50	8.63	0.33	8.71
		標準偏差	0.49	0.07	2.01	0.12	2.02
		最大値	3.07	0.72	13.40	0.69	13.51
		最小値	1.29	0.38	4.80	0.16	4.85
		サンプル数	32	32	32	32	32
	④ 首都圏（埼玉,千葉,東京,神奈川）	平均値	2.07	0.53	14.62	0.14	14.70
		標準偏差	0.67	0.08	4.53	0.09	4.54
		最大値	5.27	0.69	29.90	0.34	30.08
		最小値	0.81	0.33	4.70	0.003	4.74
		サンプル数	40	40	40	40	40
	⑤ 北陸	平均値	2.15	0.46	8.90	0.31	8.98
		標準偏差	0.42	0.10	1.70	0.16	1.70
		最大値	3.00	0.60	11.63	0.61	11.70

156   第7章　信用金庫の行動特性

			協同組合組織性（標準化前）	地域金融機関性（標準化前）	中小企業金融機関性（標準化前）	リレーションシップ・バンキング性（標準化前）	信用金庫らしさ（標準化前）
		最小値	1.52	0.27	5.46	0.05	5.55
		サンプル数	17	17	17	17	17
	⑥ 東海(岐阜,静岡,愛知,三重)	平均値	1.87	0.49	12.13	0.19	12.20
		標準偏差	0.54	0.09	3.17	0.10	3.17
		最大値	3.58	0.63	18.60	0.42	18.65
		最小値	1.14	0.19	4.04	0.01	4.08
		サンプル数	39	39	39	39	39
	⑦ 近畿	平均値	1.87	0.51	15.04	0.22	15.10
		標準偏差	0.59	0.11	9.26	0.14	9.27
		最大値	3.63	0.71	55.01	0.50	55.11
		最小値	0.91	0.33	6.38	0.002	6.41
		サンプル数	32	32	32	31	32
	⑧ 中国	平均値	1.89	0.52	7.94	0.24	8.01
		標準偏差	0.47	0.09	2.05	0.12	2.05
		最大値	3.02	0.70	13.45	0.48	13.53
		最小値	1.17	0.39	4.61	0.06	4.66
		サンプル数	22	22	22	21	22
	⑨ 四国	平均値	1.50	0.51	7.66	0.38	7.72
		標準偏差	0.46	0.16	2.72	0.14	2.72
		最大値	2.37	0.69	11.56	0.54	11.63
		最小値	0.90	0.14	1.36	0.04	1.40
		サンプル数	10	10	10	10	10
	⑩ 九州北部(福岡,佐賀,長崎)	平均値	1.38	0.60	7.29	0.27	7.34
		標準偏差	0.33	0.06	1.65	0.05	1.65
		最大値	2.19	0.69	9.39	0.36	9.44
		最小値	1.03	0.49	4.27	0.19	4.31
		サンプル数	13	13	13	13	13
	⑪ 南九州(熊本,大分,宮崎,鹿児島,沖縄)	平均値	1.85	0.56	5.76	0.29	5.83
		標準偏差	0.37	0.09	1.95	0.11	1.96
		最大値	2.41	0.73	8.41	0.48	8.47

6 「信用金庫らしさ」の指標:主成分分析

			協同組合組織性（標準化前）	地域金融機関性（標準化前）	中小企業金融機関性（標準化前）	リレーションシップ・バンキング性（標準化前）	信用金庫らしさ（標準化前）
		最小値	1.21	0.44	2.70	0.03	2.75
		サンプル数	16	16	16	16	16
大都市圏 vs. 大都市圏以外							
	大都市圏所在	平均値	1.93	0.53	14.44	0.17	14.51
		標準偏差	0.63	0.09	6.63	0.10	6.64
		最大値	5.27	0.71	55.01	0.50	55.11
		最小値	0.81	0.32	4.70	0.002	4.74
		サンプル数	87	87	87	86	87
	大都市圏以外所在	平均値	1.94	0.51	8.39	0.30	8.46
		標準偏差	0.55	0.10	2.70	0.13	2.71
		最大値	4.06	0.73	18.27	0.69	18.34
		最小値	0.76	0.14	1.36	0.01	1.40
		サンプル数	184	184	184	183	184
	(注) 大都市圏(埼玉県,千葉県,東京都,神奈川県,愛知県,京都府,大阪府,兵庫県,福岡県)						
規模別							
	①信用組合の平均以下:預金残高で1,056億円以下	平均値	1.98	0.51	7.31	0.32	7.39
		標準偏差	0.59	0.10	2.90	0.11	2.90
		最大値	3.49	0.69	19.93	0.53	20.00
		最小値	1.03	0.27	3.24	0.06	3.31
		サンプル数	47	47	47	46	47
	②信用金庫の平均以下:預金残高で1,056億円超4,418億円以下	平均値	1.92	0.51	9.68	0.28	9.75
		標準偏差	0.57	0.09	5.30	0.13	5.31
		最大値	4.06	0.73	55.01	0.69	55.11
		最小値	0.76	0.19	2.70	0.00	2.75
		サンプル数	145	145	145	144	145
	③信用金庫の平均超:預金残高で4,418億円超10,868億円以下	平均値	1.91	0.51	12.07	0.20	12.14
		標準偏差	0.47	0.09	4.09	0.12	4.10
		最大値	3.04	0.71	21.45	0.50	21.53
		最小値	0.91	0.14	1.36	0.01	1.40
		サンプル数	56	56	56	56	56

158　第7章　信用金庫の行動特性

		協同組合組織性（標準化前）	地域金融機関性（標準化前）	中小企業金融機関性（標準化前）	リレーションシップ・バンキング性（標準化前）	信用金庫らしさ（標準化前）
④第二地方銀行の平均超：預金残高で10,868億円超	平均値	1.98	0.58	16.32	0.14	16.39
	標準偏差	0.82	0.06	4.43	0.09	4.46
	最大値	5.27	0.70	29.90	0.30	30.08
	最小値	1.14	0.48	7.68	0.002	7.74
	サンプル数	23	23	23	23	23

①≦1,056億円＜②≦4,418億円＜③≦10,868億円＜④

付表7-2　信用金庫の行動特性のランキング

順位	協同組合組織性 信用金庫名	標準化第1主成分得点	地域金融機関性 信用金庫名	標準化第1主成分得点	中小企業金融機関性 信用金庫名	標準化第1主成分得点	信用金庫らしさ 信用金庫名	標準化第1主成分得点
1	城南	5.79	コザ	2.35	大阪商工	8.62	大阪商工	8.62
2	伊達	3.70	桐生	2.22	大阪厚生	4.14	大阪厚生	4.14
3	大阪商工	2.95	播州	2.14	城南	3.78	城南	3.80
4	津	2.86	広島	2.01	日新	2.15	日新	2.15
5	宮城第一	2.70	大阪商工	1.93	東京三協	2.09	東京三協	2.10
6	渡島	2.42	たちばな	1.90	湘南	2.01	大阪市	2.01
7	北空知	2.37	西武	1.87	大阪市	2.00	湘南	2.00
8	山梨	1.97	伊万里	1.85	永和	1.99	永和	1.99
9	東濃	1.91	宇和島	1.85	さわやか	1.91	さわやか	1.91
10	倉吉	1.88	奄美大島	1.84	京都	1.91	京都	1.91
11	鶴来	1.85	アイオー	1.79	大福	1.85	大福	1.85
12	東京三協	1.81	鹿児島	1.79	十三	1.84	十三	1.84
13	ひまわり	1.77	山形	1.77	東京	1.70	東京	1.70
14	大田原	1.76	京都	1.75	横浜	1.68	横浜	1.68
15	東榮	1.75	島根中央	1.69	尼崎	1.62	尼崎	1.62
16	大阪市	1.63	東京ベイ	1.68	岡崎	1.60	岡崎	1.59
17	館林	1.63	札幌	1.64	遠軽	1.53	遠軽	1.53
18	西尾	1.57	鹿児島相互	1.62	西武	1.53	西武	1.52

6 「信用金庫らしさ」の指標：主成分分析　　159

順位	協同組合組織性		地域金融機関性		中小企業金融機関性		信用金庫らしさ	
	信用金庫名	標準化第1主成分得点	信用金庫名	標準化第1主成分得点	信用金庫名	標準化第1主成分得点	信用金庫名	標準化第1主成分得点
19	秋田	1.55	筑後	1.59	大阪東	1.48	大阪東	1.48
20	山形	1.53	阿南	1.55	三浦藤沢	1.43	三浦藤沢	1.42
21	知多	1.47	湘南	1.51	豊田	1.39	豊田	1.39
22	会津	1.47	遠賀	1.48	川崎	1.35	川崎	1.35
23	郡山	1.46	渡島	1.45	西尾	1.28	西尾	1.28
24	青木	1.31	幡多	1.44	津	1.27	津	1.28
25	松本	1.30	東京三協	1.41	巣鴨	1.25	巣鴨	1.25
26	二本松	1.24	杜の都	1.41	東京シティ	1.24	東京シティ	1.24
27	愛知	1.24	大阪市	1.38	朝日	1.20	朝日	1.20
28	網走	1.23	新庄	1.34	中栄	1.18	中栄	1.18
29	新湊	1.14	さわやか	1.34	瀬戸	1.17	瀬戸	1.17
30	小浜	1.13	熊本第一	1.30	半田	1.08	半田	1.08
31	中南	1.13	岐阜	1.24	碧海	1.06	昭和	1.06
32	尼崎	1.12	姫路	1.24	昭和	1.06	碧海	1.05
33	にいかわ	1.10	九州ひぜん	1.21	知多	1.04	知多	1.04
34	佐野	1.09	飯塚	1.19	城北	1.02	城北	1.02
35	北星	1.04	大阪	1.19	興産	1.00	興産	1.00
36	白河	1.04	苫小牧	1.17	亀有	0.99	亀有	0.99
37	飯能	0.98	米子	1.07	瀧野川	0.94	瀧野川	0.94
38	八幡	0.97	世田谷	1.07	姫路	0.85	姫路	0.84
39	石動	0.96	北陸	0.97	東京東	0.84	東京東	0.84
40	西中国	0.93	福岡	0.94	播州	0.82	神戸	0.82
41	奈良	0.91	宮城第一	0.94	神戸	0.82	播州	0.82
42	さがみ	0.88	大阪東	0.92	芝	0.77	青木	0.76
43	小樽	0.86	北上	0.91	青木	0.76	芝	0.76
44	半田	0.86	浜松	0.89	奈良	0.75	奈良	0.76
45	宮古	0.83	興産	0.88	岐阜	0.74	岐阜	0.74
46	天草	0.82	しまね	0.88	渡島	0.69	渡島	0.70
47	十三	0.81	鳥取	0.86	目黒	0.67	目黒	0.67

160　第7章　信用金庫の行動特性

順位	協同組合組織性		地域金融機関性		中小企業金融機関性		信用金庫らしさ	
	信用金庫名	標準化第1主成分得点	信用金庫名	標準化第1主成分得点	信用金庫名	標準化第1主成分得点	信用金庫名	標準化第1主成分得点
48	鹿児島相互	0.79	永和	0.84	西京	0.67	西京	0.67
49	日新	0.77	小松川	0.84	愛知	0.65	愛知	0.65
50	東予	0.76	のと共栄	0.84	飯能	0.63	飯能	0.63
51	興産	0.74	横浜	0.82	多摩	0.63	しずおか	0.62
52	大分	0.74	東京東	0.82	しずおか	0.62	多摩	0.62
53	氷見伏木	0.73	日生	0.80	日生	0.60	日生	0.60
54	北海	0.73	花巻	0.79	青梅	0.59	館林	0.60
55	コザ	0.72	北海	0.78	館林	0.59	青梅	0.59
56	利根郡	0.70	遠州	0.75	小松川	0.58	小松川	0.58
57	砺波	0.69	日本海	0.73	蒲郡	0.57	東榮	0.58
58	鶴岡	0.69	岡崎	0.71	東榮	0.57	蒲郡	0.57
59	城北	0.69	東京シティ	0.69	東京ベイ	0.52	東京ベイ	0.52
60	花巻	0.65	館林	0.67	三重	0.52	三重	0.52
61	日本海	0.64	川崎	0.65	大阪	0.52	大阪	0.52
62	大阪東	0.62	福井	0.64	静清	0.49	静清	0.49
63	滋賀中央	0.61	朝日	0.64	桑名	0.48	桑名	0.47
64	興能	0.61	天草	0.64	枚方	0.46	枚方	0.45
65	結城	0.59	城南	0.62	滋賀中央	0.43	滋賀中央	0.43
66	しまなみ	0.55	大田原	0.62	三島	0.43	三島	0.43
67	川口	0.51	三条	0.62	いちい	0.41	アイオー	0.41
68	昭和	0.50	羽後	0.62	アイオー	0.41	いちい	0.41
69	永和	0.49	千葉	0.60	江差	0.40	江差	0.40
70	日高	0.47	函館	0.58	大和	0.39	大和	0.39
71	東京東	0.47	三浦藤沢	0.58	富士	0.38	富士	0.38
72	東京シティ	0.47	倉吉	0.58	掛川	0.37	掛川	0.37
73	アルプス中央	0.47	仙南	0.56	埼玉縣	0.36	埼玉縣	0.36
74	京都北都	0.46	砺波	0.56	さがみ	0.36	さがみ	0.36
75	三島	0.46	二本松	0.55	浜松	0.34	浜松	0.33
76	長野	0.45	唐津	0.55	広島	0.31	広島	0.31

6 「信用金庫らしさ」の指標：主成分分析　161

順位	協同組合組織性		地域金融機関性		中小企業金融機関性		信用金庫らしさ	
	信用金庫名	標準化第1主成分得点	信用金庫名	標準化第1主成分得点	信用金庫名	標準化第1主成分得点	信用金庫名	標準化第1主成分得点
77	福岡ひびき	0.44	しまなみ	0.55	苫小牧	0.30	苫小牧	0.30
78	東京ベイ	0.44	碧海	0.54	京都中央	0.29	京都中央	0.29
79	日生	0.44	宮崎	0.54	豊橋	0.29	豊橋	0.29
80	朝日	0.43	青木	0.53	東春	0.28	東春	0.28
81	室蘭	0.43	目黒	0.52	沼津	0.27	沼津	0.26
82	おかやま	0.42	熊本中央	0.52	高岡	0.25	高岡	0.25
83	島根中央	0.41	埼玉縣	0.51	足立成和	0.25	足立成和	0.25
84	石巻	0.39	金沢	0.49	阿南	0.24	阿南	0.24
85	遠軽	0.38	大阪厚生	0.49	札幌	0.23	札幌	0.23
86	富士	0.36	静清	0.48	北海	0.21	北海	0.21
87	湖東	0.34	東京	0.47	遠州	0.21	遠州	0.20
88	須賀川	0.33	知多	0.47	飯田	0.20	川口	0.20
89	大福	0.32	大川	0.44	世田谷	0.20	世田谷	0.19
90	呉	0.31	呉	0.39	川口	0.19	飯田	0.19
91	淡路	0.30	水沢	0.38	中日	0.19	中日	0.19
92	加茂	0.25	尼崎	0.36	平塚	0.19	平塚	0.18
93	しののめ	0.25	ひまわり	0.36	東濃	0.18	東濃	0.18
94	さわやか	0.22	大福	0.34	長浜	0.16	長浜	0.16
95	アイオー	0.22	佐賀	0.33	兵庫	0.15	福井	0.15
96	西武	0.20	熊本	0.33	福井	0.15	兵庫	0.15
97	防府	0.20	しずおか	0.33	武生	0.13	武生	0.13
98	富山	0.20	川口	0.32	豊川	0.13	豊川	0.12
99	北群馬	0.20	須賀川	0.32	しののめ	0.12	しののめ	0.12
100	高岡	0.20	白河	0.31	千葉	0.12	千葉	0.12
101	羽後	0.18	高山	0.30	留萌	0.07	留萌	0.07
102	広島みどり	0.16	飯田	0.29	金沢	0.07	伊達	0.07
103	北陸	0.16	大垣	0.28	伊達	0.06	金沢	0.07
104	函館	0.15	福岡ひびき	0.28	京都北都	0.05	京都北都	0.05
105	烏山	0.15	新潟	0.28	大垣	0.04	大垣	0.04

162　第7章　信用金庫の行動特性

順位	協同組合組織性 信用金庫名	標準化第1主成分得点	地域金融機関性 信用金庫名	標準化第1主成分得点	中小企業金融機関性 信用金庫名	標準化第1主成分得点	信用金庫らしさ 信用金庫名	標準化第1主成分得点
106	川崎	0.09	京都中央	0.28	三条	0.04	三条	0.04
107	北伊勢上野	0.09	高崎	0.26	諏訪	0.03	宮城第一	0.03
108	東京	0.09	枚方	0.24	アルプス中央	0.02	諏訪	0.03
109	鹿児島	0.08	十三	0.23	北伊勢上野	0.02	アルプス中央	0.03
110	水沢	0.06	大牟田柳川	0.22	宮城第一	0.02	北伊勢上野	0.02
111	大和	0.06	高松	0.22	磐田	0.01	磐田	0.01
112	足立成和	0.06	島田	0.20	川之江	0.00	川之江	0.00
113	玉島	0.06	磐田	0.19	奈良中央	-0.02	奈良中央	-0.02
114	東山口	0.05	豊川	0.17	北空知	-0.05	北空知	-0.04
115	奄美大島	0.05	愛媛	0.15	島田	-0.05	島田	-0.05
116	青梅	0.04	長岡	0.15	利根郡	-0.08	利根郡	-0.08
117	備前	0.04	桑名	0.15	室蘭	-0.11	室蘭	-0.11
118	仙南	0.04	兵庫	0.13	焼津	-0.11	松本	-0.11
119	阿南	0.03	東奥	0.12	松本	-0.11	焼津	-0.11
120	留萌	0.03	松本	0.12	高崎	-0.12	呉	-0.12
121	北門	0.02	利根郡	0.11	呉	-0.12	高崎	-0.12
122	武生	0.02	西濃	0.11	玉島	-0.13	玉島	-0.13
123	千葉	0.01	留萌	0.11	石動	-0.15	石動	-0.14
124	西濃	0.00	三島	0.11	砺波	-0.16	砺波	-0.15
125	足利小山	-0.01	遠軽	0.10	桐生	-0.16	桐生	-0.16
126	大分みらい	-0.02	鶴来	0.10	長野	-0.17	長野	-0.17
127	中栄	-0.03	東予	0.08	筑後	-0.18	佐野	-0.18
128	しずおか	-0.04	釧路	0.08	佐野	-0.19	にいかわ	-0.18
129	東春	-0.05	京都北都	0.06	にいかわ	-0.19	筑後	-0.19
130	盛岡	-0.05	三重	0.06	湖東	-0.19	湖東	-0.19
131	掛川	-0.05	城北	0.05	富士宮	-0.21	富士宮	-0.21
132	空知	-0.05	大分みらい	0.05	飯塚	-0.21	小樽	-0.21
133	大垣	-0.07	摂津水都	0.05	高山	-0.22	飯塚	-0.21
134	目黒	-0.07	宮古	0.04	小樽	-0.22	高山	-0.22

6 「信用金庫らしさ」の指標：主成分分析

順位	協同組合組織性		地域金融機関性		中小企業金融機関性		信用金庫らしさ	
	信用金庫名	標準化第1主成分得点	信用金庫名	標準化第1主成分得点	信用金庫名	標準化第1主成分得点	信用金庫名	標準化第1主成分得点
135	岐阜	−0.09	神戸	0.04	福岡ひびき	−0.22	福岡ひびき	−0.22
136	福井	−0.09	巣鴨	0.02	北陸	−0.22	北陸	−0.22
137	新井	−0.09	東春	0.01	水沢	−0.23	水沢	−0.23
138	長岡	−0.11	柏崎	0.00	福岡	−0.23	福岡	−0.23
139	札幌	−0.12	豊田	0.00	おかやま	−0.24	おかやま	−0.24
140	熊本中央	−0.13	日田	−0.01	淡路	−0.25	淡路	−0.25
141	豊田	−0.13	秋田	−0.01	備前	−0.26	備前	−0.26
142	三重	−0.15	さがみ	−0.02	宇和島	−0.26	宇和島	−0.27
143	島田	−0.16	東濃	−0.02	敦賀	−0.28	北門	−0.28
144	芝	−0.16	西中国	−0.09	北門	−0.28	敦賀	−0.28
145	備北	−0.16	江差	−0.09	鶴来	−0.29	鶴来	−0.28
146	福島	−0.17	焼津	−0.09	足利小山	−0.29	足利小山	−0.29
147	西京	−0.19	瀬戸	−0.10	富山	−0.29	富山	−0.29
148	静清	−0.22	おかやま	−0.10	長岡	−0.29	長岡	−0.29
149	甲府	−0.26	甲府	−0.11	但馬	−0.30	但馬	−0.30
150	三浦藤沢	−0.27	沼津	−0.11	中南	−0.31	中南	−0.31
151	大阪厚生	−0.27	川之江	−0.12	新潟	−0.31	関	−0.32
152	津山	−0.28	青梅	−0.12	関	−0.31	新潟	−0.32
153	中兵庫	−0.29	蒲郡	−0.13	西兵庫	−0.32	西兵庫	−0.33
154	鹿沼相互	−0.30	東山口	−0.13	大牟田柳川	−0.33	大牟田柳川	−0.33
155	京都	−0.30	徳島	−0.14	高松	−0.34	帯広	−0.34
156	福岡	−0.31	福島	−0.15	帯広	−0.34	高松	−0.34
157	平塚	−0.31	富士	−0.16	函館	−0.36	函館	−0.36
158	蒲郡	−0.32	玉島	−0.20	中兵庫	−0.37	大田原	−0.37
159	小松川	−0.32	米沢	−0.21	熊本第一	−0.37	中兵庫	−0.37
160	長浜	−0.33	瀧野川	−0.22	大田原	−0.37	熊本第一	−0.37
161	岡崎	−0.34	田川	−0.23	コザ	−0.38	コザ	−0.37
162	釧路	−0.37	関	−0.23	西濃	−0.38	西濃	−0.38
163	瀧野川	−0.37	小樽	−0.23	東山口	−0.38	東山口	−0.38

164　第 7 章　信用金庫の行動特性

順位	協同組合組織性		地域金融機関性		中小企業金融機関性		信用金庫らしさ	
	信用金庫名	標準化第1主成分得点	信用金庫名	標準化第1主成分得点	信用金庫名	標準化第1主成分得点	信用金庫名	標準化第1主成分得点
164	神戸	−0.37	西京	−0.24	須賀川	−0.39	須賀川	−0.39
165	埼玉縣	−0.37	北伊勢上野	−0.24	鹿児島相互	−0.39	鹿児島相互	−0.39
166	亀有	−0.38	アルプス中央	−0.25	空知	−0.39	山形	−0.39
167	いちい	−0.38	郡山	−0.25	釧路	−0.40	小浜	−0.39
168	湘南	−0.38	盛岡	−0.25	山形	−0.40	空知	−0.39
169	水戸	−0.40	石巻	−0.29	小浜	−0.40	釧路	−0.40
170	上越	−0.42	しののめ	−0.30	米子	−0.40	ひまわり	−0.40
171	徳島	−0.43	あぶくま	−0.30	ひまわり	−0.41	米子	−0.41
172	遠州	−0.43	東榮	−0.34	新湊	−0.42	新湊	−0.41
173	あぶくま	−0.44	新発田	−0.34	北星	−0.42	北星	−0.41
174	宮崎	−0.44	湖東	−0.35	結城	−0.42	結城	−0.42
175	諏訪	−0.45	武生	−0.35	鹿児島	−0.43	網走	−0.43
176	日田	−0.45	日新	−0.36	網走	−0.43	鹿児島	−0.43
177	帯広	−0.46	西尾	−0.36	郡山	−0.43	郡山	−0.43
178	熊本	−0.48	足利小山	−0.36	水島	−0.44	しまなみ	−0.43
179	のと共栄	−0.48	平塚	−0.36	しまなみ	−0.44	水島	−0.44
180	栃木	−0.49	多摩	−0.36	西中国	−0.47	西中国	−0.46
181	越前	−0.49	水戸	−0.36	栃木	−0.47	栃木	−0.47
182	観音寺	−0.50	延岡	−0.38	新井	−0.49	新井	−0.49
183	豊川	−0.50	鶴岡	−0.38	萩山口	−0.50	萩山口	−0.50
184	横浜	−0.51	西兵庫	−0.38	水戸	−0.51	水戸	−0.51
185	兵庫	−0.52	豊橋	−0.40	柏崎	−0.52	柏崎	−0.52
186	但馬	−0.52	大地みらい	−0.41	観音寺	−0.52	山梨	−0.52
187	東奥	−0.53	諏訪	−0.42	津山	−0.53	観音寺	−0.53
188	沼津	−0.55	昭和	−0.42	山梨	−0.53	津山	−0.53
189	南郷	−0.55	村上	−0.42	愛媛	−0.54	日高	−0.53
190	江差	−0.55	会津	−0.43	日高	−0.54	愛媛	−0.54
191	大阪	−0.57	上田	−0.43	甲府	−0.54	甲府	−0.54
192	銚子	−0.57	日高	−0.44	上田	−0.55	氷見伏木	−0.55

6 「信用金庫らしさ」の指標：主成分分析

順位	協同組合組織性		地域金融機関性		中小企業金融機関性		信用金庫らしさ	
	信用金庫名	標準化第1主成分得点	信用金庫名	標準化第1主成分得点	信用金庫名	標準化第1主成分得点	信用金庫名	標準化第1主成分得点
193	延岡	-0.58	室蘭	-0.46	氷見伏木	-0.55	上田	-0.56
194	姫路	-0.60	都城	-0.47	北群馬	-0.57	北群馬	-0.57
195	世田谷	-0.61	滋賀中央	-0.47	大分みらい	-0.58	大分みらい	-0.58
196	広島	-0.62	北群馬	-0.47	幡多	-0.60	花巻	-0.60
197	米沢	-0.62	青い森	-0.51	花巻	-0.60	大分	-0.60
198	磐田	-0.63	鹿沼相互	-0.52	大分	-0.60	烏山	-0.60
199	大牟田柳川	-0.63	長野	-0.53	烏山	-0.60	幡多	-0.60
200	瀬戸	-0.64	北見	-0.54	北見	-0.61	北見	-0.61
201	柏崎	-0.65	大分	-0.56	新宮	-0.62	新宮	-0.63
202	九州ひぜん	-0.66	芝	-0.56	尾西	-0.63	日本海	-0.63
203	川之江	-0.66	気仙沼	-0.56	吉備	-0.64	尾西	-0.64
204	北上	-0.67	山梨	-0.56	日本海	-0.64	吉備	-0.64
205	青い森	-0.68	富士宮	-0.57	のと共栄	-0.64	のと共栄	-0.64
206	金沢	-0.69	南郷	-0.57	新庄	-0.65	新庄	-0.66
207	佐原	-0.69	帯広	-0.62	遠賀	-0.65	遠賀	-0.66
208	敦賀	-0.72	亀有	-0.65	杜の都	-0.67	島根中央	-0.67
209	高松	-0.73	中日	-0.67	島根中央	-0.67	東予	-0.67
210	吉備	-0.74	結城	-0.67	東予	-0.67	杜の都	-0.67
211	高崎	-0.75	旭川	-0.70	但陽	-0.68	二本松	-0.68
212	巣鴨	-0.76	佐野	-0.70	二本松	-0.68	但陽	-0.69
213	都城	-0.76	敦賀	-0.72	防府	-0.71	防府	-0.70
214	苫小牧	-0.77	富山	-0.73	九州ひぜん	-0.71	九州ひぜん	-0.71
215	上田	-0.79	長浜	-0.75	たちばな	-0.71	たちばな	-0.71
216	新宮	-0.81	半田	-0.75	きのくに	-0.71	きのくに	-0.72
217	関	-0.81	加茂	-0.76	伊万里	-0.71	北上	-0.72
218	高山	-0.81	足立成和	-0.78	北上	-0.72	伊万里	-0.72
219	京都中央	-0.81	いちい	-0.79	大地みらい	-0.72	大地みらい	-0.72
220	たちばな	-0.83	高鍋	-0.80	徳島	-0.72	徳島	-0.72
221	杜の都	-0.83	尾西	-0.81	備北	-0.73	備北	-0.73

166　第7章　信用金庫の行動特性

順位	協同組合組織性		地域金融機関性		中小企業金融機関性		信用金庫らしさ	
	信用金庫名	標準化第1主成分得点	信用金庫名	標準化第1主成分得点	信用金庫名	標準化第1主成分得点	信用金庫名	標準化第1主成分得点
222	一関	-0.84	備北	-0.81	摂津水都	-0.76	白河	-0.76
223	富士宮	-0.85	防府	-0.82	白河	-0.76	摂津水都	-0.77
224	新発田	-0.85	萩山口	-0.82	旭川	-0.78	旭川	-0.78
225	萩山口	-0.87	飯能	-0.83	越前	-0.78	会津	-0.78
226	気仙沼	-0.88	備前	-0.87	会津	-0.79	越前	-0.79
227	飯田	-0.88	掛川	-0.89	佐賀	-0.79	秋田	-0.79
228	碧海	-0.92	高岡	-0.91	秋田	-0.79	佐賀	-0.80
229	村上	-0.92	一関	-0.93	福島	-0.81	福島	-0.81
230	熊本第一	-0.93	奈良	-0.93	鹿沼相互	-0.81	鹿沼相互	-0.81
231	旭川	-0.93	水島	-0.94	鳥取	-0.82	八幡	-0.82
232	豊橋	-0.95	津山	-0.95	八幡	-0.82	鳥取	-0.82
233	多摩	-0.97	小浜	-0.96	大川	-0.83	大川	-0.83
234	桐生	-0.97	館山	-0.98	銚子	-0.83	銚子	-0.83
235	焼津	-0.97	伊達	-0.98	あぶくま	-0.83	あぶくま	-0.84
236	大地みらい	-0.97	北門	-0.99	新発田	-0.84	新発田	-0.84
237	田川	-0.97	興能	-1.01	鶴岡	-0.86	鶴岡	-0.85
238	三条	-0.99	空知	-1.02	田川	-0.88	田川	-0.89
239	尾西	-1.00	新井	-1.04	佐原	-0.89	宮古	-0.89
240	中日	-1.06	新宮	-1.04	宮古	-0.89	佐原	-0.89
241	北見	-1.08	烏山	-1.09	上越	-0.90	仙南	-0.90
242	桑名	-1.10	観音寺	-1.11	仙南	-0.90	上越	-0.90
243	愛媛	-1.11	但陽	-1.13	盛岡	-0.90	盛岡	-0.90
244	新潟	-1.12	北空知	-1.16	気仙沼	-0.91	気仙沼	-0.91
245	佐賀	-1.14	但馬	-1.17	天草	-0.91	天草	-0.91
246	奈良中央	-1.15	にいかわ	-1.17	一関	-0.92	倉吉	-0.92
247	しまね	-1.15	大和	-1.21	倉吉	-0.93	一関	-0.93
248	筑後	-1.17	広島みどり	-1.23	熊本中央	-0.93	熊本中央	-0.93
249	西兵庫	-1.18	中栄	-1.25	広島みどり	-0.94	広島みどり	-0.93
250	新庄	-1.20	栃木	-1.26	興能	-0.94	興能	-0.94

順位	協同組合組織性 信用金庫名	標準化第1主成分得点	地域金融機関性 信用金庫名	標準化第1主成分得点	中小企業金融機関性 信用金庫名	標準化第1主成分得点	信用金庫らしさ 信用金庫名	標準化第1主成分得点
251	米子	−1.22	銚子	−1.28	日田	−0.95	日田	−0.95
252	飯塚	−1.23	網走	−1.29	石巻	−0.98	石巻	−0.97
253	高鍋	−1.27	吉備	−1.34	加茂	−0.98	加茂	−0.97
254	枚方	−1.28	中南	−1.41	熊本	−0.98	熊本	−0.99
255	きのくに	−1.29	石動	−1.45	米沢	−1.05	米沢	−1.05
256	鳥取	−1.30	上越	−1.46	村上	−1.07	奄美大島	−1.07
257	紀北	−1.33	北星	−1.55	奄美大島	−1.07	村上	−1.07
258	水島	−1.33	きのくに	−1.56	館山	−1.09	館山	−1.09
259	浜松	−1.38	八幡	−1.79	しまね	−1.10	しまね	−1.11
260	大川	−1.39	淡路	−1.92	青い森	−1.15	青い森	−1.15
261	遠賀	−1.53	奈良中央	−1.97	稚内	−1.15	稚内	−1.15
262	播州	−1.54	中兵庫	−1.98	唐津	−1.17	唐津	−1.18
263	宇和島	−1.55	氷見伏木	−1.99	宮崎	−1.20	宮崎	−1.20
264	唐津	−1.55	佐原	−2.00	延岡	−1.21	延岡	−1.21
265	伊万里	−1.58	愛知	−2.10	紀北	−1.21	紀北	−1.22
266	摂津水都	−1.65	越前	−2.32	東奥	−1.25	東奥	−1.25
267	高知	−1.65	紀北	−2.50	都城	−1.26	都城	−1.26
268	但陽	−1.78	新湊	−2.56	羽後	−1.32	羽後	−1.31
269	幡多	−1.80	稚内	−3.05	南郷	−1.37	南郷	−1.37
270	館山	−1.96	津	−3.44	高鍋	−1.47	高鍋	−1.48
271	稚内	−2.04	高知	−3.96	高知	−1.73	高知	−1.74

(1) 本書では信用金庫の「特性」と「行動特性」を区別して用いている。人間にたとえて説明すれば，特性は人間の身長・体重などであり，行動特性は球技，武道などである。「信用金庫が3つの行動特性（協同組合組織性，地域金融機関性，中小企業金融機関性）のうちどれを発揮すれば，収益性と健全性といった事業パフォーマンスが改善するのか」は，人間が球技，武道のいずれを行えば身長が伸びるのかといったことである。

(2) 信用金庫の協同組合組織性を示す3番目の変量としてx_3＝会員からの預金積金／預金積金合計，4番目の変量としてx_4＝会員への貸出金／貸出金合計を取り上げることもできる。

（3）第1主成分の x_1, x_2 の係数を比較すると，x_2 の係数の方がかなり大きくなっているが，これは x_2 の分散が x_1 の分散に比べて大きいことによる。ただし，変動係数（＝標準偏差／平均）を計算すると，x_1（会員率1），x_2（会員率2）の変動係数はそれぞれ0.887，0.298であり，x_1 のバラツキがより大きい。
（4）預貸率は地区経済への貢献性を示している指標である。信用金庫の協同組合性を示す3番目の変量として，x_3＝地方公共団体向け貸出／貸出合計を取り上げることもできる。
（5）第1主成分の x_1, x_2 の係数を比較すると，x_2 の係数の方がかなり大きくなっているが，これは x_2 の分散が x_1 の分散に比べて大きいことによる。ただし，変動係数（＝標準偏差／平均）を計算すると，x_1（店舗配置密度），x_2（預貸率）の変動係数はそれぞれ0.844，0.182であり，x_1 のバラツキがより大きい。
（6）第1主成分の x_1, x_2 の係数を比較すると，x_2 の係数の方がかなり大きくなっているが，これは x_2 の分散が x_1 の分散に比べて大きいことによる。変動係数（＝標準偏差／平均）を計算すると，x_1（中小企業金融機関度），x_2（中小企業等向け貸出の1件当たり平均残高）の変動係数はそれぞれ0.095，0.503であり，x_2 のバラツキがより大きい。
（7）小野［2008］は，リレバンを実現するためには，担保や保証人に依存した貸出をやめるべきであるという仮説を検証し，「担保・保証の利用率は，リスクの高い企業ほど高い。担保・保証が借手のモラルハザードの抑制に寄与している。」，「担保・保証があると，金融機関は審査・モニタリングを怠けるとする通説は妥当しない。」，「メインバンクとのリレーションシップを強固に築いている企業ほど，担保・保証の利用率が高い。」ことを明らかにしている。
（8）信用金庫のリレバン性を示す変量として x_3＝(10年超の貸出金＋期間の定めのない貸出金)／残存期間別貸出金合計，x_4＝渉外担当者率（＝外回り営業人数／総職員数）を取り上げることもできる。
（9）第1主成分の x_1, x_2 の係数を比較すると，x_2 の係数の方がかなり大きくなっているが，これは x_2 の分散が x_1 の分散に比べて大きいことによる。変動係数（＝標準偏差／平均）を計算すると，x_1（リレーションシップ預金度），x_2（リレーションシップ貸出度）の変動係数はそれぞれ0.382，0.523であり，x_2 のバラツキがより大きい。
（10）信用金庫のディスクロージャー誌の「信用リスク削減手法（CRM）に関する事項」には，信用リスク削減手法が適用されたエクスポージャーが記載されている。
（11）第1主成分の x_1, x_2, x_3 の係数を比較すると，x_3 の係数がもっとも大きいが，これは x_3 の分散がもっとも大きいことによる。変動係数（＝標準偏差／平均）を計算すると，x_1（協同組合組織性），x_2（地域金融機関性），x_3（中小企業金融機関性）の変動係数はそれぞれ0.298，0.182，0.502であり，x_3 のバラツキがもっとも大きい。

第8章　地域金融機関としての信用金庫

　金融庁は「主要行等 vs. 中小・地域金融機関」といった分類法で金融監督を行っている。「大銀行（メガバンク）vs. 中小銀行」というときの「大（メガ）vs. 中小」は銀行の預金・貸出規模についてのことであるが，「主要行等 vs. 中小・地域金融機関」といったときの「中小」は貸出の主たる対象が中小企業であり，「地域」は貸出の主たる対象が地元の企業・個人等であることをそれぞれ意味している。金融庁は，中小・地域金融機関として，地方銀行，第二地方銀行，信用金庫，信用組合といった4つの預金取扱金融機関を挙げ，中小・地域金融機関の業務については「営業地域が限定されており，特定の地域，業種に密着した営業展開を行っている」，「中小企業又は個人を主要な融資対象としている」などの基本的特徴を有しているものとみなしている。金融制度調査会金融制度第一委員会［1990］は，地域金融を「地域（国内のある限られた圏域）の住民，地元企業および地方公共団体などのニーズに対する金融サービス」，地域金融機関を「一定の地域を主たる営業基盤として，主として地域の住民，地元企業および地方公共団体等に対して金融サービスを提供する金融機関」とそれぞれ定義している。

　本書では，「協同組合組織性」，「地域金融機関性」，「中小企業金融機関性」の3つの行動特性を「信用金庫らしさ」の3つの要素とみなし，「信用金庫らしさ」の視点から，第8章では金融庁の中小・地域金融機関の中の地域金融機関性，第9章では金融庁の中小・地域金融機関の中の中小（企業）金融機関性をそれぞれ取り上げて検討する。すなわち，第8章では地域金融機関としての信用金庫，第9章では中小企業金融機関としての信用金庫をそれぞれ検討する。

　本書の経済学術書としての独自の貢献の1つは金融と実物の1対1の対応である。すなわち，本書では，信用金庫の定款にある地区（事業地区）に記され

ている市区町村を1つ1つ取り上げ，各市区町村の実物変数（面積，人口，高齢者人口，課税対象所得など）を合計する形で，地区の実物経済を計算している[1]。従来の諸研究では金融と実物の1対1の対応を正確にはとらえていなかったように思えるが，本書は信用金庫の地区限定性を活かし，金融と実物の1対1の正確な対応を明らかにしている[2]。

表8-1は，「信用金庫の（貸出金／地区の課税対象所得）」と「各信用金庫の貸出金／所在地の都道府県内の信用金庫貸出金合計」の全国，地域別，所在地別（大都市圏 vs. 大都市圏以外），預金規模別の平均値，標準偏差，最大値，最小値を示している。（貸出金／地区の課税対象所得）の平均値は，全国ベースで0.083，「大都市圏 vs. 大都市圏以外」ベースで大都市圏0.041，大都市圏以外0.103である。地域別では，首都圏0.024，九州北部0.033，近畿0.070，北海道0.088，関東0.094，東海0.097，北陸0.102，四国0.103，中国0.106，南九州0.112，東北0.116の順番で高い。

以下では，地域金融・地域金融機関の定義，および協同組織金融機関（信用金庫，信用組合など）はなぜ事業地区を定款で規定しているのかを検討する。また，地域金融市場の競争度の尺度として，「各都道府県の各地域金融機関店舗数シェアから算出したハーフィンダール指数（店舗数ハーフィンダール指数）」，「各都道府県での各地域金融機関の預金残高シェアから算出したハーフィンダール指数（預金ハーフィンダール指数）」，「各都道府県での各地域金融機関の貸出残高シェアから算出したハーフィンダール指数（貸出ハーフィンダール指数）」の3つのハーフィンダール指数を計算している。さらに，信用金庫のコンテクストで独占力の指標（「H統計量」）を，「全国の信用金庫」ベース，「大都市圏の信用金庫 vs. 大都市圏以外の信用金庫」ベースで計算する。補論では，信用金庫の互助性（非営利性）を取り上げる。

1　地域金融の定義

　地域金融は，一般には「地域に密着した金融」，「地域の活性化・個性化に寄

1 地域金融の定義

表8-1 「信用金庫の（貸出金／地区の課税対象所得）」と「各信用金庫の貸出金／所在地の都道府県内の信用金庫貸出金合計」

		貸出金／課税対象所得	貸出金／都道府県別信用金庫貸出金合計			貸出金／課税対象所得	貸出金／都道府県別信用金庫貸出金合計			貸出金／課税対象所得	貸出金／都道府県別信用金庫貸出金合計
全体	平均値	0.083	0.173	⑥ 東海（岐阜,静岡,愛知,三重）	平均値	0.097	0.103	大都市圏所在	平均値	0.041	0.103
	標準偏差	0.078	0.181		標準偏差	0.109	0.11		標準偏差	0.042	0.111
	最大値	0.667	1		最大値	0.667	0.54		最大値	0.293	0.535
	最小値	0.004	0.005		最小値	0.009	0.011		最小値	0.004	0.005
	サンプル数	271	271		サンプル数	39	39		サンプル数	87	87
地域別				⑦ 近畿	平均値	0.07	0.188	大都市圏以外所在	平均値	0.103	0.207
① 北海道	平均値	0.088	0.043		標準偏差	0.061	0.192		標準偏差	0.083	0.197
	標準偏差	0.093	0.027		最大値	0.293	0.901		最大値	0.667	1
	最大値	0.433	0.104		最小値	0.006	0.012		最小値	0.011	0.013
	最小値	0.011	0.013		サンプル数	32	32		サンプル数	184	184
	サンプル数	23	23	⑧ 中国	平均値	0.106	0.227	規模別			
② 東北	平均値	0.116	0.222		標準偏差	0.071	0.176	① 信用組合の平均以下：預金残高で1,056億円以下	平均値	0.071	0.098
	標準偏差	0.062	0.166		最大値	0.281	0.594		標準偏差	0.059	0.066
	最大値	0.245	0.784		最小値	0.013	0.025		最大値	0.281	0.322
	最小値	0.024	0.066		サンプル数	22	22		最小値	0.006	0.012
	サンプル数	27	27	⑨ 四国	平均値	0.103	0.4		サンプル数	47	47
③ 関東（茨城,栃木,群馬,新潟,山梨,長野）	平均値	0.094	0.188		標準偏差	0.047	0.243	② 信用金庫の平均以下：預金残高で1,056億円超4,418億円以下	平均値	0.083	0.174
	標準偏差	0.074	0.159		最大値	0.183	0.68		標準偏差	0.081	0.182
	最大値	0.391	0.781		最小値	0.047	0.072		最大値	0.667	1
	最小値	0.022	0.044		サンプル数	10	10		最小値	0.004	0.005
	サンプル数	32	32	⑩ 九州北部（福岡,佐賀,長崎）	平均値	0.033	0.231		サンプル数	145	145
④ 首都圏（埼玉,千葉,東京,神奈川）	平均値	0.024	0.1		標準偏差	0.017	0.255	③ 信用金庫の平均超：預金残高で4,418億円超10,868億円以下	平均値	0.09	0.201
	標準偏差	0.016	0.118		最大値	0.062	1		標準偏差	0.084	0.212
	最大値	0.06	0.534		最小値	0.006	0.03		最大値	0.433	0.901
	最小値	0.004	0.005		サンプル数	13	13		最小値	0.012	0.018
	サンプル数	40	40	⑪ 南九州（熊本,大分,宮崎,鹿児島,沖縄）	平均値	0.112	0.313		サンプル数	56	56
⑤ 北陸	平均値	0.102	0.176		標準偏差	0.085	0.251	④ 第二地方銀行の平均超：預金残高で10,868億円超	平均値	0.087	0.26
	標準偏差	0.079	0.166		最大値	0.382	1		標準偏差	0.077	0.202
	最大値	0.36	0.656		最小値	0.043	0.07		最大値	0.293	0.781
	最小値	0.013	0.038		サンプル数	16	16		最小値	0.022	0.066
	サンプル数	17	17	大都市圏 vs. 大都市圏以外					サンプル数	23	23

与する金融」と定義され,金融制度調査会金融制度第一委員会［1990］は,地域金融を「地域（国内のある限られた圏域）の住民,地元企業及び地方公共団体等のニーズに対する金融サービス」と定義しているが,地域金融の「地域」の範囲は必ずしも明確ではない。原［1990］は,「地域金融における地域の範囲は多様であって,小はコミュニティから,リージョンと呼ばれるものを経て,大はリージョンを超えたいわゆるスーパー・リージョン（super region）といわれるものまでを地域と考えてよい。」(p. 85) と述べ,さらに「わが国の現状にあてはめてみれば,行政単位である都道府県とか市町村とかを地域という場合もあれば,より広い経済圏を構成する首都圏,近畿圏,中部圏,北九州圏といった地域の範囲の捉え方もありえよう。しかし大切なことは,その地域の基礎に,金融機関の店舗の周辺を意味するせまい意味の地域社会が存在しなくてはならないということである。」(pp. 79-80) と述べている。すなわち,地域金融の定義における「地域」の範囲にはコミュニティ（金融機関店舗の周辺地域）,リージョン（市町村・都道府県）,スーパー・リージョン（都道府県を超える圏）の3種類があるので,地域金融機関は資金調達・資金運用地域の大きさにより,コミュニティ・バンク,リージョナル・バンク,スーパー・リージョナル・バンクの3つに類型化される。川添・榊田［1973］は京都信用金庫の金庫史であるが,榊田喜四夫・京都信用金庫理事長（当時）は「やはり人々は,たとえば金融機関を呼ぶ場合だったら,銀行ということばで表象される。といって,法律では,銀行という名まえを称するわけにはいきませんので,むしろ私は横文字でコミュニティ・バンクという名まえを,新たな変化の需要に応ずるような機能をもたせて,かつ,地域社会の単位で,おもに活動していくような金融機関だという意味で,これをコミュニティ・バンクという名まえで呼びたい。」(p. 320) と述べている[3]。

全国の財務局・財務事務所の職員が,財務行政モニター253名,その他111名（商工関係者239名,消費者47名,学識経験者38名,マスコミ関係者22名,その他18名）に2003年2月中旬ヒアリングを行い,ヒアリング結果は「財務行政モニター等に対するヒアリング結果の概要について」（金融庁）として公表されてい

る。以下は,「顧客から見た中小・地域金融機関について」のヒアリング結果の概要(括弧内は回答件数である)の本書視点からのポイントである。

① あなたにとって中小・地域金融機関とはどのような存在ですか。
(1) 地域経済や中小企業にとって必要不可欠な存在(95)
(2) 地域に密着した親しみやすく身近な存在(74)
(3) 地域経済,地元企業の事情を熟知しており,何でも相談に乗ってくれる面倒見のよい存在(39)

② あなたは,何を基準に金融機関を選ばれていますか。
(1) 利便性(店舗・ATMが近い等)(123)
(2) 人的なつながり・結びつき,長年にわたる取引により培われてきた信頼関係(66)
(3) 財務の健全性(不良債権が少ない,自己資本比率が高い等)(66)

③ 中小・地域金融機関は,主要行とどのような違いがあると考えますか。
(1) 地域に密着している(81)
(2) 地域における情報量が豊富(54)
(3) 身近で相談しやすい。親身になって相談に乗ってくれる。面倒見がよい(43)

④ 地域貢献事業について[4]
(1) 地域活動(講演会,地域のお祭り,各種イベント,清掃等のコミュニティ活動やボランティア活動等)に積極的に取り組んでいる(100)
(2) 地域活動にもっと積極的に取り組むべき(34)
(3) 中小企業への積極的な融資など本業に専念して欲しい(14)

⑤ 今後,中小・地域金融機関はどのような存在であってほしいと思われますか。どのような役割や機能を期待されますか。
(1) 経営相談,経営指導等のコンサルティング機能(中小企業診断士等スタッフの充実を含む)(114)
(2) 情報提供機能(取引先の紹介・仲介等)(68)
(3) 地域経済の活性化に向けた積極的役割(54)

(4) 地域に密着した身近な金融機関としての役割（50）
(5) 中小企業の経営実態に応じた円滑・迅速な資金供給機能（49）

　ヒアリング結果の概要からは，中小・地域金融機関のあるがままの姿，あるべき姿を知ることができ，それゆえ文献では，地域金融機関は「地域に立脚する金融機関」，「地域に根ざした金融機関」，「地域社会のことをまず第一に考え，地域社会の単位で仕事をし，地域社会の人々と直接的にかつ密接に結びついている金融機関」，「地域社会のあらゆる必要に応ずる金融機関」，「一般大衆，特に地域的な一般大衆を対象とするような金融機関」，「地域社会の特色と必要性を満たす金融機関」，「庶民の金融機関」，「学区単位の金融機関」，「三ちゃんバンク」（かあちゃん，坊っちゃん，嬢ちゃんの移動範囲を営業区域とする金融機関），「ホルモン情報を処理する地域拠点」と呼ばれているのである。

　地域金融機関の特徴は，以下のとおりである。
(1) 地域金融機関は，一定の地域（国内のある限られた圏域）を主たる営業基盤とし，いわば地域と運命共同体の関係にある。
(2) 地域金融機関は，一定の地域との結びつきが強く，不採算店舗の維持等，収益性をある程度犠牲にしてでも，地域内の中小企業，個人，地方公共団体などの金融ニーズにきめ細かく応える。

2　信用金庫の「地区」設定

　「信用金庫法」（昭和26年6月15日）においては，「地区」という用語は，第5条（出資の総額の最低限度）第2項で「全国を地区とする信用金庫連合会」，第6条（名称）第1項で「全国を地区とする信用金庫連合会にあつては信金中央金庫」，第6条の2（数）で「全国を地区とする信用金庫連合会は，全国を通じて一個とする。」，第10条（会員たる資格）第1項で「1．その信用金庫の地区内に住所又は居所を有する者」，「2．その信用金庫の地区内に事業所を有する者」，「3．その信用金庫の地区内において勤労に従事する者」という文脈で出ていて，第23条（定款）は金庫（信用金庫および信用金庫連合会）の定款には

「地区」を記載しなければならないと明記している。「信用金庫法」は，第4条（事業免許）で「金庫の事業は，内閣総理大臣の免許を受けなければ行うことができない。」，第9条（監督機関）で「内閣総理大臣は，この法律の定めるところにより，金庫を監督する。」，第31条（内閣総理大臣の認可）で「金庫は，次の各号のいずれかに該当するときは，内閣府令で定める場合を除き，内閣総理大臣の認可を受けなければならない。1．定款を変更しようとするとき。2．業務の種類又は方法を変更しようとするとき。」と明記しているので，「地区」（事業地区）の変更は内閣総理大臣（金融庁）の認可を得なければならない。

「地区」は定款記載事項であり，その変更は定款の変更として金融庁の認可の対象とされている。金融庁ホームページ（www.fsa.go.jp）で「金融機関情報」→「中小・地域金融機関の主な経営指標」を検索すると，「都道府県別の中小・地域金融機関一覧表」が得られ，同一覧表に掲載されている各信用金庫を見ると事業地区（地区）として市町村郡名が記載されている。「地区」の定義は「信用金庫法」，「都道府県別の中小・地域金融機関一覧表」のいずれにおいてもなされていないが，金融制度調査会金融制度第一委員会[1989]は「人的結合体としての協同組織の基本的な性格に照らし，信用金庫，地域信用組合及び農林系統金融機関のように地域を基盤とする金融機関の性格が強いものにあっては，地区の範囲は，人的結合体としての統合の基盤を成す同質的な地域経済の圏域の中に限定するのが合理的である。」と述べ，「地区」を「人的結合体としての統合の基盤を成す同質的な地域経済の圏域」ととらえている。

2-1　信用金庫はなぜ地区を設定しているのか：法制定の歴史

現行の協同組織金融機関法（信用金庫法および中小企業等協同組合法）における「地区」は，信用組合法案，第1次産業組合法案および産業組合法案では「区域」として規定されている。

⑴ 信用組合法案における区域

信用組合法案第5条第1項は「組合ノ区域ハ一市町村内ニ限ル但シ町村組合

ニシテ組合会ヲ設ケ其ノ町村一切ノ事務ヲ共同処分スルモノハ一町村ト同視ス」，第2項は「他ノ市町村又ハ其ノ一部ヲ合シテ組合ヲ設立セントスルトキハ地方長官ノ認可ヲ受クヘシ組合員ハ同一ノ組合区域内ニ住居スル者タルヘシ」とそれぞれ規定している。区域は原則として一市町村内に限定され，組合員は区域内に住所する者に限定された。

(2) 第1次産業組合法案における区域

第1次産業組合法案第4条は「組合ノ区域ハ一市町村以上ニ亙ルコトヲ得ス但シ土地ノ状況ニヨリ此ノ制限ニ依ラサルコトヲ得」，第5条は「組合員ハ其ノ組合ノ区域内ニ住居スル者ニ限ル」とそれぞれ規定している。信用組合法案および第1次産業組合法案においては，「区域」の取り扱いにほとんど違いはなかった。

(3) 産業組合法案における区域

産業組合法案第9条第2項は「信用組合ノ区域ハ市町村ノ区域内ニ於テ之ヲ定メ定款中ニ記載スヘシ但シ特別の事由アルトキハ地方長官の認可ヲ得テ此ノ区域ニ依ラサルコトヲ得」と規定している。区域は市町村内に定めることを原則とし，広域的な信用組合の設立を認めないとする点で，産業組合法案は信用組合法案・第1次産業組合法案と同じであるが，信用組合法案・第1次産業組合法案に見られた「組合員の資格を組合の区域内に居住する者に限定する旨の規定」は見当たらない。産業組合法案における区域は，組合員の資格を制限する地理的範囲の限界として扱われた。

2-2 なぜ地区を定めるのか：文献サーベイ

荒井［2007］は，営業地域について，「銀行の場合，制限がありません。これは法的に制限がないという意味です。ですから，たとえば皆さんが地元に戻られて地方銀行を見ると，全国展開していないという場合もあると思いますが，それはその地方銀行が，経営として特別なところに特化して営業するというこ

とを選択しているわけです。それに対して信用金庫の場合は，地区を設けて営業しなければいけないと，法律で決まっています。」(p. 33),「たとえば東京を地盤とする信用金庫を設立すれば，東京でしか営業はできないということです。どこを地盤にするかということを選択することはできるのですが，選択したところ以外では営業することはできないという中で運営されるという特徴があります。」(p. 33)と述べている。以下では，協同組織金融機関はなぜ地区（区域）を定めなければならないのかについての文献をサーベイし，地区（区域）を定める理由を整理する。

(1)「人の結合体」であるので地区（区域）を限定する

平田・杉山 [1891] は「人身上の徳義は相識，近交の間柄にあらざれば知るべからず。（中略）之に資本を貸附するや，遠隔の地に住するものの人身上の徳義の厚薄は，決して判別すべからざるなり。故に，人の結合体たる組合は，経済上，社会上，近交，相識の人より成立すべきこと其本来の性質なるを以て，組合員たらんと欲するものの居住区域を定むるは，止むを得ざる必要の件なり。（中略）之を要するに，組合は一地方土着の人の結合に由り成立し，其営業も又た一地方土着の人の外に拡張すべからざるを其本来の性質なりとす。是れ財産を担保とし資本を貸附する銀行の営業，又は財産を以て結合する諸会社と区別ある所以なり。」(pp. 33-34) と述べている。平田・杉山 [1891] は，組合員を地区内の人間，非組合員を地区外の人間とみなし，「組合にして人身上の徳義に信用を置き，資本を貸附し其危険を免れんと欲せば，組合員外に資本の貸附をなすべからざるや，理の最も観易きものなり。」(p. 34) と述べて，員外貸付を禁じている。

(2)「専ら確実な人のみを択ぶ」ために地区（区域）を限定する：事前の情報の非対称性下の逆選択問題対策

平田 [1899] は「信用組合は信用を以て其の組織の骨子となすものなるを以て，其の組合員たるものは，相互の信用を重んじ産業に勤勉なる者にあらざれ

は，到底其の目的を達するを得ざるなり。仮りに組合員中一人にても放漫，怠惰なる者ありとせんか，之が為に組合の財本を危くし，啻に共同の利益を挙ぐる能わざるのみならず，遂には組合解散の不幸を見るに至るの虞なきを保せず。故に，信用組合を組織するに当りては，可成之が規約を厳重にし，専ら確実なる人のみを択びて組合員とせざるへからず。此れ，産業組合法第九条第二項に信用組合の区域に関する特例を揚げ，組合員は市町村の区域内に住居する者ならざるべからざることを規定したる所以にして，信用組合の各員は互いに相知ることを必要とし，平素に於ける勤惰の如何及び財産上の実情如何を常に熟知することを得て，以て其の間に十分の信用を保つに非ざれは，組合の基礎を鞏固にすることを得ざるを以てなり」(pp. 259-260) と述べている。

(3)「外部より不評判，不信用を蒙るの害を免れる」ために地区（区域）を限定する：事後の情報の非対称性下のモラルハザード対策

柳田 [1902] は「区域小なるときは交通も容易に，常に組合員又は組合員たらんとする者の行状，資力を熟知し，怠惰にして業を衰えしめ，粗暴にして産を傾けんとする者あらば，予め警戒を加え，又は相当の匡正方法を設けて，組合全体が外部より不評判，不信用を蒙るの害を免るることを得べければなり。」(p. 31) と述べている。

(4) 会員・組合員間の相互チェックを行うために地区（区域）を限定する

佐藤 [1922] は「信用組合は其の組合所在地の局部的事情に精通し居ることと，組合員の内情を洞察し得る点にある。（中略）組合員にとっては又，一度組合に対して返金の義務を怠ったということがあれば，朝夕顔を合して居る組合役員や他の組合員に対して迷惑をかけた許りでなく，其の村に於ては最早信用を失って相手にする者は無く，延いては其の者の親戚，友人迄も甚だ迷惑を被る訳であるから，かかる事情の下に在って，組合より貸付を受けた所の組合員は，期日に至って其の義務を果すということは言う迄もないことである。夫れ故に，組合が其の組合員の局部的事情に精通し得る区域に在るならば，誰れ

彼れの別なく，信用の高低に依って相当の金額迄は，何時にても無抵当で貸すことが出来るのである。」(pp. 36-37) と述べている。

(5) 「相互組織の本質（環境の近似および相互認識）を没却しない」ために地区（区域）を限定する

蓮池 [1934] は「之を其の区域として定むべきものであるけれども，各組合員間に於ける環境の近似並に相互認識と云う相互組織の本質的要因を没却することのない限度に於て之を定むべきものである。」(pp. 109-110)，「区域内居住者の組合加入密度を高め，以て組合の人的結合の力を鞏固ならしむると共に其の事業分量も充実せしむるを適当とするからである。」(p. 111) と述べている。

(6) 理事が会員・組合員をチェックできるように地区（区域）を限定する

佐藤 [1937] は「其の大市街地内に存在するものを除くと，斯組合は対人信用を与へることを以て原則と為すべきである。対人信用は組織の間から発生するものであるから，組合の理事者はよく組合員を知り，組合員の家族の情態を知り，其の事業の内容をも知ることが肝要である。同時に組合員も互に相識り合ふことが肝要である。（中略）相互に知り，相互に識り合ふ為には，組合員互に相接触するの機会を有することを条件とすべく，而も相互に遠からざる地方に居住し，及び其の居住を続けていることが肝要である。此の種の関係は自治団体を同じうするが如き場合に最も好都合の条件が現れる。」(pp. 47-48) と述べている。

(7) 「組合員資格と所管行政庁を定める」ために地区（区域）を限定する

中小企業庁編 [1971] は「地区を定める法律上の意味は，組合員資格にかかる点と，所管行政庁を定める一つの要素となる点とにある。」(p. 235) と述べている。

180　第8章　地域金融機関としての信用金庫

(8) 法の規定や監督機関の指揮を受けるために地区（区域）を限定する

　柳田［1902］は「組合が法規の条文に掲げたる義務を遵奉し，其の範囲内に在りて其の行動を為せりや否やは，是非とも組合の上に立ちて之を注意し監督する者無かるべからず。又関係の複雑にして，一つの法文のみにては其の常規を定め難きものに対しては，各場合に就きて其の事情を参酌し，此の如きは然るべし，此の如きは然るべからずという判断を下すの必要あり。此の二つの目的の為に，法律は或る種の国の機関を以て産業組合の監督機関と定め，組合をして法の規定に服従すると同時に，又其の機関の指揮の下に行動せしむることとせり。」（pp. 55-56）と述べている[5]。

(9) 「円満なる発達を図る」ために地区（区域）を限定する

　佐藤［1918］は「各組合の機関が法律，命令に違反する様のことはないであろうか。組合員又は組合員外の者の貯金を預りながら，損害を与うるが如き危険がないであろうか。其の他各種の方面に亙りて，組合の円満なる発達を図らんが為には，種々の方面より之を監督するの必要がある。」（p. 183）と述べている。

　以上の文献は，すべて協同組織金融機関が地区（区域）を定めることを是とするものであり，それらをさらに整理すると，(1)—(6)は協同組織金融機関としての組織に内在する要請（人的結合の確保）であり，(7)—(9)は行政監督・金融監督からの要請である。これに対して，地区を定めることを否として，神吉［2006］は「地縁が協同組織としての人的結合の拠り所とはなり得ないと考えられる現代においては，『地区』を定めること自体によって，協同組織金融機関が協同組織であり続けることはできないのではなかろうか。各協同組織金融機関には，地縁以外の何かに人的結合の拠り所を見出すことが求められるといえよう。」（p. 37），神吉［2006］は「協同組織金融機関が特定の地域を基盤として金融事業を行うことは，経営の健全性維持の観点から潜在的に問題を含むと見ることもできる。（中略）現在の多くの協同組織金融機関にとって，地区を定めることの必要性が消滅していることを主張する。」（「要旨」），「協同組織金

融機関の『地区』をもって協同組織金融機関が事業を行う地理的範囲であるとすることは適切ではない。協同組織金融機関が事業を行いうる区域は，協同組織金融機関の『地区』に限定されないと考えるべきである。」(p. 15) と論じている。また，筒井 [2007] は，日本の銀行貸出市場は，都市銀行・信託銀行からなる全国貸出市場と，地方銀行・第二地方銀行・信用金庫などの金融機関が構成する地方貸出市場に分類され，地方貸出市場はさらに小さく都道府県別に分類されていると指摘し，全国貸出市場は競争が激しいのに対し，分断されている地方貸出市場は競争が緩やかであると論じ，「地方貸出市場が地域分断されているために寡占的となっており，効率性が低下していることが地域金融の最大の問題であることを示唆している。」(p. 6)，「信金に対する地域営業規制を撤廃し，県を越えた地銀の相互参入を促進するなどの競争促進政策が必要であると主張する。」(p. 6) と述べている。

3　信用金庫の地区の意義と地域集中リスク

3-1　信用金庫の地区の意義

1917年（大正6年）の第三次産業組合法改正に際して，同法第9条第1項は改正され，第3号の2に「区域」規定が追加され，定款に区域を記載することが求められることになった。信用金庫法・中小企業等協同組合法には「地区」に関する定義規定はなく，「区域・地区の意義は何か」について文献をサーベイすると，以下の3つに整理できる。

(1) 地区は会員の資格を決定する地域的限界である：柳田 [1902]，小平 [1939]，青山 [1951]，中小企業庁編 [1971]，全国信用金庫協会編集 [2003]，神吉 [2006]
(2) 地区は事業活動の地理的範囲である：小平 [1939]，青山 [1951]，全国信用金庫協会編集 [2003]
(3) 地区は行政庁の所管区分を決定する：中小企業庁編 [1971]

柳田［1902］は「区域の意義たる，組合の活動をして此の範囲を出でしめず，手広く其の事業を営むを制限するものに非ず。組合の取引きは如何なる遠隔の地と之を為すも勝手なれども，唯其の組合に加入する者は，必ず其の区域内に住所を有する者ならざるべからず。」(p. 31) と述べ，区域を営業区域であるとは解釈せず，組合員の資格のみを決定する地域的限界であるにすぎないと論じている。小平［1938］は「此の区域に依り当該産業組合の組合員たり得る資格，其の他産業組合法の規定に依り組合の業務を区域内に限定せる場合の区域が定まる。」(p. 120)，青山［1951］は「金庫がそれを基盤として事業を行おうとする一定地域であって，信用金庫にあっては，その内に住所，居所，事業所又は勤務先を有する者が会員たる資格をもつこととなり，また事業所もこの地区内に設けられる。」(p. 89) とそれぞれ述べ，区域は会員の資格を決定する地域的限界かつ事業活動の地理的範囲であると論じている。中小企業庁編［1971］は「地区を定めることの法的な意味は，地縁団体たる組合の特質にかんがみ地区内の者でなければ加入を認めないという点と，組合の地区によって行政庁の所管区分を決定するということの二点にある。」(p. 235) と述べ，区域は会員の資格を決定する地域的限界かつ行政庁の所管区分を決定するものであると論じている[6]。全国信用金庫協会編集［2003］は「信用金庫の事業が会員を主たる対象としており，その会員たる資格はこの地区を前提として定められている（信金法10条）こと，また店舗を地区外に設けることや地区外で事業活動を行うことはできないと解されており，事実上地区とは，信用金庫が事業活動を行うことができる地理的範囲，すなわち事業区域を意味している。」(p. 52) と述べ，地区は会員の資格を決定する地域的限界かつ事業活動の地理的範囲であると論じている。

　信用金庫にとって，「地区（事業地区）」は定款の記載事項であり，地区の変更（定款の変更）は行政庁による認可を必要とする。以下は，地区の拡張・縮小についての行政庁の判断基準である。
(1) 大蔵省通達「信用金庫の地区に関する定款変更の取扱いについて」（昭和37年4月25日。蔵銀370号）

「本通達の運用に当たっては，とくに，安易に地区拡張が行われ，不当な競合問題を惹起し，さらには，信用金庫全般の健全な発展を阻害することなどのないよう慎重を期せられたい。」といった注記文言が記されたうえで，次の規定が置かれている。

「1．基本的留意事項
① 信用金庫の地区拡張に関する定款変更
　申請については，当該地域の経済状況，資金の需給関係，申請金庫の経営内容および既存地区内の深耕度合，他金庫との競合関係等からみて，取引者の便益を増進し，かつ，信用金庫の健全な発展に資する確実な見通しのある場合についてせん議するものとする。
② 信用金庫の地区の範囲は，当該地域の経済状況等からみて，地縁的金融機関としての機能を十分しうる程度のものとし，信用金庫制度の本旨にもとるような地区拡張が行われることのないよう留意するものとする。この場合，信用金庫の地区は，必ずしも行政区割と一致しなくても差し支えないものとする。
③ 信用金庫の地区拡張に関する定款変更申請のせん議に際しては，とくに，当該拡張先の地域を地区とする信用金庫に与える影響等についても周到な配意を払うこととし，その影響度，見通しおよび拡張の成果等をみきわめつつ，漸次拡張を認めることに留意するものとする。」
(2) 信用金庫法施行規則第3条第2項第1号イ・ロ
　信用金庫が「信用金庫法」第31条の規定に基づいて定款変更に関する認可の申請をした場合，信用金庫法第88条の規定に基づいて認可の権限を内閣総理大臣から委任された金融庁長官等が実施する審査の基準について，「信用金庫法施行規則」は次のように規定している。
イ 「定款の変更が地区の拡張に関するものである場合には，現在の地区及び拡張しようとする地区の経済の事情に照らし，地区の拡張が必要であると認められ，かつ，当該金庫が当該地区において事業を的確，公正かつ効率的に遂行することができること。」

ロ 「定款の変更が地区の縮小に関するものである場合には，縮小しようとする地区における会員その他の顧客に係る取引が他の金融機関へ支障なく引き継がれるなど当該地区における会員その他の顧客に著しい影響を及ぼさないものであること。」

(3) 金融制度調査会金融制度第一委員会中間報告［1989］

「第3章 協同組織金融機関の組織のあり方」の「第2節 基本的考え方及び検討の方向」において，地区の範囲について，次のように記述されている。
「2．組織のあり方に関する具体的な事項については，今後，改めて検討を行うこととするが，基本的な検討の方向としては，次のように考えられる。
(1) 地区
① 人的結合体としての協同組織の基本的な性格に照らし，信用金庫，地域信用組合及び農林系統金融機関のように地域を基盤とする金融機関の性格が強いものにあっては，地区の範囲は，人的結合体としての統合の基盤を成す同質的な地域経済の圏域の中に限定するのが合理的である。
② 地域経済の発展に伴い，地域経済の圏域が拡大していく場合，又は地域経済が構造的停滞下にあり，その地域に地区が限定されているために，経営面で困難な状況が生じているような場合においては，必要性について十分検討した上で，地区の範囲を弾力的に扱うことが適当である。」

3-2 地域集中リスクへの信用金庫の対応

地区の拡張・縮小について，金融制度調査会金融制度第一委員会［1989］は「地域経済の発展に伴い，地域経済の圏域が拡大していく場合，又は地域経済が構造的停滞下にあり，その地域に地区が限定されているために，経営面で困難な状況が生じているような場合においては，必要性について十分検討した上で，地区の範囲を弾力的に扱うことが適当である。」金融審議会金融分科会第二部会・協同組織金融機関のあり方に関するワーキング・グループ［2009］は「地区のあり方については現在の枠組みを維持することが望ましい一方，地区拡張や縮小の認可要件の明確化を図ることが重要と考えられる。」とそれぞれ

述べている。

　金融制度調査会の報告書では「地区」の拡張・縮小は弾力的に行えばよいとされ，金融審議会の報告書では「地区」拡張・縮小の認可要件の明確化を図ることが重要であるとされているが，「地区」(事業地区)を定款で定めることには，以下のような賛否両論がある。「地区」(事業地区)を定款で限定することに賛成の議論は「地区は会員の資格を定めるコモンボンド(共通の絆)であり，協同組織性の発揮にとって極めて重要である。」，「その地区に対するコミットメントになり，地域の活性化につながるような行動の動機付けとなる。」といったものであり，反対の議論は「貸出先が限定されるため，ポートフォリオ・リスクが高くなる。」といったものである。

　上記反対論は「地域集中リスク」と呼ばれているものであり，それは信用金庫が特定の地域，業種に密着した事業を行わざるを得ないとき，信用金庫の事業が地域経済全体や地場産業の状況に大きく左右されるというリスクのことである。地域集中リスクについて，金融審議会・我が国金融業の中長期的な在り方に関するワーキング・グループ[2012]は「特定地域においてリスクマネー供給を増加させる場合，個別金融機関は『地域集中リスク』を負うことになる。このリスクの分散を含め，適切なリスク管理の在り方も，重要な課題になっていく。」，「連携・提携に関しては，通常の業務提携に加え，地域CLO (Collateralized Loan Obligation) などを活用しながら本拠地でない地域との関わりを強化することが地域金融機関にとって有益である。また，信用金庫や信用組合については，中央機関を利用する形でのリスク分散も検討されるべきであろう。」と指摘している。「地域集中リスク」は信用金庫の健全性を損ないかねないので，以下のような対応が提案されている。

(1) 貸出債権のスワップを行う。
(2) 貸出債権とりわけ中小企業向け貸出債権のデータの蓄積，整備を進める。
(3) 各地域の資金需給等に関する情報を共有し，地元で運用機会のない資金の有効な活用を図る。
(4) 各信用金庫が地域集中リスクに対応することには限界があるので，中央機

関(信金中央金庫)におけるリスク調整・吸収機能の充実を図る。信金中央金庫においては,資本増強制度の活用等,各信用金庫の経営基盤強化に向けた取り組みを一層強化する。

4　信用金庫の地域金融機関らしさ:預貸率

本書では,「信用金庫らしさ」の1要素である地域金融機関性を表している指標として,店舗配置密度(店舗数/地区総面積),預貸率(貸出金残高/預金積金残高),地方公共団体向け貸出/貸出合計の3つを取り上げている。第5章では,主成分分析により,2個の変量(x_1=店舗配置密度,x_2=預貸率)から,両者を代表する1つの「総合的地域金融機関性指標」(合成変量)を算出したが,総合的地域金融機関性指標はもっぱら預貸率であることが分かった。

滝川[2007]は,地域金融機関性の尺度として,都道府県内店舗率(都道府県内店舗数/全店舗数),都道府県内貸出シェア,都道府県内預金シェア,地元還流率(都道府県内貸出金/都道府県内預金)の4つを取り上げている。湯野[2003]は,「預貸率が低いと,地域の資金を地域外に持ち出しているとして,地域金融にとってマイナスとみられがちである。しかし地域内に適切な貸出先ないし投資先が少ない場合,より安全で有利な資金運用先を域外(外国を含む)に求め,その果実を域内の預貯金者に還元することも,地域金融の役割といえるのかもしれない。地域の資金は地域内で循環させることだけが,常に地域金融の課題とはいえないであろう。」(p. 6)と述べているが,本書では,信用金庫の預貸率は地元還流率であるととらえ,地域金融機関性の指標とみなしている。これに関連して,田中[2011]は,銀行は「貸出→派生的預金」といった貸出先行,協同組織金融機関は「本源的預金→貸出」といった預金先行と論じているが,信用金庫は地域コミュニティ金融を担い,貸出金が預金として還流する割合は銀行より信用金庫の方が大きく,信用金庫の方が「貸出→派生的預金」といった貸出先行の程度が高いと思われる[7]。

5　信用金庫貸出金の地区経済への影響

　野間［2007］は，都道府県別のパネルデータを用いて，被説明変数として県内総生産の成長率，説明変数として地方銀行貸出の増加率，人口成長率，（政府消費＋公的固定資本形成）／県内総生産を取り上げ，「地銀貸出の増加は，1980年代以降，県内成長率を引き上げた。」(p. 215) と結論している。また，被説明変数として県内総生産の成長率，説明変数として地方銀行貸出の増加率，人口成長率，（政府消費＋公的固定資本形成）／県内総生産，地方銀行預金の増加率を取り上げ，「地銀貸出は預金を考慮しても生産成長に影響を持ち，とくに90年代影響が強かった。」(p. 215) と結論している。

　信用金庫の会員（地区内の中小企業・個人等）向け貸出金の地区経済への影響は，次の4つの経路を通じてのものである。

(1) 信用金庫の会員は市場を地区外に求め，地区外の需要を取り込んでいる。つまり，地区外収入を稼得している。
(2) 会員は地区内の他会員・非会員に経済的な波及効果を及ぼしている。
(3) 地区内住民に就業の機会を提供している。
(4) 地区内の中小企業が雇用者に支払う賃金・俸給が地区内で消費・住宅投資されることで，地域内の生産活動を高める。つまり，地区内で分配・支出・生産の循環が行われる。

　全国，所在地別（大都市圏 vs. 大都市圏以外），預金規模別（4種類）ベースでの，信用金庫貸出と課税対象所得の相関係数は次のとおりである。

全国：0.586

大都市圏：0.669

大都市圏以外：0.418

預金規模別

　信用組合の平均以下：0.154

　信用金庫の平均以下：0.215

信用金庫の平均超：0.331

第二地方銀行の平均超：0.093

信用金庫貸出と課税対象所得の正の相関は，大都市圏以外よりも大都市圏が強いが，預金規模が第二地方銀行の平均超の信用金庫の貸出と課税対象所得はほとんど相関なしである[8]。

6　金融市場における競争の激しさと信用金庫

　堀江［2008］は，被説明変数として信用金庫の経常利益率，説明変数として自己資本比率，営業店1か店当たりの企業数（資本金規模別），同全国銀行の店舗数，同信用金庫・信用組合の店舗数，同農漁協の店舗数，役員陣のまとまり（本部における役員数（部長や営業店長委嘱者を除く）／本部の部室数），審査体制の指標（審査部署の役席者全体に占める中間以上の役席者の割合と同部署のランク数の逆数との積）を取り上げ，「追求すべき点は，小都市に所在する金融機関であっても店舗展開や競合関係あるいは組織力によって利益の確保が可能となるか否かにある。」(p. 213)，「地域金融機関，なかんずく信用金庫に代表される協同組織金融機関が営業範囲とする地域内では，現実には一部大都市圏を除くと貸出の対象となる企業数自体が限られており，自由に貸出規模・先数を決定しうるといった考えは当てはまり難い。限界的な利潤最大化行動の想定よりも，むしろ需要サイドの要因（潜在的な需要の強さ），および当該地域における競争関係（を背景とする価格決定力）を取り上げる必要がある。」(pp. 187-188)と述べている。

6-1　信用金庫をめぐる市場競争環境：ハーフィンダール指数

　本書の「ハーフィンダール指数」は，各都道府県単位の地域金融市場の中で業務を行っている各地域金融機関（地方銀行，第二地方銀行，信用金庫，信用組合）の市場占有率の二乗の総和であり，1つの地域金融機関が独占している場合，この指数は1である。ハーフィンダール指数が1に近いほど地域金融市場

の占有度が高いことを，逆に小さいほど，地域金融市場の競争度が高いことを意味する。本書では，地域金融市場の競争度の尺度として，「各都道府県の各地域金融機関店舗数シェアから算出したハーフィンダール指数（店舗数ハーフィンダール指数）」，「各都道府県での各地域金融機関の預金残高シェアから算出したハーフィンダール指数（預金ハーフィンダール指数）」，「各都道府県での各地域金融機関の貸出残高シェアから算出したハーフィンダール指数（貸出ハーフィンダール指数）」の3つのハーフィンダール指数を計算している。

3つのハーフィンダール指数のうち，店舗数ハーフィンダール指数と預金ハーフィンダール指数の相関係数は0.737，店舗数ハーフィンダール指数と貸出ハーフィンダール指数の相関係数は0.703，預金ハーフィンダール指数と貸出ハーフィンダール指数の相関係数は0.958であり，3つのハーフィンダール指数間の相関係数は高い。ただし，全国，大都市圏，大都市圏以外のそれぞれにおける3つのハーフィンダール指数の単純平均を計算し，店舗数ハーフィンダール指数で見ると「大都市圏 (0.433)＞大都市圏以外 (0.387)」，預金ハーフィンダール指数で見ると「大都市圏 (0.511)＜大都市圏以外 (0.520)」，貸出ハーフィンダール指数で見ると「大都市圏 (0.520)＜大都市圏以外 (0.558)」であるので，店舗数で言えば大都市圏以外の方が地域金融市場の競争度が高いが，預金・貸出で言えば大都市圏の方が地域金融市場の競争度が高い。すなわち，3つのハーフィンダール指数のいずれを用いるかによって，地域金融市場の競争度についての「大都市圏 vs. 大都市圏以外」の大小は異なってくる[9]。

各信用金庫の総資金利鞘の都道府県ごとの単純平均を求め，それと3つのハーフィンダール指数の相関係数を計算すると，店舗数ハーフィンダール指数と総資金利鞘の相関係数は－0.163，預金ハーフィンダール指数と総資金利鞘の相関係数は－0.118，貸出ハーフィンダール指数と総資金利鞘の相関係数は－0.078であり，総資金利鞘と地域金融市場の競争度（ハーフィンダール指数）はほとんど相関なしである。

表8-2　各都道府県の3つのハーフィンダール指数

都道府県	店舗数ハーフィンダール指数	預金ハーフィンダール指数	貸出ハーフィンダール指数	都道府県	店舗数ハーフィンダール指数	預金ハーフィンダール指数	貸出ハーフィンダール指数
北海道	0.368	0.326	0.338	滋賀県	0.479	0.680	0.759
青森県	0.480	0.678	0.744	京都府	0.519	0.500	0.496
秋田県	0.579	0.831	0.849	大阪府	0.283	0.291	0.301
山形県	0.332	0.446	0.464	奈良県	0.610	0.662	0.763
岩手県	0.377	0.449	0.460	和歌山県	0.535	0.633	0.765
宮城県	0.310	0.605	0.616	兵庫県	0.465	0.477	0.416
福島県	0.266	0.348	0.370	鳥取県	0.514	0.547	0.592
群馬県	0.276	0.381	0.410	島根県	0.442	0.713	0.696
栃木県	0.313	0.414	0.466	岡山県	0.328	0.473	0.504
茨城県	0.475	0.630	0.714	広島県	0.259	0.343	0.363
埼玉県	0.461	0.605	0.657	山口県	0.368	0.573	0.638
千葉県	0.314	0.482	0.539	徳島県	0.388	0.485	0.482
神奈川県	0.485	0.499	0.442	香川県	0.332	0.466	0.490
東京都	0.415	0.490	0.545	愛媛県	0.356	0.482	0.512
新潟県	0.286	0.451	0.479	高知県	0.359	0.433	0.507
山梨県	0.344	0.457	0.474	福岡県	0.449	0.748	0.798
長野県	0.298	0.410	0.502	佐賀県	0.338	0.553	0.570
富山県	0.386	0.557	0.637	長崎県	0.522	0.769	0.769
石川県	0.489	0.554	0.619	熊本県	0.310	0.486	0.475
福井県	0.366	0.410	0.455	大分県	0.288	0.454	0.487
静岡県	0.452	0.509	0.577	宮崎県	0.344	0.464	0.508
岐阜県	0.360	0.447	0.497	鹿児島県	0.303	0.461	0.460
愛知県	0.506	0.511	0.483	沖縄	0.502	0.688	0.700
三重県	0.381	0.472	0.510				

表8-3　3つのハーフィンダール指数の単純平均

	店舗数ハーフィンダール指数	預金ハーフィンダール指数	貸出ハーフィンダール指数
全国ベース	0.396	0.518	0.551
大都市圏	0.433	0.511	0.520
大都市圏以外	0.387	0.520	0.558

6-2　市場競争環境における信用金庫：H統計量

Panzar and Rosse [1987] は，非金融企業のコンテクストで独占力の指標（「H統計量」）を議論している。π＝企業の利潤，R＝企業の収入，C＝企業の費用とすると，

$$\pi = R - C$$

であり，y＝企業の収入に影響を及ぼす意思決定変数のベクトル，z＝企業の収入関数をシフトさせる外生変数のベクトル，w＝企業にとって外生的であるm種類の生産要素価格のベクトル，t＝企業の費用関数をシフトさせる外生変数のベクトルとすれば，

$$R = R(y, z)$$
$$C = C(y, w, t)$$
$$\pi = \pi(y, z, w, t)$$

となる。

$$y^0 = \mathrm{argmax}_y \{\pi(y, z, w, t)\}$$
$$y^1 = \mathrm{argmax}_y \{\pi(y, z, (1+h)w, t)\}$$
$$h \geq 0$$
$$R^0 = R(y^0, z) \equiv R^*(z, w, t)$$
$$R^1 = R(y^1, z) \equiv R^*(z, (1+h)w, t)$$

であり，ここで，R^* は企業の誘導形収入関数である。定義によって，

$$R^1 - C(y^1, (1+h)w, t) \geq R^0 - C(y^0, (1+h)w, t)$$

であり，C は w について1次同次関数であるので，

$$R^1-(1+h)C(y^1, w, t) \geq R^0-(1+h)C(y^0, w, t)$$

である。同様にして，

$$R^0-C(y^0, w, t) \geq R^1-C(y^1, w, t)$$

である。

$$(1+h)\{R^0-C(y^0, w, t)\} \geq (1+h)\{R^1-C(y^1, w, t)\}$$
$$R^1-(1+h)C(y^1, w, t) \geq R^0-(1+h)C(y^0, w, t)$$

の足し算より，

$$-h(R^1-R^0) \geq 0$$

を得ることができ，両辺を $-h^2$ で割ると，

$$\frac{(R^1-R^0)}{h} = \frac{R^*(z, (1+h)w, t) - R^*(z, w, t)}{h} \leq 0$$

を得ることができる。これは費用の比例的な増大（生産要素価格の比例的上昇）が企業の誘導形収入の減少をもたらすことを示すものであるが，

$$\lim_{h\to 0} \frac{R^1-R^0}{h} = \lim_{h\to 0} \frac{R^*(z, (1+h)w, t) - R^*(z, w, t)}{h}$$

を求め，それを R^* で割ると，

$$\psi^* \equiv \Sigma w_i (\partial R^*/\partial w_i)/R^* \leq 0$$

を得ることができる。これは「独占企業の誘導形収入の生産要素価格についての弾力性の合計が非正である。」という定理（Panzar and Rosse [1987] の定理1）を表し，Panzar and Rosse [1987] は，「$L=\psi^*/(\psi^*-1)$」を「独占力のLerner 指数の推定値」と呼んでいる。したがって，ψ^* は誘導形収入 $R^*(z, k, w, t)$ の $k(=1+h)$ についての弾力性と定義され，すべての生産要素価格が1％変化したときに，均衡収入（誘導形収入）が何％変化するかを示している。

峰岸 [2011] は，Panzar and Rosse [1987] をもとにして，被説明変数として経常収益総額の対数，説明変数として労働価格（人件費／従業員数）の対数，資本価格（人件費以外の支出／固定資産）の対数，資金価格（預金利息／総預金額）の対数，資産総額の対数，貸倒引当金／資産総額，貸出金総額／預金総額

を取り上げ，2000〜2005年度の地方銀行・第二地方銀行，1999〜2005年の信用金庫・信用組合のパネルデータで，地域銀行・協同組織金融機関の「市場競争度（H統計量）」を推定している。信用金庫・信用組合についての，個別機関効果と期間効果の両方を含めている重回帰式の自由度調整済決定係数は0.990，労働価格（人件費／従業員数）の対数の係数は0.227，資本価格（人件費以外の支出／固定資産）の対数の係数は0.033，資金価格（預金利息／総預金額）の対数の係数は0.087，資産総額の対数の係数は0.519，（貸倒引当金／資産総額）の係数は0.294，（貸出金総額／預金総額）の係数は−0.027であり，H統計量は0.347（＝0.227＋0.033＋0.087）である。

本書では，信用金庫のコンテクストで独占力の指標（「H統計量」）を，「全国の信用金庫」ベース，「大都市圏の信用金庫 vs. 大都市圏以外の信用金庫」ベースで計算する。

すなわち，Panzar and Rosse［1987］の非金融企業のコンテクストを信用金庫で読み替え，R＝経常収益，z_1＝総資産，z_2＝預貸率，w_1＝（人件費／常勤役職員数），w_2＝（物件費／純資産），w_3＝資金調達原価率，t＝自己資本比率として，

$$\ln R = \alpha + \beta_1 \ln w_1 + \beta_2 \ln w_2 + \beta_3 \ln w_3 + \beta_4 \ln z_1 + \beta_5 \ln z_2 + \beta_6 \ln t + u$$

の回帰式を推定し，$(\beta_1 + \beta_2 + \beta_3)$ を計算すると，これが「H統計量」である。

全国の信用金庫ベースH統計量（H_1）は，

$$H_1 = 0.008 + 0.130 + 0.082 = 0.220$$

大都市圏の信用金庫ベースH統計量（H_2），大都市圏以外の信用金庫ベースH統計量（H_3）は，

$$H_2 = 0.104 + 0.095 + 0.028 = 0.227$$
$$H_3 = -0.032 + 0.135 + 0.135 = 0.238$$

である。$H_2 < H_3$ であるので，大都市圏の信用金庫の方が大都市圏以外の信用金庫よりも独占度がより高い。信用金庫が独占者として位置し，需要の価格弾力性一定の需要曲線（e＞1）に直面しているとしよう。

$$e = 1 - (\beta_1 + \beta_2 + \beta_3)$$

表 8-4 信用金庫ベース H 統計量のための回帰式

	経常収益（全国）			経常収益（大都市圏）			経常収益（大都市圏以外）		
	Coefficient	t-Statistic	Prob.	Coefficient	t-Statistic	Prob.	Coefficient	t-Statistic	Prob.
定数項	−2.76	−9.36	0.00	−2.74	−7.31	0.00	−2.88	−5.84	0.00
人件費／常勤役職員数	0.01	0.07	0.95	0.10	1.03	0.30	−0.03	−0.20	0.84
物件費／純資産	0.13	3.67	0.00	0.09	2.03	0.05	0.14	2.69	0.01
資金調達原価率	0.08	0.97	0.33	0.03	0.73	0.47	0.13	0.82	0.41
総資産	0.98	44.99	0.00	0.94	65.49	0.00	1.02	29.55	0.00
預貸率	0.15	0.86	0.39	0.33	4.12	0.00	0.09	0.40	0.69
自己資本比率	0.12	2.68	0.01	0.06	0.91	0.36	0.12	2.15	0.03
Adjusted R-squared		0.98			0.99			0.96	
Observations		271			87			184	

であるので，信用金庫の全国ベース，大都市圏ベース，大都市圏以外ベースの需要の価格弾力性は，

$e_1 = 0.780$

$e_2 = 0.773$

$e_3 = 0.762$

である[10]。

補論　信用金庫の互助性（非営利性）

　金融審議会［2002］は，「協同組織金融機関は，預金取扱金融機関として経営の健全性について預金者から信認が得られなければ，安定的な経営は維持できず，会員・組合員に対する与信機能も十分に果たし得ない。他方で，相互扶助の理念の下，剰余金を内部留保よりも事業利用分量や出資に応じて会員・組合員に還元するという協同組織の特質もある。協同組織金融機関は，こうした点を踏まえ，地域の金融サービスの担い手として，地域経済の実情や金融環境の変化に即し，地域金融機関として十分な機能が果たせるよう，最適なビジネスモデルを構築していくことが重要な課題である。」と述べている[11]。

　村本［2010］は，協同組織金融機関内で低リスク層・高リスク層の間，世代間での内部補助があると指摘している。信用金庫の経営理念の1つは「相互扶助」であり，相互扶助は本来は個々の自立のための共助であるべきであるが，内部補助は全体がまずあって，その内の一方における黒字をもって，他方の赤字を補填するというものであり，本来のあるべき相互扶助ではない。内部補助は相互扶助によって可能であるが，内部補助は必ずしも相互扶助そのものではない。村本［2009］は，「不採算部門を切り捨てるのではなく，高採算部門の剰余で穴埋めを行うことによって全体の収益を維持するのが内部補助といえよう。内部補助は，規制や独占によって可能とされるが，相互扶助でも可能である。」(p. 53) と論じ，「相互扶助は内部補助の理論によって説明可能で，信用金庫内での相互扶助が低リスク層と高リスク層の間と世代間での内部補助として整理可能である」(p. 52) と述べている。しかし，協同組合の運営原理では，採算部門から不採算部門への内部補助は，採算部門で利益を享受できる組合員から不採算部門で損失を負担しなければならない組合員への移転になるので，控えなければならない。

　また，村本［2010］は「自己資本比率の充実が信用金庫の格付を高め，その信用が利用者に還元されていると考えれば，内部留保を通じた相互扶助ないし

内部補助が実現しているともいえる。」(p. 152) と述べている。協同組織金融機関は出資ではなく内部留保の蓄積によって資本増強を行い，村本は内部留保の蓄積は次世代への移転であり，世代間相互扶助（異時点間の内部補助）であると論じているが，それは「内部留保の蓄積→自己資本比率の上昇→信用金庫の格付の上昇→預金金利の低下→貸出金利の低下」といった経路であろう。貸出について，会員との取引を原則としていることが，会員の相互扶助を基本理念とする信用金庫の信用金庫たるゆえんとなっている。

(1) 総務省のホームページで「統計でみる市区町村のすがた2012」（2012年6月15日公表）を見れば，各市区町村の課税対象所得，製造品出荷額等，商業年間販売額，人口，面積，高齢者人口を知ることができる。
(2) 近藤・播磨谷 [2009] は，本店所在地を越えて名古屋市へ進出している東海地方の信用金庫の属性を分析するために，資産を規模の，自己資本比率を財務の健全性の，預貸率を融資の積極性の，各信用金庫の本店が所在する地域の「民間金融機関の総店舗数/人口」を地域市場における金融機関間の競争の激しさの，地方税収入額を地元の経済活力の，各信用金庫の本店が所在する地域の65歳以上人口の比率を高齢化の進み度合いの，それぞれ代理変数として，名古屋店舗比率を被説明変数とした回帰分析を行っている。本書は「地区」を明示的に取り上げているが，近藤・播磨谷 [2009] は，地区内のいわば「地元」，「地元外（名古屋市）」を取り上げている。
(3) 松原 [1978] によれば，地域の範囲は2種類のメルクマール，すなわち客観的指標と主観的指標によって設定される。客観的指標には，「指標（政治的，行政的，経済的，人口学的，文化的な指標あるいは年齢，職業，学歴，収入，パーソナリティ特性）の同質性に基づくローカリティ」，「有機的関連性（運輸，交通，通信機関，政治行政組織，経済組織，教育制度などの地域的体系）に基づくローカリティ」，「施設および機関（社会的諸資源）利用に基づくローカリティ」の3つがあり，（地域住民による）主観的指標には，「（地域帰属意識や地域特性の自覚などの形で）認知されたローカリティ」，「（地域に関する利害関心の多寡によって）評価されたローカリティ」，「（「心の糸」になるシンボルによって）愛着されたローカリティ」の3つがある。信用金庫・信用組合は「コミュニティ・バンク」と一般には呼ばれているが，松原 [1978] は，region を「あるがままの地域」，community を「あるべき地域」とみなしている。
(4) 金融審議会金融分科会第二部会 [2003] は「地域貢献の内容について，健全性の確保や適正な対価負担と両立するものであることを利用者が正しく評価できるよう，透明（トランスペアレント）かつ説明可能な（アカウンタブル）なものにしていくことが必要と考えられる。」と述べている。
(5) 協同組織金融機関に対する所管行政庁の監督について，小平 [1938] は「国家の監督行為は，産業組合をして，其の事業の完璧を期せしむるが為に行ふものであると同時に，産業組合の行為に依り第三者に著しき損害を及ぼすが如き一般公益を害することなから

しむるが為めに発動するものである。」(p. 253)と述べている。
(6) 中小企業庁編 [1952] は「組合が地区外で事業を行いうることは勿論である。」(p. 203) と述べ，地区を営業区域であるとは解釈しなかったが，当該記述は中小企業庁編 [1971] では削除されている。
(7) 地域金融機関はすべて「地域に位置する金融機関」であり，かつ「地域と共存する金融機関」である。地域金融機関は生活区（居住区，定住区）に対しては「預超」，生産区（商工業地域）に対しては「貸超」であるのが一般的である。預貸率を高めるためには，その地域に生産区（商工業地域）がなければならない。これは「地域と共存する金融機関」の問題である。預貸率を高めなければ，その地域に生産区（商工業地域）は育成されない。これは「地域のために貢献する金融機関」の問題である。今 [2012] は，金融機関の預貸率の低下は，地域経済の低迷による企業の借入資金需要の低下と，地域金融機関が進めてきた不良債権抑制によるものであると指摘している。
(8) 中小企業向け貸出の性質を検討している実証分析には，都道府県別データを使用している研究（松浦・竹澤 [2001]，小西・長谷部 [2002]，竹澤・堀・松浦 [2004]，安孫子 [2005]）と，金融機関別データを使用している研究（家森 [2004]）がある。都道府県別データを使用している研究は地域特性を考慮しているとしているが，本書とはまったく異なり，それらは実物と金融の1対1の対応を正確に行っていない。
(9) 小倉 [2007] は，地域金融市場の単位を都道府県と仮定し，貸出市場における銀行間競争度として，①各都道府県の各金融機関店舗数シェアから算出したハーフィンダール指数，②各都道府県での各金融機関の貸出残高シェアから算出したハーフィンダール指数，③都道府県内に支店を少なくとも1つ持っている金融機関の数，の3つの測度を用い，「大都市圏で競争度が高い傾向が読み取れる。」(p. 90) と述べている。
(10) $L = -(\beta_1+\beta_2+\beta_3)/\{1-(\beta_1+\beta_2+\beta_3)\}$＝独占力のLerner指数の推定値である。
(11) 荒井 [2007] は，「営利を目的としないということは，利益を上げないということを言っているのではなくて，組織の運営の目的が営利ではないということです。」，「株式会社の場合，経営者になったら，いかに儲けて株主にいかにリターンを返すかというのが基本的な経営の姿勢だろうと思います。一方，協同組織の場合はそうはいかなくて，いかに会員のためにその金融機関を，信用金庫なら信用金庫を利用していただくかということを考えるのが経営者の第一の目的となります。制度的にそれを担保する方法として，信用金庫法では配当に上限を設けているということがあります。」(p. 31) と述べている。

第9章　中小企業金融機関としての信用金庫

　本書では,「協同組合組織性」,「地域金融機関性」,「中小企業金融機関性」の3つの行動特性を「信用金庫らしさ」の3つの要素とみなし,「信用金庫らしさ」の視点から,第8章では地域金融機関としての信用金庫,本章では中小企業金融機関としての信用金庫を検討する。

1　中小企業金融の特徴

　Berger and Udell［1998］は,エクイティによる4つの資金調達手段,デットによる9つの資金調達手段を取り上げ,企業の最適な資金調達構造は,企業の規模,企業の年齢（社歴）,情報の利用可能性（企業の透明性）によって決定されると指摘している。

　中小企業の特徴は,「公開市場で連続的に価格付けされる証券を発行していないので,その質についての信頼しうる情報をしばしば伝えることができない」,「その質が高いことをシグナルするための名声を作ったり,情報の不透明を克服するための行動をとることが困難である」といった情報の不透明（informational opacity）である[1]。中小企業は,金融機関から融資を受ける際に,「安定した資金提供」,「低金利」,「将来性・企業事業への理解度」の3つを求めている（『2006年版中小企業白書』）。

1-1　中小企業金融の特徴：『中小企業白書』

　『中小企業白書（平成13年度）』は,企業の状況,主要取引先金融機関の業態の違い,取引の長さなどにより,企業の資金調達条件（短期借入金利,信用の利用可能性）がどのように異なるのかを分析し,「メインバンクの業態による

200　第9章　中小企業金融機関としての信用金庫

図9-1　企業のタイプと資金調達源泉

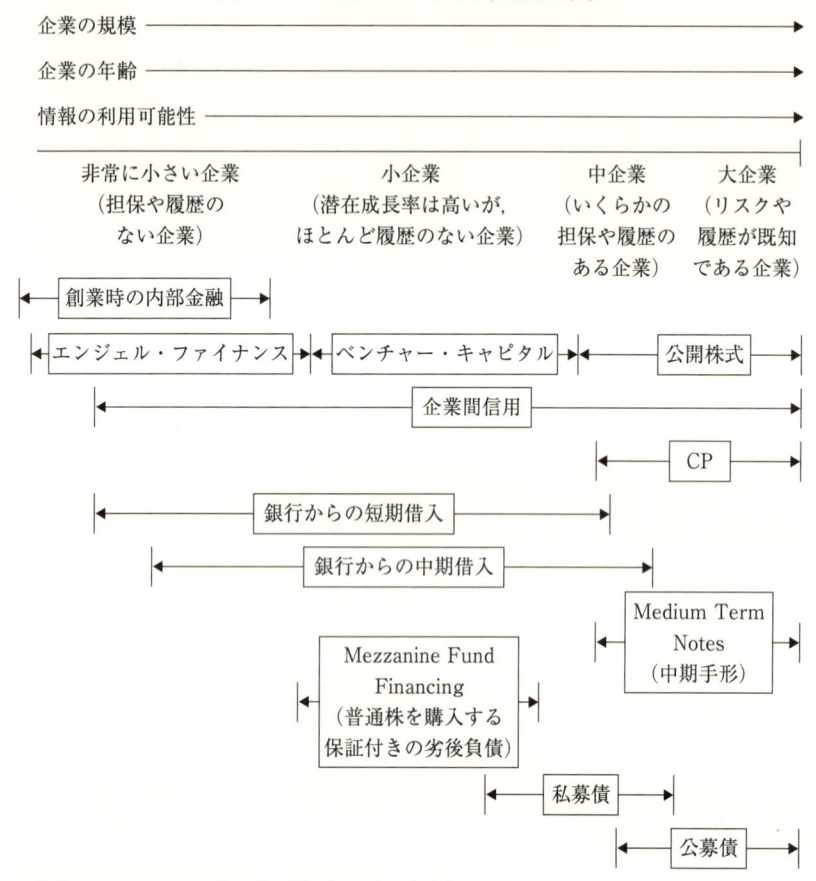

企業の規模 ──────────────────────────────→
企業の年齢 ──────────────────────────────→
情報の利用可能性 ──────────────────────────→

| 非常に小さい企業
(担保や履歴の
ない企業) | 小企業
(潜在成長率は高いが，
ほとんど履歴のない企業) | 中企業
(いくらかの
担保や履歴の
ある企業) | 大企業
(リスクや
履歴が既知
である企業) |

|←　創業時の内部金融　→|

|←　エンジェル・ファイナンス　→|←　ベンチャー・キャピタル　→|←　公開株式　→|

|←　　　　　　企業間信用　　　　　　→|

　　　　　　　　　　　　　　　　　　　|←　CP　→|

|←　　銀行からの短期借入　　→|

|←　　　銀行からの中期借入　　　→|

　　　　　　　　　　　　　　　|← Medium Term
Notes
(中期手形) →|

|← Mezzanine Fund
Financing
(普通株を購入する
保証付きの劣後負債) →|

　　　　　　　　　　　　　　　|←　私募債　→|

　　　　　　　　　　　　　　　　　　|←　公募債　→|

出所：Berger and Udell［1998］の図1（p. 623）より作成。

違いが，資金調達条件にどのように影響を与えるのかという点についてまとめると，大手行は他業態より金利は安いが拒絶される可能性が高い，地銀・第二地銀や信金・信組は他業態より金利は高いが拒絶される可能性は低いということ示唆するものである。」（p. 153）とまとめている。このファクト・ファインディングスの解釈として，『中小企業白書』は「このことは，地域密着型で融資先企業と最も密接な関係にあり，入手しにくいインフォーマルな情報を多く

有している信金・信組では，モニタリングが他の金融機関の場合に比べてきめ細かく行われる結果，一律的な融資減額・拒絶といった対応を採らないからではないかと考える。」(p. 150) と述べている。

『中小企業白書』の統計データ（中小企業庁事業環境部企画課調査室「企業資金調達環境実態調査」2001年12月）によれば，大企業（従業員規模ベース）と比べると，中小企業の資金調達の特徴は次の8点である[2]。

(1) 中小企業の自己資本比率の中央値は低く，ばらつきが大きい。
(2) 中小企業の負債の中心は借入金である[3]。
(3) 規模が小さくなるにつれて，長期・金融機関借入金の割合が高くなる[4]。
(4) 中小企業の短期借入金利の中央値は高く，ばらつきが大きい。
(5) 規模が小さくなるにつれて，メインバンクへの担保（物的担保，信用保証協会の利用）を提供している割合が高くなる。また，メインバンクへの保証（代表者個人等の人的担保）を提供している割合が高くなる。
(6) 銀行借入については，通常，ある金利，担保，保証の下で，いくらまでという借入上限が定められている。企業の規模が小さいほど，メインバンクから借入拒絶・減額対応を受けた割合が高くなる。
(7) 規模が小さくなるにつれて，取引先金融機関は大手銀行（都市銀行，長期信用銀行，信託銀行）ではなく，中小・地域金融機関（地方銀行，第二地方銀行，信用金庫，信用組合）になる。
(8) 規模が小さくなるにつれて，取引先金融機関の数は減少する。

1-2 中小企業の資金調達の困難性

中小企業が大企業と異なった取引条件に直面している市場の1つが金融・資本市場である。「中小企業の中には，創業したばかりの新規企業が含まれている。」，「中小企業は，たとえ将来性のある企業であったとしても，過去に実績や経験がないため，貸手を説得するだけの情報を提供することができない。」，「中小企業が高い情報費用（経営・財務データを整える固定的な費用―引用者注）をかけ，自らの経営内容を開示し，将来の収益性を資金の供給者に訴えたとし

ても，提供された情報が実際に信頼されるかという問題がある。」（薮下 [2002]）といったことから，中小企業は，大企業と同じような手段・条件では効率的な規模を実現するための資金を調達できず，このことが，中小企業の効率的経営を妨げる大きな要因となっている。

中小企業の資金調達に関しては，以下の4点を指摘できる。

(1) 資金需給の逼迫期には，中小企業への資金供給の優先順位は下がり，優良な中小企業でも，資金調達に支障をきたす[5]。

(2) 資金調達額と企業規模には，ある程度正比例の関係があるので，中小企業は，企業内容の良し悪しとは別の要因で，取引費用に関する規模の不利益を被る。すなわち，「貸手にとっては，資金運用金額が小さくなればなるほど，資金運用の平均費用は逓増する。」，「借手にとっては，資金調達金額が小さくなればなるほど，資金調達の平均費用は逓増する。」といった2つの理由から，金融・資本取引に関して規模の経済が働くので，中小企業の資金調達費用は大企業の資金調達費用よりも割高である。

(3) 資金提供前（事前）の貸手・借手間の情報の非対称性下では，貸手は本来資金を提供すべきでない借手に貸してしまうことがある。このような逆選択を避ける過程で，事前のモニタリング費用が発生し，事前のモニタリングは規模の経済が働くので，融資金額が小さい中小企業のモニタリング費用は大企業に比べて割高になり，貸手は中小企業との取引には消極的になる。

(4) 資金提供後（事後）の貸手・借手間，出資者・経営者間の情報の非対称性下では，融資の場合，借手はプロジェクトの成功・失敗のいかんにかかわらず，約定どおりに元本と利息を支払わなければならない。貸手はローリスク・ローリターンであっても，すでに実績のある事業の運転資金に使ってもらいたいところであるが，融資を受けた借手は大成功したときのメリットが大きいので，ハイリスク・ハイリターンのまったく新しい事業の設立資金に使ってしまうかもしれない。貸手と借手の間には利益相反が生じ，借手のモラルハザードを防ぐための事後のモニタリングは規模の経済が働くので，融資金額が小さい中小企業のモニタリング費用は大企業に比べて割高になり，

貸手は中小企業との取引には消極的になる。出資の場合，企業は出資者への分配（配当や企業価値増大による株価上昇）よりは経営者の報酬を増やす方に関心が向かう。出資者と経営者の間には利益相反が生じ，経営者のモラルハザードを防ぐための事後のモニタリングは規模の経済が働くので，融資金額が小さい中小企業のモニタリング費用（経営者を出資者の代理人として適切に行動させるためのエージェンシー・コスト）は大企業に比べて割高になり，出資者は中小企業との取引には消極的になる。

2　中小企業専門金融機関としての信用金庫の存在意義

中小企業，個人等を取引相手とする金融の特徴は，「貸付規模が比較的小口であること」，「リスク判断において個別の事情を斟酌する必要があること」，「取引相手が多数にのぼることに加え，その金融ニーズも個々の事情に即しきわめて多様であること」（金融制度調査会金融制度第一委員会［1989］）である。多数の，多様な中小企業，個人等に対する小口の金融を，金融情勢のいかんにかかわらず，円滑に進める仕組みには，次の3つがある（村上［2002］）。

① 公的金融
　第1の仕組みは，信用保証協会による公的保証制度や政府系金融機関による直接融資といった公的金融であり，それは貸手・借手間の情報の非対称性を克服するための費用を社会全体で負担するものである。

② 専門の金融機関
　第2の仕組みは，貸手の専門化によって，貸手・借手間の情報の非対称性を克服するための費用を引き下げようとするものである。

③ ベンチャー・キャピタル，ビジネス・エンジェル
　第3の仕組みは，出資という形で資金提供を行い，徹底したモニタリングによって企業価値を高める，ハイコスト・ハイリターン型資金供給である。それは貸手が負担した貸手・借手間の情報の非対称性を克服するための費用を借手に転嫁しようとするものである。

多数の，多様な中小企業，個人等に対する小口の金融の分野で，一般の金融機関に加えて，協同組織金融機関を存置する理由は何であろうか。中小企業・個人等専門金融機関が協同組織形態を採ることの意義は次のとおりである[6]。

(1) 信用金庫は，コミュニティ（事業地区）内で地域密着型の経営を実践し，日常活動をとおして，コミュニティに内在する借手情報（経営者の評判，兄弟や両親など血縁者の資産状況など）を低コストで収集・分析している。

(2) 信用金庫は，地縁・人縁を基盤としている会員組織であるので，多数の，多様な中小企業，個人等のニーズの把握が容易である。貸手・借手間に連帯が存在するので，信用金庫は長期的な観点から，借手の立場に立った幅広い与信判断を行うことができる。

(3) 信用金庫は，非営利の相互扶助組織であり，会員の利益が第一義的に考慮されているので，多数の，多様な中小企業，個人等のニーズにきめ細かく対応できる。

(4) 信用金庫は，コミュニティ（事業地区）内で地域密着型の経営を実践し，コミュニティに内在する情報やコミュニティの中で働く監視機能はモニタリング費用の低減，ひいては貸し倒れリスクの低減に大きな役割を果たしている。

3　信用金庫のリレーションシップ・バンキング

荒井［2007］は，「地域を特定してその地域で生きようということで，金融機関もその地域における取引シェアを高める努力を行うとすると，たとえば，ある商店街があって，そのほとんどの商店を取引先にしたというような状況になると，まず営業活動が効率的に行えます。次々とお客さんがいるところへ行けるわけですから，そういう意味で営業活動が効率的になるだけではなくて，商売のしぶりですとか，業容なども直接，間接に見聞きして収集できるというような利点が生ずるでしょう。」(p. 36)，「理屈から言うと地域に限定され，地域のお客様と人縁，地縁を活かした取引をすることによって，融資の効率的な

運営,円滑な資金の供給を行うことができるはずなのですが,実際にできているかというのが,実はいちばん大事な問題なのです。これについてなかなか実証的に説明しきるというのは難しい」(p. 43) と述べている。小倉 [2007] は,リレーションシップ・バンキング（以下リレバン）依存度の強い業種（製造業（木材・木製品,化学,電機機器を除く),卸売業,不動産業,宿泊業,その他サービス（飲食店など））と弱い業種（建設業,情報通信業,小売業）を区別し,金融機関競争度の影響を,リレバン依存度の強い産業と弱い産業を区別せずに計測すると,競争度の測度は有意な係数をもたないが,金融機関競争度変化の影響の産業間差異をとらえるために競争度測度と高リレーションシップ産業ダミーの交差項を説明変数に加えると,交差項の係数が統計的に有意な値をとることを示している。また,小倉 [2007] は,地域金融市場の競争度が,リレバン,および中小企業の融資利用可能性（銀行信用のアベイラビリティ）に対して与えた影響を統計的に検証し,「日本においては金融機関の融資競争が緩くなるにつれてリレーションシップバンキングが盛んになり,その結果として,製造業などリレーションシップバンキング依存度の強い業種の新規参入企業への融資可能性が上昇する傾向があることがわかった。」(p. 98) と述べている。Elsas [2007] は,ドイツのデータから,金融機関間競争が激しすぎても,緩すぎてもリレバンを行う可能性が低下する傾向があることを示している。加納 [2007] は,メインバンク機能とリレバン機能を同一視し,信用金庫がメインバンク（『帝国データバンク会社年鑑』における「主力銀行」に対応）であり続けていたことをリレーションシップ継続と呼び,「信金・信組のリレーションシップ継続率の数値は,都銀や地銀に比べてかなり低い数字である。この要因の一つは信金や信組の貸出は会員や組合員を対象にしているが,会員・組合員には従業員数や資本金の制限があり,貸出にも制限がかかってくるためと思われる。」(p. 109) と述べている。信用金庫には卒業生金融制度があるが,借入企業にとってはメインバンクがどの業態であるかは名声にかかわることであり,借入企業が成長するにつれて,メインバンクを信用金庫・信用組合からより上位の業態に変更するのは自然である。しかし,メインバンクであり続けること

がリレバン機能を果たし続けていると考えることは，メガバンクのビジネスモデルが信用金庫・信用組合よりもリレバン性が強いことを意味し，それはミスリーディングである。

　金融庁は，リレバンを「金融機関が顧客との間で親密な関係を長く維持することにより顧客に関する情報を蓄積し，この情報を基に貸出等の金融サービスの提供を行うことで展開するビジネスモデル」と定義している。預金取扱金融機関の本業は預金，貸出，為替の3つであり，3つの業務それぞれのリレバンがある。そのうちのリレーションシップ貸出は「長期継続的なフェイス・トゥ・フェイスの関係に根ざして融資判断が行われる貸出」であり，リレーションシップ貸出の長所・短所は以下のものである。

(1) リレーションシップ貸出は，顧客に関する通常は入手しにくいソフト情報を効率的に多量かつ安価に収集することができるので，貸出審査費用を低減させるという長所をもっている。貸出費用の軽減は金融の円滑化（信用の利用可能性が大きい／信用のコストが低い）をもたらし，金融機関，顧客の双方にとってメリットである。

(2) リレーションシップ貸出は，信用リスクを正確に反映した貸出の実施（貸出金利，担保などの設定）を可能にし，金融機関，顧客の双方にとってメリットである。

(3) リレーションシップ貸出は，顧客の業績が悪化した場合の再生支援（クレジットクランチに対する保護，信用リスク保険）などを可能にし，金融機関，顧客双方の健全性の確保にとってメリットである。

(4) リレーションシップ貸出は，貸出関係が長期継続することによって当事者間の馴れ合い関係を生み，顧客のモラルハザードを生みかねず，それは金融機関，顧客双方の財務の健全性にとってデメリットである。

　金融審議会金融分科会第二部会［2003］は「中小・地域金融機関は，地域に根ざした営業を行う中で，その地域における預金・貸出に大きな比重を有しており，金融機関の基本的な機能である決済機能の中心的な役割を地域経済において担っていると考えられる。」，「中小・地域金融機関は，決済機能を果たす

中で得られる顧客企業のキャッシュフローに関する情報,さらには地域の産業構造,地域経済の動向等に関する情報をリレーションシップバンキングの展開の中で集積し,地域情報のネットワークの中核的役割を担うことが可能である。」と述べている。地方銀行,第二地方銀行,信用金庫,信用組合の4業態は中小・地域金融機関と呼ばれ,リレバンの担い手であるが,金融審議会金融分科会第二部会[2007]は「このような制度的制約(事業地区の制約など—引用者注)の下,地域の小規模事業者を主要な顧客としている協同組織金融機関(信用金庫,信用組合—引用者注)は,地域密着型金融のビジネスモデルが相対的に当てはまりやすい存在であり,今後とも,小規模事業者を対象とする地域密着型金融の重要な担い手となることが期待される。」と述べている[7]。

金融審議会金融分科会第二部会[2007]は,リレバン一般の具体的な取り組みとして「目利き能力の向上,人材育成」,「身近な情報提供・経営指導・相談」,「商工会議所,商工会,中小企業再生支援協議会等,他機関との連携」の3つを取り上げ,協同組織金融機関のリレバンの具体的内容として「会員・組合員に対する相談機能を活かした予防策を中心に,目的別ローンなども活用した,多重債務者問題解決への一定の役割発揮」,「個人・小規模事業者の資金ニーズに対するきめ細やかな対応」,「企業的な規模拡大を目指さず,地域・生活に密着した活動を行っているコミュニティ・ビジネスやNPOへの支援・融資(マイクロファイナンス的な取組み等),地域社会への貢献・還元」の3つを取り上げている。

2007年7月,金融庁は,「地域密着型金融(平成15~18年度第2次アクションプログラム終了時まで)の進捗状況について」をまとめ,地方銀行,第二地方銀行,信用金庫,信用組合といった中小・地域金融機関4業態の,4年間にわたるアクションプログラムを通じた,地域密着型金融(リレバン)への取組実績を公表した[8]。

以下では,重点強化期間(2005年4月~07年3月)における,信用金庫の地域密着型金融(リレーションシップ・バンキング)推進計画への取組実績を見る。

金融庁は,地域密着型金融の個別具体的な項目として,以下の4分野28項目

表9-1 地域金融機関による地域密着型金融の個別項目の取組実績

(単位：件)

項　目	年度	地域金融機関4業態合計 件　数	協同組織金融機関 件　数	信用金庫 件　数	信用組合 件　数	地域銀行 件　数	地方銀行 件　数	第二地銀 件　数
1．創業・新事業支援機能等の強化								
創業等支援融資商品による融資	2005	5,449	3,070	2,567	503	2,362	1,366	996
	2006	6,983	3,895	3,298	597	3,074	2,158	916
	増減率	28.2%	26.9%	28.5%	18.7%	30.1%	58.0%	−8.0%
企業育成ファンドへの出資	2005	—	—	—	—	—	121	—
	2006	—	—	—	—	—	132	—
	増減率	—	—	—	—	—	9.1%	—
政府系金融機関等との協調融資	2005	809	408	382	26	400	292	108
	2006	743	440	417	23	303	204	99
	増減率	−8.2%	7.8%	9.2%	−11.5%	−24.3%	−30.1%	−8.3%
産業クラスターサポートローン	2005	58	10	9	1	43	35	8
	2006	55	18	15	3	34	28	6
	増減率	−5.2%	80.0%	66.7%	200.0%	−20.9%	−20.0%	−25.0%
新連携事業に対する支援	2005	126	90	90	0	35	19	16
	2006	142	100	99	1	42	33	9
	増減率	12.7%	11.1%	10.0%	—	20.0%	73.7%	−43.8%
2．取引先企業に対する経営相談・支援機能の強化								
ビジネスマッチングの成約案件	2005	15,954	2,802	2,628	174	11,338	9,995	1,343
	2006	24,000	4,458	4,240	218	18,161	15,508	2,653
	増減率	50.4%	59.1%	61.3%	25.3%	60.2%	55.2%	97.5%
株式公開支援	2005	37	2	2	0	34	29	5
	2006	42	5	5	0	33	31	2
	増減率	13.5%	150.0%	150.0%	—	−2.9%	6.9%	−60.0%
社債発行支援	2005	3,690	111	110	1	3,507	2,810	697
	2006	3,945	170	169	1	3,683	2,937	746
	増減率	6.9%	53.2%	53.6%	0.0%	5.0%	4.5%	7.0%
M&A支援	2005	245	35	32	3	207	180	27
	2006	296	55	53	2	235	192	43
	増減率	20.8%	57.1%	65.6%	−33.3%	13.5%	6.7%	59.3%

3 信用金庫のリレーションシップ・バンキング

項　目	年度	地域金融機関4業態合計件数	協同組織金融機関 件数	信用金庫件数	信用組合件数	地域銀行 件数	地方銀行件数	第二地銀件数
3．事業再生に向けた積極的取組み								
中小企業再生支援協議会の再生計画策定先	2005	380	96	90	6	284	—	110
	2006	391	121	116	5	270	—	107
	増減率	2.9%	26.0%	28.9%	−16.7%	−4.9%	—	−2.7%
整理回収機構の支援決定先	2005	22	2	1	1	39	26	13
	2006	38	3	2	1	80	52	28
	増減率	72.7%	50.0%	100.0%	0.0%	105.1%	100.0%	115.4%
私的整理ガイドラインに基づく再生計画策定先	2005	13	1	1	0	12	—	—
	2006	23	6	6	0	17	—	—
	増減率	76.9%	500.0%	500.0%	—	41.7%	—	—
企業再生ファンドへの出資	2005	—	—	—	—	—	246	—
	2006	—	—	—	—	—	148	—
	増減率	—	—	—	—	—	−39.8%	—
DES	2005	24	2	2	0	22	17	5
	2006	34	5	5	0	29	24	5
	増減率	41.7%	150.0%	150.0%	—	31.8%	41.2%	0.0%
DDS	2005	64	22	21	1	42	30	12
	2006	51	14	11	3	37	26	11
	増減率	−20.3%	−36.4%	−47.6%	200.0%	−11.9%	−13.3%	−8.3%
DIPファイナンス	2005	136	41	39	2	94	70	24
	2006	563	82	77	5	481	437	44
	増減率	314.0%	100.0%	97.4%	150.0%	411.7%	524.3%	83.3%
4．担保・保証に過度に依存しない融資等の推進等								
財務制限条項を活用した商品による融資	2005	5,486	3,652	1,650	2,002	1,834	1,380	454
	2006	4,592	2,911	1,121	1,790	1,681	1,485	196
	増減率	−16.3%	−20.3%	−32.1%	−10.6%	−8.3%	7.6%	−56.8%
スコアリングモデルを活用した商品による融資	2005	250,127	61,284	56,544	4,740	178,201	97,687	80,514
	2006	211,854	57,804	54,088	3,716	144,393	85,973	58,420
	増減率	−15.3%	−5.7%	−4.3%	−21.6%	−19.0%	−12.0%	−27.4%
動産・債権譲渡担保融資（売掛債権担保融資を含む。）	2005	23,585	11,728	10,414	1,314	11,661	7,160	4,501
	2006	18,260	10,713	9,090	1,623	7,475	4,188	3,287
	増減率	−22.6%	−8.7%	−12.7%	23.5%	−35.9%	−41.5%	−27.0%
知的財産権担保融資	2005	9	0	0	0	9	—	2

項目	年度	地域金融機関4業態合計 件数	協同組織金融機関 件数	信用金庫件数	信用組合件数	地域銀行 件数	地方銀行件数	第二地銀件数
ノンリコースローン	2006	13	1	1	0	12	—	3
	増減率	44.4%	—	—	—	33.3%	—	50.0%
債権流動化・証券化（CLOを含む。）	2005	347	10	10	0	333	181	152
	2006	285	6	6	0	277	211	66
	増減率	−17.9%	−40.0%	−40.0%	—	−16.8%	16.6%	−56.6%
シンジケートローンの組成（アレンジャー）	2005	3,251	1,171	1,097	74	2,067	1,648	419
	2006	2,941	1,261	1,112	149	1,666	1,361	305
	増減率	−9.5%	7.7%	1.4%	101.4%	−19.4%	−17.4%	−27.2%
シンジケートローンへの参画（融資団）	2005	567	41	41	0	520	450	70
	2006	635	45	45	0	577	494	83
	増減率	12.0%	9.8%	9.8%	—	11.0%	9.8%	18.6%
私募債の引受	2005	7,778	750	701	49	6,984	5,222	1,762
	2006	7,507	999	944	55	6,472	4,606	1,866
	増減率	−3.5%	33.2%	34.7%	12.2%	−7.3%	−11.8%	5.9%
PFIへの融資	2005	3,727	151	149	2	3,504	2,809	695
	2006	3,999	197	196	1	3,710	2,925	785
	増減率	7.3%	30.5%	31.5%	−50.0%	5.9%	4.1%	12.9%
財務諸表の精度が相対的に高い中小企業に対する融資商品による融資	2005	71	17	12	5	54	—	7
	2006	116	28	27	1	88	—	11
	増減率	63.4%	64.7%	125.0%	−80.0%	63.0%	—	57.1%
	2005	19,974	7,806	6,665	1,141	12,163	6,734	5,429
	2006	22,722	6,365	5,557	808	16,347	7,383	8,964
	増減率	13.8%	−18.5%	−16.6%	−29.2%	34.4%	9.6%	65.1%

出所：間下 [2007]（信用中金総合研究所作成）図表1 より作成

を取り上げている。
(1) 創業・新事業支援機能等の強化：5項目
(2) 取引先企業に対する経営相談・支援機能の強化：4項目
(3) 事業再生に向けた積極的取組み：7項目
(4) 担保・保証に過度に依存しない融資等の推進等：12項目

　金融庁は，リレバンを「金融機関が顧客との間で親密な関係を長く維持する

3 信用金庫のリレーションシップ・バンキング 211

表9-2 信用金庫の地域密着型金融の項目別取組状況（全27項目）

	件数・金額が大きい項目	小さい項目
増加傾向	①創業等支援融資商品による融資 ②ビジネスマッチングの成約案件 ③中小企業再生支援協議会の再生計画策定先 ③私的整理ガイドラインに基づく再生計画策定先 ④債権流動化・証券化（CLOを含む） ④シンジケートローンの組成（アレンジャー） ④シンジケートローンへの参画（融資団） ④私募債の引受　　　　　　　　計8項目	①産業クラスターサポートローン ②株式公開支援 ②社債発行支援 ②M&A支援 ③整理回収機構の支援決定先 ③DES ③DIPファイナンス ④知的財産権担保融資 ④PFIへの融資 　　　　　　　　　　　　　計9項目
減少傾向	①政府系金融機関等との協調融資 ④財務制限条項を活用した商品による融資 ④スコアリングモデルを活用した商品による融資 ④動産・債権譲渡担保融資（売掛債権担保融資を含む） ④財務諸表の精度が相対的に高い中小企業に対する融資商品による融資　計5項目	①企業育成ファンドへの出資 ①新連携事業に対する支援 ③企業再生ファンドへの出資 ③DDS ④ノンリコースローン 　　　　　　　　　　　　　計5項目

（注）1．2006年度で200件以下かつ100億円以下の項目を件数・金額が少ない項目，それ以外は件数・金額が多い項目
　　　2．2006年度の計数が2005年度を超える場合を増加傾向，それ以外を減少傾向とし，件数と金額で増減が食い違う場合は，増減率の絶対値が大きい方で判断
　　　3．各項目の番号は，その項目が属する4分野の分野番号に対応
出所：間下［2007］（信用中金総合研究所作成）図表2より転載

ことにより顧客に関する情報を蓄積し，この情報を基に貸出等の金融サービスの提供を行うことで展開するビジネスモデル」と定義しているが，上記4分野28項目がリレバンの個別具体的な項目である。2005年度，06年度における，信用金庫の個別取組項目の内数としての「証券化（CLO）」を除く27項目ごとの実績（実績数値）は以下のとおりである[9]。

（1）件数・金額が大きく増加傾向である項目：8／27

　これは基本的には顧客ニーズが高く，信用金庫にとって積極的に取り組むべき項目である。

(1) 創業等支援融資商品による融資
(2) ビジネスマッチングの成約案件
(3) 中小企業再生支援協議会の再生計画策定先
(4) 私的整理ガイドラインに基づく再生計画策定先
(5) 債権流動化・証券化（CLOを含む）
(6) シンジケートローンの組成（アレンジャー）
(7) シンジケートローンへの参画（融資団）
(8) 私募債の引受

（2）件数・金額が大きいが，減少傾向である項目：5／27

　これは足元のニーズは高いものの，過去2次4年間のアクションプログラムを通じた取り組みで市場が飽和してきている可能性があるものであり，信用金庫が自然体で取り組むべき項目である。
(1) 政府系金融機関等との協調融資
(2) 財務制限条項を活用した商品による融資
(3) スコアリングモデルを活用した商品による融資
(4) 動産・債権譲渡担保融資（売掛債権担保融資を含む）
(5) 財務諸表の精度が相対的に高い中小企業に対する融資商品による融資

（3）件数・金額が小さいが増加傾向である項目：9／27

　この中には本来，潜在ニーズが高くない項目も含まれているが，そうではないものについては，信用金庫の取組手法への習熟や，潜在ニーズの把握が進んだことで増加してきたと見られ，今後も前向きな取り組みが望ましい。
(1) 産業クラスターサポートローン
(2) 株式公開支援
(3) 社債発行支援
(4) M＆A支援
(5) 整理回収機構の支援決定先
(6) DES（デット・エクイティ・スワップ）
(7) DIP（Debtor In Possession：占有継続債務者）ファイナンス

(8) 知的財産権担保融資
(9) PFI（Private Finance Initiative）への融資

(4) 件数・金額が小さく，かつ減少傾向である項目：5／27

これは潜在ニーズが将来的にも小さいものであり，信用金庫にとって無理に取り組む必要のないものである。

(1) 企業育成ファンドへの出資
(2) 新連携事業に対する支援
(3) 企業再生ファンドへの出資
(4) DDS（デット・デット・スワップ）
(5) ノンリコースローン

上記では，件数・金額の大小と前年度増減から，信用金庫の各項目についてのリレバン取組度合いや意義を評価した。中小・地域金融機関4業態の貸出金残高は大きな格差があるので，27個のリレバン取組項目のそれぞれについて，4業態間の取組実績金額のシェアを，貸出金残高の4業態間シェアと比較することで，取り組みぶりを相対評価できる[10]。

本書では，信用金庫のリレーションシップの尺度として，定期積金／預金積金合計，（10年超の貸出金＋期間の定めのない貸出金）／貸出金合計，信用（無担保・無保証）に基づく貸出／貸出金合計の3つを取り上げている。「定期積金／預金積金合計」は信用金庫の預金取引におけるリレーションシップの尺度であり，「（10年超の貸出金＋期間の定めのない貸出金）／貸出金合計」と「信用（無担保・無保証）に基づく貸出／貸出金合計」は信用金庫の貸出取引におけるリレーションシップの尺度である。信用金庫のリレーションシップの3つの尺度のうち，「定期積金／預金積金合計」と「（10年超の貸出金＋期間の定めのない貸出金）／貸出金合計」の相関係数は－0.091，「定期積金／預金積金合計」と「信用（無担保・無保証）に基づく貸出／貸出金合計」の相関係数は0.160，「（10年超の貸出金＋期間の定めのない貸出金）／貸出金合計」と「信用（無担保・無保証）に基づく貸出／貸出金合計」の相関係数は－0.152である。

本書では，2個の変数（リレーションシップ預金度＝定期積金／預金積金合

表9-3　地域密着型金融の取組項目別実績の業態間シェア

(単位：%)

項目	信用金庫	地方銀行	第二地銀	信用組合
1．創業・新事業支援機能等の強化（金額ベース）				
創業等支援融資商品による融資	47.0	29.4	14.0	9.4
企業育成ファンドへの出資	24.9	55.3	16.7	0.2
政府系金融機関等との協調融資	32.0	55.9	10.5	1.6
産業クラスターサポートローン	22.0	58.3	5.2	11.1
新連携事業に対する支援	43.6	45.9	10.0	0.5
2．取引先企業に対する経営相談・支援機能の強化（件数ベース）				
ビジネスマッチングの成約案件	17.7	64.6	11.1	0.9
株式公開支援	11.9	73.8	4.8	0.0
社債発行支援	4.3	74.4	18.9	0.0
M&A支援	17.9	64.9	14.5	0.7
3．事業再生に向けた積極的取組み（金額ベース）				
中小企業再生支援協議会の再生計画策定先	17.0	—	13.4	0.6
整理回収機構の支援決定先	1.8	82.7	15.5	0.0
私的整理ガイドラインに基づく再生計画策定先	19.6	—	—	0.0
企業再生ファンドへの出資	9.3	81.7	7.0	1.9
DES	2.9	88.0	9.1	0.0
DDS	13.5	63.8	21.8	0.8
DIPファイナンス	32.9	43.8	23.0	0.3
4．担保・保証に過度に依存しない融資等の推進等（金額ベース）				
財務制限条項を活用した商品による融資	20.7	61.4	13.4	4.5
スコアリングモデルを活用した商品による融資	25.8	41.1	25.8	1.6
動産・債権譲渡担保融資（売掛債権担保融資を含む）	32.4	42.3	18.7	5.3
知的財産権担保融資	3.3	—	21.3	0.0
ノンリコースローン	0.7	71.2	26.8	0.0
債権流動化・証券化（CLOを含む）	10.0	72.0	12.6	1.3
シンジケートローンの組成（アレンジャー）	2.4	82.7	9.9	0.0
シンジケートローンへの参画（融資団）	5.7	76.6	17.0	0.3
私募債の引受	3.6	79.4	14.5	0.0
PFIへの融資	11.6	—	5.9	0.0
財務諸表の精度が相対的に高い中小企業に対する融資商品による融資	18.9	29.6	47.8	3.6

(注)　1．地方銀行，第二地銀（2007年3月末）はそれぞれ地銀協，第二地銀協資料により，それ以外は金融庁資料が出所（シェアの分母となる地域金融機関合計に埼玉りそな銀行を含む）
　　　2．「2．取引先企業に対する経営相談・支援機能の強化」の4項目は件数によるシェアで，他はすべて金額によるシェア

出所：間下［2007］（信用中金総合研究所作成）図表12より転載

計，リレーションシップ貸出度＝信用（無担保・無保証）に基づく貸出／貸出金合計）から，両者を代表する1つの「総合的リレーションシップバンキング指標（リレバン度）」（合成変量）を算出しているが，リレバン度はもっぱらリレーションシップ貸出度であることが分かった。

4　信用金庫のリスク管理：尼崎信用金庫

　金融の自由化・国際化・証券化の進展や金融・情報通信技術の進歩により，信用金庫のビジネスはハイリスク・ハイリターン型化し，経営管理態勢の強化のための課題として，「法令等遵守（コンプライアンス）に向けた取り組みの強化」，「リスク管理」，「経営の透明性の向上」の3つが挙げられている。

　信用金庫が直面しているリスクは，金融環境の変化に伴って多様化・複雑化し，それは「信用リスク」，「市場リスク」，「流動性リスク」，「オペレーショナル・リスク」に大別されている。信用金庫が直面しているオペレーショナル・リスクはさらに「事務リスク」，「システムリスク」，「有形資産リスク」，「人的リスク」，「風評リスク」，「法務リスク」に区分されている。

　貸出先の経営状態が悪化し，貸出金などの元利金が約定どおりに回収できなくなる危険性は「信用リスク」と呼ばれ，信用リスクを定量的に把握し，その信用リスクに応じた貸出条件の設定などによってリスク量をコントロールすることは「信用リスク管理」と呼ばれている。信用リスク管理の手順は次のとおりである。

(1) 貸出先企業・貸出プロジェクトの格付け

　財務内容や定性的項目（技術力，販売力，受注先の信用度，業界動向など）をもとに貸出先企業・貸出プロジェクトの信用力を測り，それに応じた格付けを行う。

(2) 貸出の予想損失額の算出

　1つ1つの貸出について，過去のデータをもとにデフォルト（債務不履行）が発生する確率と，貸出金のうちデフォルトによって回収不能になる割合を推

計して，予想損失額を算出する。
(3) 貸出金利の設定

　個々の貸出について，予想損失額をカバーできるだけの貸出金利を算出する。
(4) 貸出全体（貸出ポートフォリオ）の質の向上

　1つ1つの貸出を業種・地域などによって分類・整理し，何らかの偏りがあれば，それを是正することでリスクの分散を図り，貸出全体（貸出ポートフォリオ）の質を向上させる。

　本章では，例示として，尼崎信用金庫のリスク管理体制を概説する。尼崎信用金庫は，理事会のもとに，リスク管理のために「総合リスク管理委員会」，「与信審査会」，「債務者区分判定審査会」，「資産査定検討委員会」，「新規商品等判定審査会」などといった各種委員会を設け，「リスク統括部」が各リスクを管理する管理部署を統括管理している。

① 信用リスク

　信用リスクとは，取引先の財務状況の悪化などにより，貸出金などの資産の価値が減少ないし消失し，損失を被るリスクのことであり，審査第1部，審査第2部，審査第3部，資金証券部，国際部，管理部，経営改善室，ローンセンターによってリスク管理されている[11]。尼崎信用金庫は，貸出資産管理規程，信用リスクに関する管理諸規程に従い，貸出金について，個別案件ごとの与信審査，与信限度額，信用情報管理，保証・担保の設定，問題債権への対応など与信管理に関する体制を整備し運営している。貸出金などの資産内容の自己査定は各営業店，審査部門，監査部門で3回行われている。信用格付制度などに基づいて，貸出金の信用リスクを計量化している。また，コンサルティング機能の強化を図ることにより，取引先の経営改善・事業拡大などの支援を行っている。

② 市場リスク

　市場リスクとは，金利，有価証券の価格，為替レートなどの変動により，保有する資産の価値が変化し，損失を被るリスク，すなわち金利リスク，価格変

動リスク,為替リスクとこれらに付随する信用リスク等の関連リスクの総称であり,資金証券部,国際部,リスク統括部によってリスク管理されている。尼崎信用金庫は,総合リスク管理委員会において決定したALMに関する方針に基づいて,金利の変動リスクを管理している。日常的には,総合企画部において,金融資産・負債の金利や期間を総合的に把握し,ギャップ分析や金利感応度分析などによりモニタリングを行い,総合リスク管理委員会に報告している。また,ALMにより,金利の変動リスクをヘッジするための金利スワップによるデリバティブ取引を行っている。尼崎信用金庫は,総合リスク管理委員会の方針に基づき,余裕資金運用基準・余裕資金運用方針に従って,有価証券を含む市場運用商品の価格変動リスクの管理を行っている。また,日々の持高管理の中で,総合持高を確認することにより,為替レートの変動リスクの管理を行っている。

③ 流動性リスク

流動性リスクとは,予期せぬ現金の流出により,通常よりも著しく高い金利での資金調達を余儀なくされたり,通常より著しく不利な価格での取引を余儀なくされることにより損失を被るリスク,すなわち市場流動性リスクと資金繰りリスクの総称であり,資金証券部,国際部によってリスク管理されている。尼崎信用金庫は,ALMをとおして,適時に資金管理を行うほか,資金調達手段の多様化,市場環境を考慮した長短の調達バランスの調整などによって,流動性リスクの管理を行っている。

④ オペレーショナル・リスク

尼崎信用金庫は,オペレーショナル・リスクを金融庁告示第307条のオペレーショナル・リスク(信用金庫業務の過程,役職員の活動もしくはシステムが不適切であることまたは外生的な事象により損失が発生しうる危険)に風評リスクを加えたものと定義している。事務リスクとシステムリスクは事務部,有形資産リスクは総務部,人的リスクは人事部,風評リスクは総合企画部,お客様相談室,法務リスクは法務室によってそれぞれリスク管理されている。事務リスクは役職員が事務を怠る,あるいは事故・不正等を起こすことにより損失を被るリス

218　第9章　中小企業金融機関としての信用金庫

クである。システムリスクはコンピュータシステムのダウンまたは誤作動等，システムの不備等により損失を被るリスクであり，コンピュータ等のオープンシステムの利用により損失を被る情報セキュリティリスクを含んでいる。有形資産リスクは災害その他の事象から生じる有形資産の毀損・損害を被るリスクである。人的リスクは人事運営上の諸問題および差別的行為（セクシュアルハラスメント等）から生じる損失・損害を被るリスクである。風評リスクはインターネットや携帯電話の掲示板，メール等による評判の悪化や風説等の流布，

図9-2　尼崎信用金庫の組織図

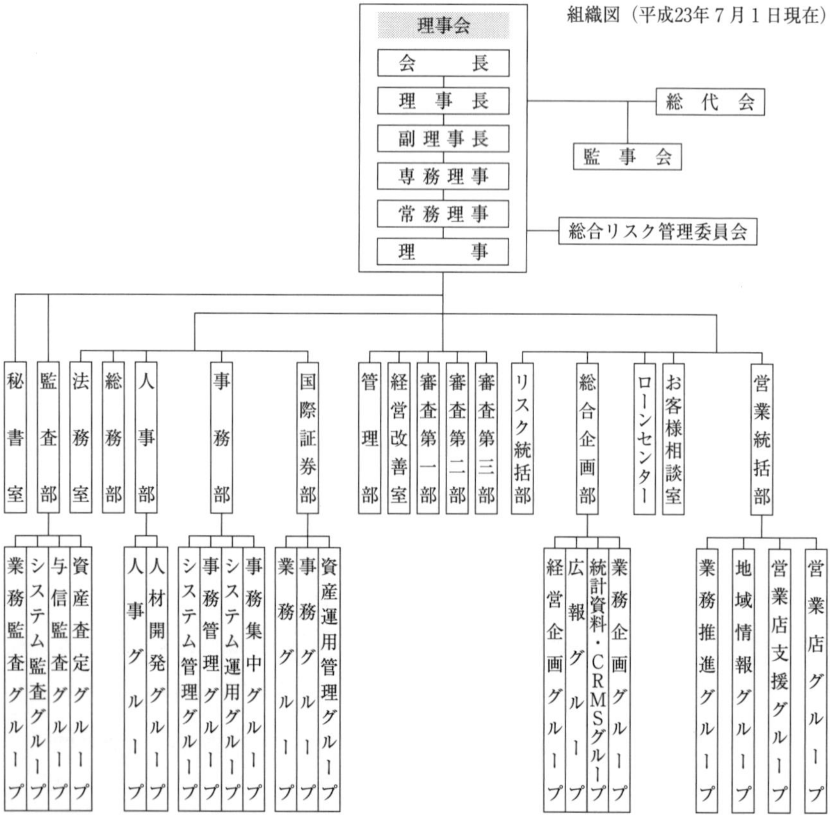

組織図（平成23年7月1日現在）

```
                         ┌─────────┐
                         │ 理事会  │
                         ├─────────┤
                         │ 会　長  │
                         ├─────────┤
                         │ 理事長  │──────── 総代会
                         ├─────────┤
                         │副理事長 │──────── 監事会
                         ├─────────┤
                         │専務理事 │
                         ├─────────┤
                         │常務理事 │──────── 総合リスク管理委員会
                         ├─────────┤
                         │ 理　事  │
                         └─────────┘
```

部署：秘書室／監査部／法務室／総務部／人事部／事務部／国際証券部／管理部／経営改善室／審査第一部／審査第二部／審査第三部／リスク統括部／総合企画部／ローンセンター／お客様相談室／営業統括部

各グループ：
- 秘書室：業務監査グループ
- 監査部：システム監査グループ／与信監査グループ／資産査定グループ
- 人事部：人材開発グループ／人事グループ
- 事務部：システム管理グループ／事務集中グループ／事務グループ
- 国際証券部：資産運用管理グループ
- 総合企画部：経営企画グループ／広報グループ／統計資料・CRMSグループ／業務企画グループ
- 営業統括部：業務推進グループ／地域情報グループ／営業店支援グループ／営業店グループ

出所：尼崎信用金庫『Disclosure 2012（尼崎信用金庫の現況）』より作成

図9-3 尼崎信用金庫のリスク管理体制

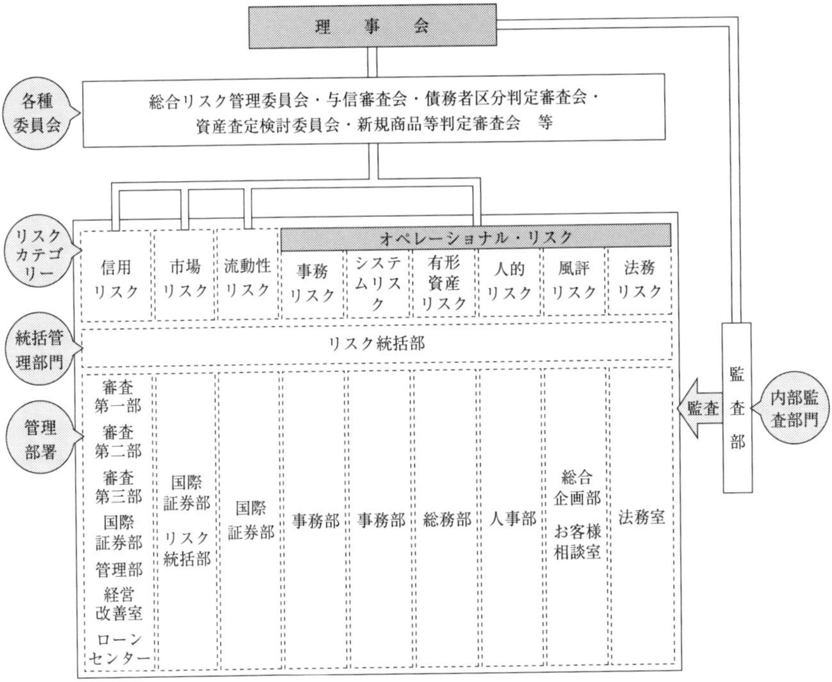

理事会

各種委員会：総合リスク管理委員会・与信審査会・債務者区分判定審査会・資産査定検討委員会・新規商品等判定審査会 等

リスクカテゴリー：信用リスク／市場リスク／流動性リスク／オペレーショナル・リスク（事務リスク／システムリスク／有形資産リスク／人的リスク／風評リスク／法務リスク）

統括管理部門：リスク統括部

管理部署：審査第一部／審査第二部／審査第三部／国際証券管理部／経営改善室／ローンセンター／国際証券部リスク統括部／国際証券部／事務部／事務部／総務部／人事部／総合企画部 お客様相談室／法務室

内部監査部門：監査部 → 監査

出所：尼崎信用金庫『Disclosure 2012（尼崎信用金庫の現況）』より作成

あるいはマスコミの誇大報道による顧客離れや取引離反等によって損失を被るリスクである。法務リスクは法令や内部規程等のルールを逸脱した行為により，訴訟等による金銭的な損失を被る，あるいは社会的評価や信頼を損なうことによって損失を被るリスクである。

5　信用金庫貸出と「担保 vs. 保証」

高橋［2002］は，借手のモラルハザードを防止する策として，4つの「罰則的なモラルハザード防止策」と1つの「インセンティブを与えることによるモラルハザード防止策」を取り上げている。

図9-4　尼崎信用金庫の資本配賦の仕組み

リスク種類別に資本を配賦しその範囲内でリスクコントロール

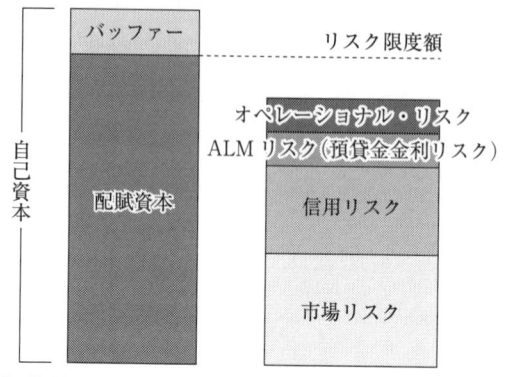

自己資本
- バッファー
- 配賦資本

リスク限度額
- オペレーショナル・リスク
- ALMリスク（預貸金金利リスク）
- 信用リスク
- 市場リスク

出所：尼崎信用金庫『Disclosure 2012（尼崎信用金庫の現況）』より作成

(1) 罰則的なモラルハザード防止策

① 資金使途の制限

融資審査は「使途分析に始まり使途分析に終わる」と言われている。貸手と借手が合意した資金使途に限定し，貸手が望まないハイリスク・ハイリターン型の資金使途を避ける。

② 財務状態の健全性をある一定レベル以上に維持させる

財務状態が健全である借手ほどモラルハザードを起こさないので，借手に3カ月ごとに財務諸表を提出させ，健全性の指標（例えば，自己資本比率）が一定レベルを下回ったときには残高の一括弁済を請求できる特約条項を盛り込む。

③ 担保や連帯保証人を要求する

比較的小規模なオーナー企業であれば，担保物件が代表者の個人資産であるケースが多いので，モラルハザードによる失敗は個人資産を失うことにつながる。連帯保証人も同じ事業地区（コミュニティ）の人であれば，保証人に迷惑をかけることはコミュニティに住みにくくなることを意味するので，モラルハザードに対して大きな抑止力になる。

④ 貸手に対する情報提供を義務づける

　財務内容はもちろんのこと，代表者や住所等についても変更次第ただちに届ける特約条項を盛り込む。

(2) インセンティブを与えることによるモラルハザード防止策
⑤ 継続取引（リレーションシップ）を前提とした貸手と借手の関係構築

　借手は継続取引関係を円滑にするために約定どおり返済しようとする。貸手は日常取引の積み重ねから取引先などの情報，資金繰りの実態，代表者の能力や人柄を知ることができるので，継続取引から得られる情報を活用することによって，情報の非対称性を克服する費用を引き下げることができる。

　全国の財務局・財務事務所の職員が，財務行政モニター253名，その他111名（商工関係者239名，消費者47名，学識経験者38名，マスコミ関係者22名，その他18名）に2003年2月中旬ヒアリングを行い，ヒアリング結果は「財務行政モニター等に対するヒアリング結果の概要について」（金融庁）として公表されている。「顧客から見た中小・地域金融機関について」のうち「無担保融資への取組みについて」のヒアリング結果（括弧内は回答件数である）は以下のとおりである。

(1) 担保・保証重視で取組みが消極的，不十分。会社の将来性や技術力を評価して融資を行うなど積極的に取り組んで欲しい。(84)
(2) 無担保融資の取組みに当たっては，企業の経営力，技術力，成長性等を的確に評価できるよう，審査能力の向上が不可欠。(54)
(3) 無担保融資を利用するにはハードルが高い。(8)

　金融審議会金融分科会第二部会［2003］は，中小・地域金融機関の現状を「経営内容や事業の成長性などリレーションシップの中から得られる定量化が困難な情報を活用した融資が十分に行われておらず，むしろ担保や保証に過度に依存しているのではないか。また，キャッシュフローの見込めない個人に保証を求めるなど，担保・保証の取り方や評価方法に問題があるのではないか。」，「融資後もリレーションシップを通じてキャッシュフローの情報等を適

切にモニタリングすることにより，経営指導，経営支援を親身になって行うといった適切な対応が十分になされていないのではないか。」と評価し，なぜ中小・地域金融機関が担保・保証に過度に依存しているのかの背景として，「担保や保証への依存の背景には，担保・保証を取れば健全な融資であり，担保・保証を取らなければ健全な融資とはいえないという金融機関，司法を含めた社会全体の認識があったことは否定できない。」と指摘している。また，金融庁は，担保・保証がモニタリング費用低減効果，中小企業経営者への規律づけ効果を持つとは言え，資金供給の隘路になることから不動産担保依存からの脱却を提言し，「担保・保証のもつ効果は是とした上で，それへの過度の依存を防ぐこと」，「不動産担保に替わる売掛債権担保，動産担保，知的担保」，「保証については第三者保証の廃止」，「包括保証の上限設定」，「本人保証の上限・割合設定」といった5項目を検討課題として挙げている。

担保・保証は，一方で中小企業をして，より有利な借入条件での借入を行わせることができ，他方で信用金庫をして，担保・保証つきの資産の価値をより低い費用で評価させることができるので，金融仲介費用を低下させる。担保・保証がなければ，中小企業は，情報の不透明性により，信用割当を受けたり，相対的に不利な借入条件のみでの借入を行わざるをえないし，信用金庫は継続中の事業の価値を相対的に高い費用で評価せざるをえない[12]。

Berger and Udell [1998] は，内部担保（inside collateral：企業内で保有され，担保として差し入れている資産）と外部担保（outside collateral：企業外で保有され，担保として差し入れている資産）を区別し，中小企業金融にとっては外部個人担保と保証が重要であると論じている。保証は外部個人担保（典型的なものとして，企業のオーナーの個人資産）の差し入れと類似しているが，Berger and Udell [1998] は，「保証人の負債は任意の特定の資産に限定されていないので，保証は担保差し入れよりは広い請求権である」，「保証人の資産を売却することを妨げることができないので，保証は担保差し入れよりは弱い請求権である」といった2点で異なっていると指摘している[13]。

補論　信用保証に関する先行研究のサーベイ

　不完全情報下の政策金融効果のモデルには，「逆選択モデル：事前」(Chaney and Thakor [1985]，Mankiw [1986]，Gale [1990] [1991])，「モラルハザード・モデル：事後」(Chaney and Thakor [1985])，「Costly State Verification Model：事後」(Williamson [1994])，「Costly Screening Model：事前」(Williamson [1994]) などがある[14]。

　Chaney and Thakor [1985] は，2期間モデルを構築し，資金調達難に直面している企業への信用保証の潜在的なインセンティブ効果を検討している。主要な結論は次のものである。

(1) 企業は信用保証制度が利用可能であることを知っていると，レバレッジ度がより高い資金調達構造と，リスクがより高い投資プロジェクトを採用したがる。

(2) 信用保証制度による政府の実際の負債は想定されている大きさよりずっと大きい。

(3) 政府は信用保証制度を廃止するか，信用保証を与えている貸出債権を流動化する機関を設立することを提案している。

　Mankiw [1986] は，貸手・借手間の情報の非対称性下の貸出市場における信用の配分を検討し，①信用の配分は非効率であり，しばしば政策金融によって効率改善されうる。②外生的リスク・フリー利子率の小さな変化は信用の配分と市場均衡の効率性の大きな変化を引き起こす，といった2つの結論から，政策金融（最後の貸手としての政府）の役割を主張している。信用保証制度下では，「危険資産（中小企業への貸出金）の粗収益率＝安全資産の粗利子率」であり，貸手が安全資産の粗利子率（ρ）で中小企業に対する貸出を行うことを意味する。このとき，社会的観点からは効率的であるが，実行可能ではない領域は消える。すなわち，社会的観点から効率的である投資プロジェクトはすべて実行可能である。政府が市場の失敗を有効に是正することができる理由は，政

府(政策金融機関)が民間の貸手(銀行)とは異なった情報を必要とするということである。返済確率(あるいは債務不履行確率)で分類された借手が多様であればあるほど,市場の失敗はよりきびしく,政府介入(政策金融)の便益がより大きい。

Gale [1990] の政策金融モデルにおいては,政策金融手段として,直接貸出,信用保証,利子補給の3つを取り上げ,政府は民間金融機関と同じ情報を有していると仮定されている。結論は次のとおりである。

(1) 補助金を伴わない政策金融は信用市場(貸出市場)に何らの効果ももたらさない。
(2) 利息軽減のための補助金は,信用度の低さを原因として信用割当を受けている借手には支援効果をほとんど有しない。
(3) 信用保証は金融機関(貸手)の期待収益率を高めるので,信用保証は信用割当を受けている借手にも,受けていない借手にも支援効果を有している[15]。
(4) 1つの対象借手グループへの補助金を伴う政策金融は他の対象借手グループを押しのけるので,補助金を伴う政策金融はある程度は,たんに対象借手の間の信用の再配分を行っているにすぎない。補助金を伴う政策金融を行うと,一方で1つの対象借手グループへの貸出量が増え,他方でクラウドアウトされた他の対象借手グループの貸出申し込みが増える。すなわち,補助金を伴う政策金融は補助金を伴う政策金融に対する需要をさらに増大させる。
(5) 金融機関の私的収益率と社会的収益率との間に乖離があるので,市場の失敗を是正するための,政策金融の存在意義がある。

Gale [1991] の民間金融機関の預金・貸出市場モデルにおいては,政策金融の対象になっている各グループに対する貸出市場は,貸出供給(S)と有効貸出需要の相対的大きさに依存して,需給均衡,信用割当,信用排除によって特徴づけられている。Gale [1991] は米国の政策金融(直接貸出,信用保証,利子補給)の信用水準・配分への影響に関するシミュレーション分析を行い,その結果は次のとおりである。

(1) 貸出供給の預金利子率弾力性が高いときには，政策金融は民間借入を増大させる。政策金融のための借入が民間借入を押しのけることはない。政策金融は政策金融の対象になっていない借手の借入を減少させる。政策金融は政策金融の対象になっている借手の借入を増大させる。
(2) 貸出供給の預金利子率弾力性が低いときには，政策金融は民間借入をすべての貸出市場が需給均衡しているケースでは微減させ，免税対象者，住宅の貸出市場が需給均衡し，農業，学生，小企業が信用排除されているケースでは微増させる。政策金融は政策金融の対象になっていない借手の借入を減少させる。政策金融は政策金融の対象になっている借手の借入を増大させる。
(3) 政策金融は，貸出供給の預金利子率弾力性の大小のいかんにかかわらず，政策金融の対象になっている借手の借入を増大させる。

Williamson [1994] は，Costly State Verification Model [コストを負担すれば，ex-post の情報（プロジェクトの収益）の非対称性を解消できるモデル] と Costly Screening Model [コストを負担すれば，ex-ante の情報（借手のタイプ）の非対称性を解消できるモデル] の2つのモデルを用いて，政策金融の信用配分（所得配分）への効果を分析している。Williamson [1994] は，Costly Screening Model のもとでの「政策金融による直接貸出（direct govenment loans）」と「政策金融による信用保証」の2つの政策金融手段の利子率および信用配分（所得配分）への効果はゼロであると結論づけ，「民間金融機関からの借入を拒否された借手に対する，政策金融機関の貸出」と「政策金融機関からの補助金付きの貸出」の2つの政策金融手段の信用配分（所得配分）への効果を検討している[16]。

不完全情報下の政策金融効果の Costly State Verification Model の結論は次のとおりである。
(1) 信用割当がないときの，「信用保証のないケース vs. 信用保証のあるケース」を検討すると，両ケースは同じである。すなわち，信用割当がない状況下，信用保証制度を導入しても，何らの効果ももっていない。
(2) 信用割当があるときの，「信用保証のないケース vs. 信用保証のあるケー

ス」を検討すると，両ケースは異なる．すなわち，信用割当が存在する状況下，信用保証制度を導入すると，貸出金は増大し，貸出利子率は下落する．
(3) 信用割当が存在する状況下での信用保証制度の導入は貸手，借手の経済厚生をともに低める．信用保証制度が貸手，借手の経済厚生を低めないようにするには，信用保険料を一定ではなく，信用リスクに比例するように設定することである．

（1）大企業と中小企業の中間に位置するものとして，中堅企業という言葉がある．日本銀行「企業短期経済観測調査」や財務省「景気予測調査」などでは，大企業，中堅企業，中小企業の3つに分けて統計データを公表しているが，法律上は中堅企業に関する定義はない．村上［2002］は，中小企業の社会的な役割として，雇用の担い手，競争の担い手，成長産業の創出の担い手，多様化するニーズの担い手，地域経済の担い手，社会的分業構造の担い手（下請け企業）の6つを挙げている．
（2）本統計データは，『中小企業白書』での分析のために，中小企業庁事業環境部企画課調査室が実施した「企業資金調達環境実態調査」（2001年），「金融環境実態調査」（2002年），「企業金融環境実態調査」（2003年）の中の1つである．それは「貸し渋り」，「貸し剥がし」といった金融機関の厳しい貸出態度が問題になっていた中で始められた中小企業庁の調査であり，中小企業を中心とする15,000社に対して，取引金融機関の数，メインバンクとの関係，担保・保証の提供状況，支払っている短期金利などをアンケートで尋ねたものである．毎年，7,000〜9,000社が回答し，その中の約3,000社が3年間の調査期間中継続して回答している．『中小企業白書』では，各調査年ごとのクロスセクション分析がほとんどであり，パネルデータ分析は行われていない．
（3）『中小企業白書（平成13年度）』は，企業の直接金融の実施状況などについて，次のファクト・ファインディングスを指摘している．①『会社四季報（2002年初春版）』によれば，株式公開済企業3,585社のうち，従業員300人以下の企業数は1,171社である．1999年の中小企業数（会社ベース）が1,645,154社であることを考えると，株式公開を行っている中小企業は中小企業全体の中で0.71％にすぎない．②規模（従業員ベース）が小さくなるほど，直接金融を不実施かつ利用もしたくない企業の割合が高くなる．
（4）中小企業に対する資金供給は，明示的か否かを問わず，一定水準の金額が長期固定融資され続けているということからエクイティの性質を有し，自己資本比率の低さを補完する役割を果たしている．
（5）中小企業は資金調達に支障をきたしていると言われているが，キャッシュフローで見た有利子負債の必要返済年数は長く，中小企業の内実は過剰債務である．
（6）「信用金庫の独自性を生かせ」と主張する学者は，信用金庫は中小企業・個人等専門金融機関に徹すべきであると論じている．例えば，中小企業・個人等専門金融機関について，原［1990］は「業法によって，金融機関の特性を決める時代は終わって，経営者の自主的判断によって比較優位の分野を確立し，自行の特性を発揮する時代を迎えつつある．」(p. 81) と指摘している．

(7) 私は，2011年にリレーションシップ・バンキングについてのアンケート調査を行ったことがあるが，回答率はメガバンクはゼロ，地方銀行，第二地方銀行は10%弱程度であったのに対して，信用金庫は63%であった。A. Marshall and M. P. Marshall『産業経済学』の第3編「第9章 協同組合」は「組合が支払う利子と受取る利子との差額は，ほぼ常に，全経費と損失を控除したのちに，資本にたいしきわめて大きな利潤を十分にもたらすものである。(中略) 損失が大きくないのは，協同組合の原則が，他の構成員による，各組合員の性格と行動についての，絶えざる審査に全面的に適用されているからであり，しかもかれらの多くは借り手になる構成員の隣人であり，かれについてあらゆることを知っているからである。ある人が入会に応募するときばかりでなく，その後その人が借り入れを希望するときも，高い審査基準が引き続き維持される。さらにいかなる貸付けも3カ月以上にわたってはなされないのだから，審査手続きが常時行われる。」(訳書 pp. 273-274) と述べ，これは協同組織金融機関がリレバンに適していることを意味している。

(8) 金融庁は，一方で，大手金融機関に対しては，2002年10月「金融再生プログラム」を策定し，他方で，中小・地域金融機関に対しては，03年（平成15年）3月28日に「リレーションシップバンキングの機能強化に関するアクションプログラム」，05年（平成17年）3月29日に「地域密着型金融の機能強化の推進に関するアクションプログラム」をそれぞれ策定した。

(9) ただし，「債権流動化・証券化（CLOを含む）」，「シンジケートローンへの参画（融資団）」，「スコアリングモデルを活用した商品による融資」などをリレバンの個別具体的な項目とするのは疑問ありである。

(10) 金融審議会金融分科会第二部会 [2003] は，協同組織金融機関のリレバンへの取り組みは規模の格差，限定された地区内の地域経済の状況などから業態内で二極化傾向していると指摘している。ただし，村本 [2007] は「いわゆるリレバンのチェックシートは必ずしも信用金庫の対象顧客である小規模層にはフィットしない手法も多く，代表的な手法を件数で見ても，信用金庫での活用例は多いものではない。」(p. 2) と指摘している。

(11) 信用リスクは有価証券の発行体の信用リスクおよびデリバティブ取引のカウンターパーティーリスクを含んでいる。

(12) 信用金庫の嚆矢である「産業組合法に基づいた信用組合」は，相互扶助の精神で，中産以下の農工業者に対して，組合員の勤勉な生活態度を評価して，無担保の金融事業を行う人の集合体として制度設計された。産業組合法に基づく信用組合は，中産以下の人民に対して，「対人信用」に基づく貸付（無担保融資）を行う，「人の結合体」である。

(13) Berger and Udell [1998] は，外部担保は第1に事前の情報の非対称性問題を軽減し，逆選択問題を解決するのに役立つ，第2に事後の情報の非対称性問題を軽減し，企業者のモラルハザードを弱めると指摘している。また，内部担保（売り掛け債権や在庫）は過小投資問題を軽減すると指摘している。

(14) Costly State Verification Model は借手（企業）の収益率を事後に証明する費用を取り上げているのに対して，Costly Screening Model は借手（企業）を事前にスクリーニングする費用を取り上げている。Costly State Verification Model については，Townsend [1979], Diamond [1984], Williamson [1986] [1987], Gale and Hellwig

[1985] を参照されたい。Costly State Verification Model は情報の非対称性によって均衡信用割当（非効率）を生むモデルである。Costly Screening Model については，Wang and Williamson [1993] を参照されたい。Costly State Verification Model が事後の情報の非対称性を取り扱っているのに対して，Costly Screening Model は事前の情報の非対称性を取り扱っている。両モデルの共通点は，1つは費用をかければ，借手（企業）に関する私的情報を知ることができることであり，もう1つは貸手と企業（借手）との間の最適契約形態が負債契約であることである。

(15) 借手支援に，利息軽減のための補助金が有効でなく，信用保証が有効であることは，借手が信用割当を受けていることを示している。

(16)「政策金融による直接貸出（direct govenment loans)」と「政策金融による信用保証」の2つの政策金融手段は借手に対するインセンティブに影響を及ぼさないが，「民間金融機関からの借入を拒否された借手に対する，政策金融機関の貸出」と「政策金融機関からの補助金付きの貸出」の2つの政策金融手段は借手に対するインセンティブに影響を及ぼす。

第10章　信用金庫の貸出金利決定

　全国の財務局・財務事務所の職員が，財務行政モニター253名，その他111名（商工関係者239名，消費者47名，学識経験者38名，マスコミ関係者22名，その他18名）に2003年2月中旬ヒアリングを行い，ヒアリング結果は「財務行政モニター等に対するヒアリング結果の概要について」（金融庁）として公表されている。「顧客から見た中小・地域金融機関について」の中の「信用リスクに応じた貸出金利の設定について」のヒアリング結果（括弧内は回答件数である）は次のとおりである。

(1) 信用リスクに応じた金利の設定はやむをえない。(76)
(2) 信用リスクに応じた金利の設定はやむをえないが，金利の引上げに当たっては，当該企業に対する評価，金利上乗せの根拠等について納得のいく説明が必要。(47)
(3) 中小企業の厳しい現状等を踏まえると，貸出金利の引上げには問題がある。納得できない。(29)

1　金融仲介機関の経営目標と貸出条件：普通銀行 vs. 協同組織金融機関

　協同組織金融機関の経済的特質は「利用・所有・経営の三位一体性」，「特定利用者の共同によるサービス供給」，「相互扶助組織」の3つである。金融庁は，民間金融機関に対して，借手のリスク度に比例して貸出金利を設定するように指導し，銀行は借手のリスク度に比例して貸出金利を設定している。しかし，村本[2010]は，協同組織金融機関は，高リスク借手に対して割安の貸出金利，低リスク借手に対して割高の貸出金利をそれぞれ設定し，高リスク借手，低リ

スク借手それぞれに互助の意識がなくても,結果としては,協同組織金融機関の理念である相互互助を実現すべく,低リスク借手から高リスク借手への利子負担補償のための移転を行っていると指摘している。

Smith and Stutzer [1990] は,普通銀行 (nonmutual lenders) においては顧客と株主は異なった人であり,利益は株主への配当として銀行の外部へ流出するが,協同組織金融機関 (mutual lenders) においては顧客(借手)と出資者は同じ人であり,利益は顧客・出資者への配当として金融機関内部で分配されるととらえ,nonmutual lenders の戦略変数は貸出量と貸出金利の2つであるが,mutual lenders の戦略変数は貸出量,貸出金利および顧客・出資者への配当率の3つであるとモデル設定している。Smith and Stutzer [1990] は協同組織金融機関の顧客・出資者への配当を利益の一定割合とモデル化しているが,滝川 [2011] は協同組織金融機関の組合員は利用するために出資し,かつ運営に参加しているので,出資者への還元は利益ではなく利用に応じてなされるとモデル化している[1]。

Smith and Stutzer [1990] モデルの仮定は次のとおりである。

(1) 2期間 (t=1, 2) モデルである。2つのタイプの借手グループ (i=H, L) と貸手グループがいる。経済には θ の割合でHタイプの借手グループ,$(1-\theta)$ の割合でLタイプの借手グループがいる。Hタイプの借手グループは高リスク借手,Lタイプの借手グループは低リスク借手である。1人の借手の第1期の所得はゼロであるが,第2期の所得はwである。ただし,w (w=y, 0) は確率変数である (y>0)。

(2) 借手は第1期に借り入れを行い,第2期に返済する。s (s=B, G) は攪乱項(貸出市場におけるリスク)であり,$\pi(s)=$sが生起する確率とする。$0 \leq \pi(s) \leq 1$ であり,$\pi(B)+\pi(G)=1$ である。sがB, Gのいずれの値をとるかは,借入が生じる第1期には未知であり,第2期に実現する。$p_i(s)=\text{Prob}(w=y|s)$,$1-p_i(s)=\text{Prob}(w=0|s)$ とし,$p_H(s)<p_L(s)$ である。また,Bは所得環境について悪い状態,Gは所得環境について良い状態とすると,$p_i(B)<p_i(G)$ である。第2期の借手の所得は観察可能であり,もしw=y

1　金融仲介機関の経営目標と貸出条件：普通銀行 vs. 協同組織金融機関　231

であれば，借入は返済される。しかし，もし $w=0$ であれば，借入は返済できず，借手は破産（債務不履行）である。

(3) タイプ i ($i=H$, L) の借手の効用関数は，

$$U_i = U_i(c^i_1, c^i_2) = \beta_i c^i_1 + c^i_2$$

であり，ここで，$\beta_i > 1$ である。H タイプの借手（高リスク借手）はより現在消費を重視し，L タイプの借手（低リスク借手）はより将来消費を重視するので，$\beta_H > \beta_L$ である。

(4) $\beta_H > \beta_L$ であるので，$(\beta_H / \beta_L) > 1$ である。

$$(\beta_H / \beta_L) > \{\Sigma \pi(s) p_H(s) / \Sigma \pi(s) p_L(s)\}$$

つまり，

$$(\beta_H / \beta_L) > \{\pi(B) p_H(B) + \pi(G) p_H(G)\} / \{\pi(B) p_L(B) + \pi(G) p_L(G)\}$$

と仮定する。

(5) 銀行の戦略変数は貸出量と貸出金利の 2 つである。$x_i=$ 第 i タイプ（$i=H$, L）の借手への貸出量，$R_i=$ 第 i タイプ（$i=H$, L）の借手への粗貸出金利とし，1 つの銀行は 1 組だけの（R, x）の提示を行う。各借手は提示された（R_i, x_i）全体の中から 1 組だけの（R_i, x_i）を選ぶ。もし銀行が（R_i^*, x_i^*）とは異なる他の（R_i, x_i）を提示するインセンティブをもっていないのであれば，すなわち（R_i^*, x_i^*）とは異なる他の（R_i, x_i）を提示してもより高い期待利潤を得ることができなければ，（R_i^*, x_i^*）（$i=H$, L）は均衡（Smith and Stutzer は Rothschild-Stiglitz-Nash 均衡と呼んでいる）である。

(6) 借手は，第 1 期に x を借り入れ，第 2 期にもし $w=y$ であれば Rx の返済を行い，もし $w=0$ であれば借入を返済できず，破産（債務不履行）である。第 1 期の消費 c^i_1 は x_i の大きさであり，第 2 期の消費はもし $w=y$ であれば，$c^i_2 = (y - R_i x_i)$ であり，もし $w=0$ であれば，$c^i_2 = (0-0) = 0$ である。銀行によって提示された（R, x）は incentive compatible である必要がある。すなわち，もしタイプ H の借手が（R_H, x_H），タイプ L の借手が（R_L, x_L）をそれぞれ受け入れれば，これらの貸出契約は次の自己選択条件を満たさなければならない。

$$U_H^0 = \beta_H c_1^H + c_2^H = \beta_H x_H + \Sigma \pi(s) p_H(s) \{y - R_H x_H\}$$
$$\geq \beta_H x_L + \Sigma \pi(s) p_H(s) \{y - R_L x_L\}$$

すなわち，高リスク借手は (R_H, x_H) を (R_L, x_L) よりも選好する。

$$U_L^0 = \beta_L c_1^L + c_2^L = \beta_L x_L + \Sigma \pi(s) p_L(s) \{y - R_L x_L\}$$
$$\geq \beta_L x_H + \Sigma \pi(s) p_L(s) \{y - R_H x_H\}$$

すなわち，低リスク借手は (R_L, x_L) を (R_H, x_H) よりも選好する。

(7) 銀行によって提示された (R, x) は実行可能である必要がある。すなわち，
$$y \geq Rx$$
である。

銀行による (R, x) の提示は s, w が不確実である第1期において行われるので，もし銀行の (R, x) 提示がタイプ i $(i=H, L)$ だけの借手によって受け入れられれば，銀行の事後の利潤は，

$$\Psi_i(s) = p_i(s) R_i x_i - p_i(s) x_i - \{1 - p_i(s)\} x_i = p_i(s) R_i x_i - x_i$$
$$= \{p_i(s) R_i - 1\} x_i$$

である。

(8) α_i＝協同組織金融機関の第 i タイプ $(i=H, L)$ の顧客（借手）・出資者への配当率とする。配当率は所得環境 $(s:B, G)$ と，借手の第2期（老年期）における不確実な所得 $(w:y, 0)$ に依存し，$\alpha_i = \alpha_i(s, w) \geq 0$ である。老年の借手の所得は観察可能であり，もし $w=y$ であれば，借入は返済される。しかし，もし $w=0$ であれば，借入は返済できず，借手は破産（債務不履行）である。借手が第2期に返済を行えば，配当率は $\alpha_H = \alpha_H(s, y) > 0$，$\alpha_L = \alpha_L(s, y) > 0$ であり，返済を行わないならば，配当率は $\alpha_H = \alpha_H(s, 0) = 0$，$\alpha_L = \alpha_L(s, 0) = 0$ である。$\alpha_H(G, y) > \alpha_H(B, y)$，$\alpha_L(G, y) > \alpha_L(B, y)$ である。

(9) 協同組織金融機関の戦略変数は貸出量，貸出金利および顧客（借手）・出資者への配当率の3つである。x_i＝第 i タイプ $(i=H, L)$ の借手への貸出量，R_i＝第 i タイプ $(i=H, L)$ の借手への粗貸出金利とし，α_i＝協同組織金融機関の第 i タイプ $(i=H, L)$ の借手への配当率とし，1つの協同組織金融

機関は1組だけの $(R, x, \alpha(B, w), \alpha(G, w))$ の提示を行う。各借手は提示された $(R_i, x_i, \alpha_i(B, w), \alpha_i(G, w))$ 全体の中から1組だけの $(R_i, x_i, \alpha_i(B, w), \alpha_i(G, w))$ を選ぶ。もし協同組織金融機関が $(R_i^*, x_i^*, \alpha_i^*(B, w), \alpha_i^*(G, w))$ とは異なる他の $(R_i, x_i, \alpha_i(B, w), \alpha_i(G, w))$ を提示するインセンティブをもっていないのであれば、すなわち $(R_i^*, x_i^*, \alpha_i^*(B, w), \alpha_i^*(G, w))$ とは異なる他の $(R_i, x_i, \alpha_i(B, w), \alpha_i(G, w))$ を提示してもより高い期待利潤を得ることができなければ、$(R_i^*, x_i^*, \alpha_i^*(B, w), \alpha_i^*(G, w))(i=H, L)$ は均衡 (Smith and Stutzer は Rothschild-Stiglitz-Nash 均衡と呼んでいる) である。

Smith and Stutzer [1990] モデルにおいては、所得環境が悪い (B), 良い (G) ときの高リスク借手に対する配当率は $\alpha_H^{**}(B)=0$, $\alpha_H^{**}(G)=0$ であり、低リスク借手に対する配当率は $\alpha_L^{**}(B)>0$, $\alpha_L^{**}(G)>0$ である。R_H^*, $R_L^*=$銀行の高リスク借手、低リスク借手に対する貸出金利、R_H^{**}, $R_L^{**}=$協同組織金融機関の高リスク借手、低リスク借手に対する貸出金利とすると、所得環境のいかんにかかわらず、協同組織金融機関の高リスク借手に対する貸出金利 (R_H^{**}) は低リスク借手に対する貸出金利 (R_L^{**}) より低い[2]。

2 中小企業の資金調達条件：『中小企業白書』

『中小企業白書』の統計データ (中小企業庁「企業資金調達環境実態調査」2001年) によれば、より良好な条件で資金調達している企業が、それ以外の企業とどのような点で異なっているのかは次のとおりである。

(1) 平均短期借入金利
(1) 規模 (従業員規模ベース) が小さくなるにつれて、平均短期借入金利は高くなる。
(2) 自己資本比率 (＝自己資本/総資本) が高くなるほど、平均短期借入金利は低くなる。

(3) 債務償還年数［＝借入総額／（経常利益×50％＋減価償却費－役員賞与－配当金）：企業の返済能力の指標］が短期化するほど，平均短期借入金利は低くなる。

(4) メインバンクとの取引年数が長いほど，平均短期借入金利は低くなる。

(5) メインバンクの業態が大手銀行（都市銀行・長期信用銀行・信託銀行），地方銀行・第二地方銀行，信用金庫・信用組合の順番に平均短期借入金利は高くなる[3]。

(6) 企業年齢（企業の安定性の指標）と平均短期借入金利との間に統計的に有意な関係はない。

(7) 総資本営業利益率（＝営業利益／総資本）と平均短期借入金利との間に統計的に有意な関係はない。中小企業への貸出条件の設定に際し，金融機関は現在の利益（総資本営業利益率）よりも，過去の利益の蓄積である自己資本比率を重視している。

(8) 取引金融機関の数が少ないほど，平均短期借入金利は低くなる。貸出・借入金利は金融機関と企業との相対取引で決定され，一方では企業にとってメインバンク以外の取引金融機関がないと交渉力が弱くなり，借入金利は高くなるように思えるが，他方で取引金融機関の数が少ない企業はリスクが低いと判断され，借入金利は低くなる。

(2) **信用の利用可能性（メインバンクから借入拒絶・減額対応を受けた割合）**

(1) 規模（従業員規模ベース）が小さくなるにつれて，信用の利用可能性は低くなる。

(2) 自己資本比率が高くなるほど，信用の利用可能性は高くなる。

(3) 債務償還年数が短期化するほど，信用の利用可能性は高くなる。

(4) メインバンクとの取引年数が長いほど，信用の利用可能性は高くなる。

(5) メインバンクの業態が大手銀行（都市銀行・長期信用銀行・信託銀行），地方銀行・第二地方銀行，信用金庫・信用組合の順番に信用の利用可能性は低くなる。

(6) 企業年齢（企業の安定性の指標）と信用の利用可能性との間に統計的に有意な関係はない。
(7) 総資本営業利益率が高くなるほど，信用の利用可能性は高くなる。
(8) 取引金融機関の数が少ないほど，信用の利用可能性は高くなる。

以上のファクト・ファインディングスを踏まえて，『中小企業白書（平成13年度）』は「これらのことから分かるのは，中小企業でも，財務状況の改善により，大企業と同等の資金調達条件を達成できる可能性があるということである。ただし，その反面，同じようなプロジェクトを計画しようとしていても，規模の小さい企業の場合，小さいということ自体が，金融機関にとって積極的に融資を行う障害となる可能性があったり，金融機関との取引関係が短い企業や財務という，いわば過去の『成績』が充実していない企業が資金を調達しづらい状況が生じる可能性もある。こうしたことは金融機関の資金供給が，供給先に対する信用に基づくものであり，個別金融機関側の立場から考えれば，やむを得ないことであるかもしれない。しかしながら，経済全体にとってみると，同じ将来性を持つ企業の間でも，規模が大きい企業に資金が集中するという結果となることから，中小企業に対しては，社会的に最適な資源配分を実現する水準を下回る資金供給しか行われず，非効率性が生じる可能性を示している。」(p. 153)と論じている。

3　貸出金利決定についての文献サーベイ

(1) 貸出金利の平準化

金融審議会金融分科会第二部会［2003］は「リレーションシップバンキングのメリットとして，長期的な関係を前提とすることにより，景気変動にかかわらず貸出金利が平準化されやすい，といった点があげられることがある。」と述べている。金融機関は，長期的な継続取引関係の構築を前提とすれば，貸出金利を平準化し，顧客の事業の長期的な存続を図ろうとする。細野［2008］は，

中小企業向けの貸し出し金利の設定が，リスクとリターンの関係を正しく反映しているかを検討し，「金利平準化仮説」（金融機関が将来の企業の信用リスクを踏まえた上で，長期的な観点に立って現時点での金利を設定している）を留保付きで支持している。

(2) **信用リスクに応じた適正金利よりも低い貸出金利：コミットメントコストの負担**

中小・地域金融機関は，中小企業あるいは地域経済から期待される役割を果たすため，取引先や地域へのコミットメントを行っている。金融審議会金融分科会第二部会［2003］は，地域の中小企業・個人等からの期待は中小・地域金融機関をしてコミットメントコストを負担させ，信用リスクに応じた適正金利よりも低い金利での貸出を強いると指摘している[4]。信用リスクに応じた適正金利よりも低い貸出金利の設定は「金融機関の不十分な審査能力」，「担保・保証に頼り，的確なローンレビューを実施していない」，「金融機関が長期的に採算をとることを前提に金利を設定しており，そのために一時点においてはリスクに見合った金利となっていない」，「借手のモラルハザード」などの要因によって助長されている[5]。ただし，金融審議会金融分科会第二部会［2003］は，「こうしたコミットメントコストの負担は，地域に根ざして営業を展開する中小・地域金融機関にとっては避けることが困難な面があることは否定できないが，中小・地域金融機関においても健全性の確保が求められるのは当然であり，コミットメントコストの負担がリレーションシップバンキングの当然の前提であるといった認識は改め，金融機関の経営に対する適正・有効な規律づけにより，適正な金利・手数料を確保しつつコミットメントコストの発生を抑制していく必要がある。」と述べている。

(3) **ハイブリッド型ファイナンス**

村本［2007］は「信用金庫のような協同組織では，創業時や業績停滞期にリスクに見合う金利を取れば，当然当該企業の経営は厳しくなるので，むしろ低

利で対応し，成長段階に達した後に，あるいは業績回復期にそれまでの金利を徴求するというような考え方の融資手法が採られていると言われる。このような手法こそハイブリッド型ファイナンスであり，信用金庫でより積極的に対応されるべきものである。協同組織は相互互助と言われるが，このような金利徴求が可能になるのは，ローンポートフォリオ管理が可能だからである。ローンポートフォリオ管理には成長段階企業や業績回復企業も含まれるので，相互扶助として金利を負担して，金利負担能力の低い企業の金利をカバーし，全体として一定の金利水準の確保が可能になるはずである。相互扶助・非営利という協同組織の理念を実現するのがこのような融資手法であるはずである。」(p. 6)と述べている。すなわち，中小企業向けの金融は，創業時や業況の回復期には，高い金利を取るよりも，事業の円滑化，発展の軌道に乗せることが優先される。創業時には低利融資を行い，一定の成功要件等の発生時により高い金利への切り替えを行う[6]。

(4) 貸出金利の水準：高リスク借手 vs. 低リスク借手

古典派経済学の大御所アルフレッド・マーシャルは，A. Marshall and M. P. Marshall『産業経済学』の第3編「第9章 協同組合」の中で，「各組合が核となる自己の資本をもっていて，これと，全構成員の全財産とを担保にして，より多額の資本を市場利子率で借り入れる。それから組合は，構成員にたいし，裕福な借り手には高いと思えるが，労働者が個人で，通常の事務手続で借りれる率よりははるかに低い率で貸付けを行う。」(訳書 p. 273) と指摘している。すなわち，協同組織金融機関は，高リスク借手に対して割安の貸出金利，低リスク借手に対して割高の貸出金利をそれぞれ設定し，低リスク借手から高リスク借手への利子負担補償のための移転を行っていると論じている。

4　貸出金利設定の理論と実際

今 [2012] は，「地域貸出市場における金融機関の寡占的性格を考慮し，金

利は貸手側がコスト要因を考慮してマークアップ原理により定めるものと想定する。」(p. 109) と述べている。

4-1 貸出金利設定の理論

実務家による一般理論書によれば，貸出金利の構成要素は次の4つである。

① 期待損失額（信用コスト）

貸出金の信用リスク量（期待損失額（信用コスト））は，その与信によって通常発生することが想定される損失額の数学的期待値である。すなわち，

期待損失額（信用コスト）＝貸出金×デフォルト確率×デフォルト時の損失率

である。デフォルト確率は貸出先の内部格付（信用度合）に応じたものであり，デフォルト時の損失率は不動産担保等による回収分を除いた損失率である。

② 貸出資金の調達コスト（預金等の金利）

貸出資金の調達コストは，調達資金と運用資金に関する適切な ALM (Asset Liability Management：資産・負債の総合管理) 態勢を整備することにより，設定される。

③ 営業費用

営業費用は，適正な原価計算［例えば，ABC (Activity Based Costing：活動基準原価計算)］を行うことにより設定される。

④ 利益相当額

利益相当額は，金融機関経営における目標利益水準から設定される。

リスクに見合った貸出金利を設定することによって，リスクを加味した収益性の評価が可能となる。例えば，RAROA (Risk Adjusted Return on Asset：リスク調整後資産収益率) や RAROC (Risk Adjusted Return on Capital：リスク調整後資本収益率) 等はリスクを加味した収益性評価指標である。

清野［2002］は，期間が1年で，元利金返済が期末の1回だけである貸出を取り上げ，貸出金利決定の理論モデルを次のように定式化している。

S＝予想損失額，L＝貸出元本，V＝貸出の将来価値（将来回収することがで

きる元利金)，e＝貸出の粗期待収益率，s＝貸出スプレッド，ρ＝想定元本回収率，r_L＝貸出金利，r_f＝リスクフリー・レート（短期プライムレート），ε＝デフォルト確率（1年後）とする。

貸出の予想損失額（S）は，

$$S = V \times \varepsilon - L \times \varepsilon \times \rho$$

である。$V \times \varepsilon$ は，貸出の将来価値（将来回収することができる元利金：V）のうち，デフォルトによって失われる額である。$L \times \varepsilon \times \rho$ は，貸出元本のうち，担保の実行や保証人の代位弁済などによって回収される額である。

$$V = L \times (1 + r_L)$$

であるので，

$$S = L \times (1 + r_L) \times \varepsilon - L \times \varepsilon \times \rho = L \times \varepsilon \times (1 + r_L - \rho)$$

である。貸出元本1に対して，$(1-\varepsilon)$（デフォルトが生じない確率）で $(1+r_L)$，ε（デフォルトが生じる確率）で ρ をそれぞれ得るので，貸出の粗期待収益率（e）は，

$$e = (1 - \varepsilon) \times (1 + r_L) + \varepsilon \times \rho$$

である。貸出スプレッド（s）の定義より，

$$r_L = r_f + s$$

であるので，

$$e = (1 - \varepsilon) \times (1 + r_f + s) + \varepsilon \times \rho$$

である。無リスク資産への投資の粗期待収益率は $(1+r_f)$ であるので，貸出が行われるための条件は，

$$e \geq (1 + r_f)$$

すなわち，

$$(1 - \varepsilon)(1 + r_f + s) + \varepsilon \times \rho \geq (1 + r_f)$$

であり，このことから，貸出スプレッド（s）は，

$$s \geq \{\varepsilon(1 + r_f - \rho)\} / (1 - \varepsilon)$$

である。貸出金利の設定は，

$$r_L = r_f + s \geq r_f + \{\varepsilon(1 + r_f - \rho)\} / (1 - \varepsilon)$$

である。デフォルト確率（ε）が高くなればなるほど，想定元本回収率（ρ）が低くなればなるほど，貸出金利（r_L）は高くなる。

清野［2002］は，借手・貸手の属性，担保・保証条件と貸出金利の関係について，次のことを指摘している[7]。

(1) 借手（企業）の属性と貸出金利の関係については，企業規模が大きいほど，借入金額が大きいほど，経営指標（借入依存度，自己資本比率，総資本利益率，売上高など）の値が優れているほど，借入期間が短いほど，貸出金利は低い。
(2) 貸手の属性と貸出金利の関係については，規模の大きい業態の金融機関の方が貸出金利は低い。
(3) 担保・保証条件と貸出金利の関係について，信用保証協会の保証や預金担保に基づく貸出は回収が確実で，回収にかかる手数や時間も比較的少なくて済むので，信用保証協会の保証や預金担保に基づく貸出の金利は低く，代表者・家族以外の保証人の保証や不動産担保に基づく貸出の金利は高い[8]。

4-2　貸出金利設定の実際

某金融機関の「貸出の基準金利算出マニュアル」には，貸出金利設定のための必要な情報として以下のものが挙げられている。

(1) 与信科目

与信科目として，証書貸付（証貸），手形貸付（手貸），商業手形割引（商手），当座貸越（当貸）の4つが挙げられている。つまり，貸出方法によって貸出金利は異なる。

(2) 与信金額

ここで取り上げている某金融機関の「貸出の基準金利算出マニュアル」は申請額5億円未満のものについてのものであり，与信金額の大きさによって，貸出金利の算出方法は異なる。

(3) 申請レート

貸出金利をいくらに設定するかの申請は，支店長権限内であれば，担当者から支店長へであり，支店長権限外であれば，支店長から審査部長へである。

(4) 金利更改期間

金利更改期間のリスト（1カ月，3カ月，6カ月，12カ月，2年，3年，5年）があり，そこから選択するようになっており，金利更改期間によって貸出金利は異なる。

(5) 貸出期間

貸出期間のリスト（1年以下，3年以下，7年以下，7年超）があり，そこから選択するようになっており，貸出期間によって貸出金利は異なる。貸出期間について，実行日（貸出日），期日（返済日）が書かれるようになっている。

(6) 信用コスト

信用コストの算出には別表が用意されている。某金融機関の「貸出の基準金利算出マニュアル」の「信用コストの算出表」には，信用コスト算出のための必要な情報として以下のものが挙げられている。

① 区　　分

区分には，一般法人，リテール法人，営業性個人が挙げられている。

② 債務者格付

一般法人，リテール法人，営業性個人のそれぞれについて，債務者格付のリストがあり，そこから選択するようになっている。債務者格付は，財務データで自動格付される内部格付であり，定性評価は加味されない。

③ 想定デフォルト率

債務者格付のそれぞれについて，想定デフォルト率が設定されている。

④ 保全率別信用コスト

ここで取り上げている某金融機関の「貸出の基準金利算出マニュアル」には，

「担保カバー率算出表」がある。「担保カバー率算出表」には,「全与信額」,「担保計」,「担保カバー率」の項目があり,「担保計」の内訳項目には,預金担保,不動産担保,その他担保のそれぞれの担保額が記入されるようになっている。担保額は稟議上の担保受入価格（担保規定の掛目勘案後）が適用されている。

借手の債務者格付が決まれば,あとは担保カバー率（保全率：0%以上〜90%以上の10%刻み）によって,信用コストが決定される。実務家による一般理論書では,「期待損失額（信用コスト）＝貸出金×デフォルト確率×デフォルト時の損失率」であったが,この算式のデフォルト確率は上記の想定デフォルト率（債務者格付によって自動的に決定）,デフォルト時の損失率は上記の（1－担保カバー率）である。

(7) 経費率

経費率は借手企業の規模で決められ,企業規模が小さいほど,経費率は高い。何の経費という根拠はなく,事務手続きに関する人件費等として,経費率が計上されている。

(8) 市場金利

市場金利の選択には別表が用意されている。金利更改期間（1カ月,3カ月,6カ月,12カ月,2年,3年,5年）ごとに,市場金利が決められている。

(9) 利　鞘

利鞘は借手の業種（不動産,宅建,パチンコ,消費者・事業金融,建設,一般業）によって異なる。つまり,借手の業種によって貸出金利は異なる。

(10) 期間スプレッド

期間スプレッドのリスト（1年以下,3年以下,7年以下,7年超）があり,そこから選択するようになっている。つまり,期間スプレッド（貸出期間）に

よって信用コストは異なる。

⑾ 基準金利

基準金利は0.125％刻みで算出されている。

⑿ 対　比

対比は「申請レート－基準金利」のことである。

⒀ 申請区分

対比（＝申請レート－基準金利）がプラスであれば「専決」，対比がマイナスであれば「本申（本部申請）」としてそれぞれ区分されている。「専決」とは現場の責任者（支店長，部長）の権限で決裁できることであり，「本申」とは現場の責任者の決裁ではなく，本部で決裁できることである。本部決裁においては，金額によって，審査部長，審査本部長，経営会議と決裁プロセスが異なってくる。組織の上にいくほど審査費用がかかる。

こうして，

　　　　基準金利＝信用コスト＋経費率＋市場金利＋利鞘＋期間スプレッド

である。実務家による一般理論書では，

　　　　貸出金利＝信用コスト＋営業費用＋貸出資金の調達コスト＋利益相当額

となっているが，上記の貸出資金の調達コストは某金融機関の「貸出の基準金利算出マニュアル」の「市場金利＋期間スプレッド」に当たるであろう。利鞘は利益相当額に相当するが，「貸出の基準金利算出マニュアル」の「利鞘」は借手の業種によって異なり，いわばハイリスクはハイリターン，ローリスクはローリターンに設定されている。したがって，借手のリスクは，信用コスト，利鞘で二重に計算されている[9]。

5　貸出金利設定の実証分析

　預金積金による資金調達，貸出金による資金運用について言えば，大都市圏の信用金庫は高金利（0.187％）の預金積金で調達，低金利（2.339％）の貸出金で運用し，逆に大都市圏以外の信用金庫は低金利（0.179％）の預金積金で調達，高金利（2.796％）の貸出金で運用している。図10-1は，横軸に各都道府県，縦軸に各都道府県内の信用金庫の貸出金利の単純平均をとり，棒グラフの形で作図したものである。横軸には地域別（北海道，東北，関東，首都圏，北陸，東海，近畿，中国，四国，九州北部，南九州）の目盛りを付けている。

表10-1　利回りの単純平均

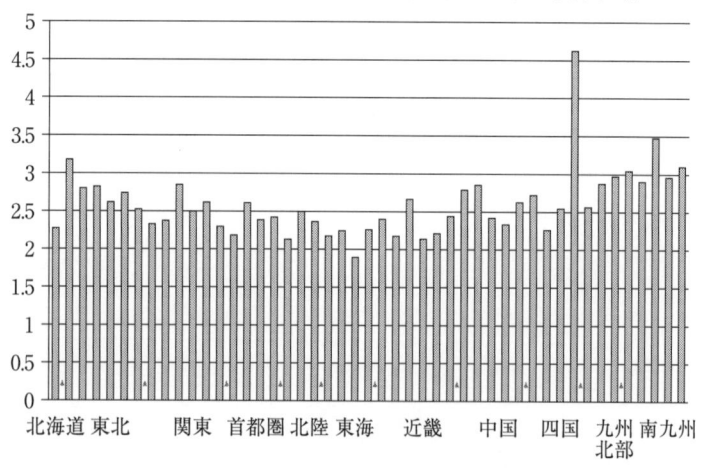

	資金運用利回り	資金調達原価率	総資金利ザヤ	総資産経常利益率	貸出金の利回り	預金積金の利回り
全国ベース	1.700111	1.459778	0.257074	0.214773	2.468246	0.174847
大都市圏	1.656552	1.401839	0.243333	0.205632	2.3385	0.187391
大都市圏以外	1.842105	1.599825	0.294561	0.240526	2.796491	0.178909

図10-1　都道府県別貸出金利（各信用金庫の単純平均）

5 貸出金利設定の実証分析

5-1 貸出金利設定の特徴：所在地別，地域別，規模別

信用金庫の貸出利回りは，所在地別では大都市圏（2.339％）＜大都市圏以外（2.796％）であり，地域別では南九州，四国，東北，九州北部，中国，関東，首都圏，近畿，北陸，北海道，東海の順番で低くなる[10]。預金規模別では，信用組合の平均以下（2.649％），信用金庫の平均以下（2.481％），信用金庫の平均超（2.359％），第二地方銀行の平均超（2.258％）と規模が大きくなるにつれて低くなる。信用金庫の預金積金規模が小さくなるにつれて，貸出金利回りの平均値が高くなり，標準偏差が大きくなる（ただし，預金積金残高で4,418億円超10,868億円以下の信用金庫の貸出金利回りの標準偏差は最大）。すなわち，預金積

表10-2 預金規模別貸出金利回りの平均値と標準偏差

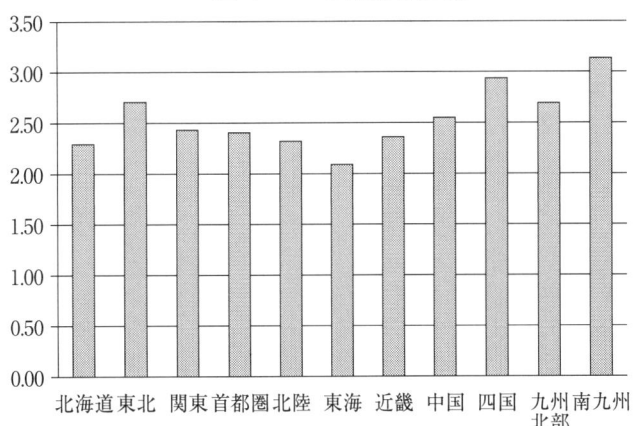

	平均値（％）	標準偏差
① 信用組合の平均以下	2.649	0.366
② 信用金庫の平均以下	2.481	0.32
③ 信用金庫の平均超	2.359	0.697
④ 第二地方銀行の平均超	2.258	0.271

図10-2 地域別貸出金利

金規模の小さい信用金庫の方が借手の個別事情を勘案してメリハリをつけて貸出金利回りの設定を行っている。

図10-2は，地域別（北海道，東北，関東，首都圏，北陸，東海，近畿，中国，四国，九州北部，南九州）に，各地域の貸出金利の平均を求め，棒グラフの形で作成したものである。

5-2 貸出金利設定の実際と実証分析

某金融機関から「貸出の基準金利算出マニュアル」を入手し，それに基づいてヒアリングを行った結果，貸出金利設定の実際は「貸出方法（証書貸付，手形貸付，商業手形割引，当座貸越）によって貸出金利は異なる」，「貸出期間によって貸出金利は異なる」，「担保・保証の有無によって貸出金利は異なる」ということが分かった。

そこで，第1に，貸出方法（証書貸付，手形貸付，商業手形割引，当座貸越）によって貸出金利がどのように異なるかを検討するために，被説明変数として貸出利回り，説明変数として割引手形／貸出合計，手形貸付／貸出合計，証書貸付／貸出合計を取り上げ回帰分析を行ったが，修正済み決定係数が0.088と小さかった。第2に，貸出期間によって貸出金利がどのように異なるかを検討するために，被説明変数として貸出利回り，説明変数として1年以下貸出／貸出合計，1年超3年以下貸出／貸出合計，3年超5年以下貸出／貸出合計，5年超7年以下貸出／貸出合計，7年超10年以下貸出／貸出合計，10年超貸出／貸出合計を取り上げ回帰分析を行ったが，修正済み決定係数が0.0419と小さかった。第3に，担保・保証の有無によって貸出金利がどのように異なるかを検討するために，被説明変数として貸出利回り，説明変数として担保に基づく貸出／貸出合計，保証に基づく貸出／貸出合計，信用に基づく貸出／貸出合計を取り上げ回帰分析を行ったが，修正済み決定係数が0.020と小さかった。

いま，被説明変数として貸出利回り，説明変数として預金積金の対数，自己資本比率，地区課税対象所得の対数および，第1に貸出方法について割引手形／貸出合計，手形貸付／貸出合計，証書貸付／貸出合計，第2に貸出期間に

5 貸出金利設定の実証分析　247

表10-3　貸出利回りについての回帰分析

	符号予想	貸出利回り		
		係数	t値	p値
定数項		0.059	4.627	0.000
預金積金の対数	−	−0.001	−1.305	0.193
自己資本比率	−	0.002	0.207	0.836
地区課税対象所得の対数	＋	−0.002	−2.234	0.027
割引手形／貸出合計	−	−0.052	−1.866	0.063
手形貸付／貸出合計	−	−0.037	−1.923	0.056
証書貸付／貸出合計	＋	−0.018	−1.174	0.242
1年以下貸出／貸出合計	−	0.005	1.157	0.249
1年超3年以下貸出／貸出合計	−	0.017	1.359	0.176
3年超5年以下貸出／貸出合計	±	0.008	1.269	0.206
5年超7年以下貸出／貸出合計	±	0.006	0.829	0.408
7年超10年以下貸出／貸出合計	＋	0.005	0.669	0.504
10年超貸出／貸出合計	＋	0.005	1.126	0.262
担保に基づく貸出／貸出合計		0.007	2.583	0.010
保証に基づく貸出／貸出合計		0.000	0.089	0.929
信用に基づく貸出／貸出合計	＋	−0.002	−0.642	0.522
修正済み決定係数	0.255			
観測数	238			

ついて1年以下貸出／貸出合計，1年超3年以下貸出／貸出合計，3年超5年以下貸出／貸出合計，5年超7年以下貸出／貸出合計，7年超10年以下貸出／貸出合計，10年超貸出／貸出合計，第3に担保・保証の有無について担保に基づく貸出／貸出合計，保証に基づく貸出／貸出合計，信用に基づく貸出／貸出合計を取り上げ回帰分析を行う。

　標本数238，両側t検定の5％有意水準は1.960，1％有意水準は2.576，片側t検定の5％有意水準は1.645，1％有意水準は2.326である。地区課税対象所

得の対数，割引手形／貸出合計，手形貸付／貸出合計，担保に基づく貸出／貸出合計のみ片側 t 検定 5％有意水準で有意である。「貸出方法（証書貸付，手形貸付，商業手形割引，当座貸越）によって貸出金利は異なる」については，割引手形／貸出合計，手形貸付／貸出合計の係数が有意で，符号は予想どおり負であった。「貸出期間によって貸出金利は異なる」については，1年以下貸出／貸出合計，1年超3年以下貸出／貸出合計，3年超5年以下貸出／貸出合計，5年超7年以下貸出／貸出合計，7年超10年以下貸出／貸出合計，10年超貸出／貸出合計のいずれも有意でなかった。「担保・保証の有無によって貸出金利は異なる」については，担保に基づく貸出／貸出合計のみが有意であったが，符号は予想とは異なり正であった。

5-3 信用金庫の特性と貸出金利設定

貸出金利は貸出市場の需給均衡によって決定されるとして，貸出の需給関数を以下のように定式化する。

　　　　貸出需要関数：$L = \alpha_1 + \alpha_2 r + \alpha_3 x$

　　　　貸出供給関数：$L = \beta_1 + \beta_2 r + \beta_3 y$

ここで，L＝貸出（借入）残高の対数，r＝貸出（借入）利回りは内生変数，x＝貸出需要に影響を及ぼす外生変数（地区課税対象所得の対数），y＝貸出供給に影響を及ぼす外生変数ベクトル（預金積金の対数（規模），自己資本比率（健全性），経常収益経常利益率（収益性），県単位の貸出ハーフィンダール指数（貸出市場の競争の程度），会員向け貸出／貸出合計（協同組合性），会員からの預金積金／預金積金合計（協同組合性），（10年超の貸出金＋期間の定めのない貸出金）／貸出金合計（リレバン），信用（無担保・無保証）に基づく貸出／貸出金合計（リレバン，リスクテーキング））は外生変数である。貸出・借入残高の対数（L）と貸出・借入の利回り（r）はモデルの内部の相互依存関係によってその値が決定される内生変数である。外生変数（x, y）は，内生変数（L, r）に影響を与えるが，逆に内生変数（L, r）から影響を受けることはない。

上記のような構造方程式に対して，最小2乗法（OLS）を直接適用すると，

推定したパラメータ（構造パラメータ）にバイアス（連立方程式バイアス）が発生し，望ましい統計的性質である不偏性と一致性を共に失ってしまう。連立方程式バイアスが発生する原因は，説明変数の中に内生変数が含まれることによって，説明変数と誤差項目の間に相関が生じてしまう点にある。K＝モデルの中の先決変数（x, y）の数＝9，J_1＝貸出需要関数（構造方程式）の中の先決変数（x）の数＝1，J_2＝貸出供給関数の中の先決変数（y）の数＝8，H＝貸出需要関数・貸出供給関数の中の内生変数（L, r）の数＝2であり，$K-J_1$＝9－1＝8，$K-J_2$＝9－8＝1，H－1＝2－1＝1であるので，貸出需要関数は識別可能（過剰識別：$K-J_1 > H-1$），貸出供給関数は識別可能（適度識別：$K-J_2 = H-1$）である。

上記の2本の構造方程式から，内生変数（L, r）について誘導型方程式を導

表10-4　貸出利回りについての回帰分析：誘導型方程式

	符号予想	貸出利回り		
		係数	t値	p値
定数項		0.054	7.944	0.000
預金積金の対数	－	－0.004	－4.425	0.000
自己資本比率	－	－0.017	－2.381	0.019
経常収益経常利益率	－	0.000	－0.098	0.922
県単位の貸出ハーフィンダール指数	＋	0.007	2.507	0.014
地区課税対象所得の対数	＋	－0.001	－1.515	0.133
会員向け貸出／貸出合計	－	0.002	0.897	0.372
会員からの預金積金／預金積金合計	＋	0.000	0.031	0.975
（10年超の貸出金＋期間の定めのない貸出金）／貸出金合計	＋	－0.002	－1.077	0.284
信用に基づく貸出／貸出合計	＋	－0.003	－1.188	0.238
修正済み決定係数	0.308			
観測数	101			

く．

$$L = \gamma_{10} + \gamma_{11} x + \gamma_{12} y$$
$$r = \gamma_{20} + \gamma_{21} x + \gamma_{22} y$$

以下では，被説明変数として貸出利回り，説明変数として預金積金の対数，自己資本比率，経常収益経常利益率，県単位の貸出ハーフィンダール指数，地区課税対象所得の対数，会員向け貸出／貸出合計，会員からの預金積金／預金積金合計，（10年超の貸出金＋期間の定めのない貸出金）／貸出金合計（＋），信用（無担保・無保証）に基づく貸出／貸出金合計を取り上げ回帰分析を行う．

標本数は101であり，片側t検定の1％有意水準で，預金積金の対数，自己資本比率，県単位の貸出ハーフィンダール指数のみ有意である（表10-4）．

(1) 信用金庫の互助性と貸出金利設定

本書では，信用金庫の互助性を表す指標として「会員向け貸出／貸出合計」，「会員からの預金積金／預金積金合計」の2つを取り上げている．会員向け貸出／貸出合計，会員からの預金積金／預金積金合計は有意ではなかった．

(2) 信用金庫のリレーションシップ・バンキング度と貸出金利設定

内田［2008］は，中小企業の金融機関との取引年数が，支払金利の低下や金融機関の貸出姿勢の緩和に結びついているかを検証し，メリットが有意にあらわれるのは一部のサンプルに限られることを明らかにしている．すなわち，信用金庫から借り入れており，監査が行われず，銀行間の競争があまりない都道府県に所在する中小企業では，取引年数が長くなるほど借入金利が低下するという結果を得ている．内田［2010］は，ミクロデータを用いて，中小銀行はリレーションシップを重視すると同時に担保にも依存した融資を行っていること，貸出金利はリレーションシップによって大きく低下するわけではないことを明らかにしている．

本書では，信用金庫のリレバン度の尺度として，「定期積金／預金積金合計」，「（10年超の貸出金＋期間の定めのない貸出金）／貸出金合計」，「信用（無

担保・無保証）に基づく貸出／貸出金合計」の3つを取り上げている。

① 「定期積金／預金積金合計」と貸出金利

「定期積金／預金積金合計」と貸出金利の相関係数は−0.079であり，「定期積金／預金積金合計」を指標とするリレバン度と貸出金利はほとんど相関なしである。

② 「(10年超の貸出金＋期間の定めのない貸出金)／貸出金合計」と貸出金利

「(10年超の貸出金＋期間の定めのない貸出金)／貸出金合計」と貸出金利の相関係数は−0.123であり，「(10年超の貸出金＋期間の定めのない貸出金)／貸出金合計」を指標とするリレバン度と貸出金利はほとんど相関なしである。

③ 「信用（無担保・無保証）に基づく貸出／貸出金合計」と貸出金利

「信用（無担保・無保証）に基づく貸出／貸出金合計」と貸出金利の相関係数は0.005であり，「信用（無担保・無保証）に基づく貸出／貸出金合計」を指標とするリレバン度と貸出金利はほとんど相関なしである。

したがって，リレバン度と貸出金利はほとんど相関なしであり，信用金庫がリレバンを進めても，それは貸出金利にはほとんど影響しないのである。上記の回帰式においては，(10年超の貸出金＋期間の定めのない貸出金)／貸出金合計」，信用（無担保・無保証）に基づく貸出／貸出金合計は有意でなかった。

(3) 地域金融市場の競争度と貸出金利設定

筒井［2007］は，「市場構造成果仮説 vs. 効率性仮説」といった対立軸で，市場構造成果仮説が地方貸出市場では成立していることを示している。ここで，市場構造成果仮説は，金融業の産業組織を，市場構造，市場行動，市場成果という3つの概念で表し，市場集中度が高いという市場構造が，低い競争度という市場行動と，高い貸出金利という市場成果をもたらすというものであり，効率性仮説は，市場競争の原理が働く限り，効率的な金融業が競争に勝って成長してゆき，その結果，効率的な金融業が大規模になり，市場集中度が高くなるというものである。筒井［2007］は，各県ごとに貸出市場が分断されていれば，各県の金利は各県の貸出需要と貸出供給によって決まるはずであり，「貸出供

給の規定要因としては、預金額と県の市場集中度を考慮し、貸出需要を規定する要因としては県民所得をとる。したがって、貸出供給関数と貸出需要関数を連立して貸出金利について解いた『貸出金利の誘導形』は、預金と市場集中度と県民所得に依存することになる。(中略)信用金庫については三つの変数はすべて有意で予想される符号を満たしている。つまり、信用金庫の貸出市場は県別に分断されているといえる。」(p. 136) と述べている。

上記の回帰式においては、県単位の貸出ハーフィンダール指数は有意で、符号は予想どおり正であった。つまり、市場集中度が高くなれば、貸出利回りは上昇する。

(1) 本書執筆のための信用金庫へのアンケート調査の結果、会員向け貸出金利と非会員向け貸出金利は同水準であることが分かった。協同組織金融機関は、会員(出資者)への配当率が一定であるという意味で「非営利」とみなされているのであり、協同組織金融機関の非営利性という特性からは、協同組織金融機関の顧客(借手)・出資者への配当を利益の一定割合とモデル化している Smith and Stutzer [1990] は妥当である。
(2) Smith and Stutzer [1990] モデルの詳細な展開については、滝川 [2011] を参照されたい。
(3) 『中小企業白書(平成13年度)』はさらに、「大手行から地銀・第二地銀そして信金・信組とメインバンク業態が地域密着型に変わるにつれて、金利が高くなると共に金利のばらつきが大きくなっている。このことは、信金・信組の方が大手行等より企業の個別事情を勘案してメリハリを付けて金利設定している可能性を示している。なお、付注の分析結果でも信金・信組の方がベースの金利は高いが、企業の自己資本比率の水準に応じ柔軟に金利を変化させていることがうかがえる。」(p. 153) と述べている。
(4) コミットメントコストとは以下のものである。①地域の中小企業・個人等からの期待は、貸出の実行に当たって、信用リスクに応じた適正金利よりも低い金利での貸出を余儀なくされる。中小・地域金融機関が、リターンに比して過大なリスクを負担することはコミットメントコストである。②中小・地域金融機関にとっては、その営業地域においてどのような評判を有するかということは非常に大きな関心事である。地域における悪評の発生(レピュテーショナルリスク)を恐れ、「再生困難な中小企業との取引の継続」、「不採算店舗であっても撤退することなく営業を提供」といった過大なリスク負担することはコミットメントコストである。③地域の中小企業・個人等からの期待は、地域の中小企業・個人等にとっては長期的にはプラスであるが、金融機関にとっては短期的にマイナスとなる取引を求められる。中小・地域金融機関が、リターンに比して過大なリスクを負担することはコミットメントコストである。
(5) 金融審議会・我が国金融業の中長期的な在り方に関するワーキング・グループ [2012] は貸出金利について、「地域金融機関における預貸率の低さを踏まえると、資金が絶対

量として不足しているわけではない。預貸率が低下する中，地域金融機関が提供する金融サービスの対価である貸出金利は低下傾向を辿っている。地域金融機関においては，国債投資による金利リスク・テイクが収益確保手段となる中で，適切なコンサルティング機能を発揮しつつ自らの収益力を高めていく道筋は見えていない。コンサルティング機能を発揮しつつリスク・テイクを実行していくだけの経営基盤が不足していることが根本的な課題となっているのである。」と指摘している。

(6) 創業金融・ハイリスク分野などでは不確定要素も多いため，資金供給サイドとしては一定のリターンが必要とされ，預金金融機関の融資ではなく，ファンド・VC（ベンチャーキャピタル）の領域とされている。

(7) 地域金融機関が活動する金融・資本市場では，金利形成は多様である。地元企業と地縁などで強く結びついているだけに，貸出金利は地域の実情に応じた水準に設定されている。

(8) 金融庁が銀行を検査する際の手引き書で，銀行が貸出資産を自己査定する際の参考基準にもなっている「金融検査マニュアル」を見ると，信用保証協会は優良保証，預金は優良担保にそれぞれ分類されている。そのため，リスク・アセットを計算する際のリスク・ウェートは信用保証協会が10％，預金が０％といずれも低く設定されている。

(9) 業種の利鞘は業種リスクのことであり，格付（財務内容）が同じであったとしても，リスクの高い業種には業種リスク分をプレミアムとして乗せている。業種ポートフォリオを圧縮したいときは，業種の基準金利を上げている。

(10) 安孫子［2007］は，他の都道府県と比較して沖縄県の貸出金利が高いことを指摘し，その原因として，沖縄では全国平均よりも貸出金利の信用リスクに対する反応が強いことを明らかにしている。

補章 『尼崎信用金庫70年史』に見る信用金庫の特質

「歴史は過去のげいご（たわごと）に非ず，未来の指針として警策（きょうさく）なり」と言われている。本補章は，『尼崎信用金庫70年史』をもとに，1つの信用金庫の歴史を概観し，信用金庫の「未来の指針」を得たいと思って記述したものである。

1　信用組合の時代：1921年～1951年

尼崎信用金庫は，工業都市へ急成長した尼崎市に，大正10年（1921年）6月「有限責任尼崎信用組合」として創立された。

1-1　有限責任尼崎信用組合の創立

大正6年（1931年）6月産業組合法の一部改正により，中小零細商工業者を対象とする庶民銀行的機関として，信用事業を専業とする市街地信用組合の制度が創設された。この改正により，制限付きながら，市または市街地でのみ，員外預金の受け入れ，組合員のための手形割引が認められ，有限責任で差し支えない信用事業専業の市街地信用組合の設立が可能となった。

尼崎信用組合は，大正10年3月発起人会を開き，「産業組合法による市街地信用組合として尼崎信用組合を設立，もっぱら庶民金融ならびに貯蓄機関としての実をあげ，地方産業経済の発達を企図する」ことを申し合わせた。同年4月に兵庫県知事あてに設立認可申請書を提出し，5月その認可を得て，工業都市へ急成長した尼崎市に，「産なきものは協力し，産あるものに理解を求め，産あるものは産なきものに協力する」との宣言を発し，県下4番目の市街地信用組合として，大正10年（1921年）6月「有限責任尼崎信用組合」として創立

された。その背景のうちの第1は，尼崎市には，士族・地主系の尼崎銀行（1917年三十四銀行に吸収），商人系の尼崎共立銀行，大阪の加島銀行の3銀行が営業していたが，大正9年（1920年）の恐慌期において，三十四・加島両銀行の尼崎市への資金の地域還元が乏しかったこと，第2は，当時の銀行が資産家などの機関銀行であり，零細な商工業者には縁遠い存在でしかなかったこと，第3は中小商工業者や庶民大衆は頼母子講などに金融の道を求めざるをえなかったが，中には不健全な頼母子講もあって損害を被る者が少なくなかったこと，である。尼崎市に限らず，工業化の進展にともない，零細な小工業が群生したが，資本力の乏しい中小工業の資金難は「中小工業問題」として表面化し，そのような中で「有限責任尼崎信用組合」が創立された。

有限責任尼崎信用組合の創立者は「銀行は担保がなければ貸してくれず，たとえ貸してくれても，最初から貸倒れを見込んだ手数料や高い金利では，まともな企業経営では到底使えない。尼崎の中小業者の過半はまじめで，事業の将来性もあり，正常な投資を得れば，直ちにその事業活動に取り組めるのに」と考え，地元資金の地場中小商工業者への還元を図るため，信用組合の設立を思い立った。

有限責任尼崎信用組合の創立者（松尾高一・中江 済）は岡山県出身の人たちであったが，尼崎市の長老と目された小森純一氏に名目上の組合長を引き受けてもらい，松尾高一氏は「小森純一さんは温厚な方でした。士族出身の明治人のよい面を身につけた進歩的な人で，尼崎のキリスト教や新しい産業，労働者教育にも手をつけられた。組合長は名目だけでしたが，小森さんの人格と信用があったればこそ，組合も設立できたし，出資や預金もしてもらえたのです。」と述べている。

松尾高一氏は一時大阪市役所に勤めた後，尼崎市の大日本木管工業株式会社に勤務し，中江 済氏は大阪市米穀同業組合書記長を務めていた。松尾・中江両氏は，一方で，大日本木管工業の上田弥兵衛社長が大阪市米穀同業組合と大阪信用組合の組合長を兼ねていたことから信用組合に関心をもち，他方で，神戸で貧民救済などに献身する賀川豊彦氏の言動から協同組合の思想，相互扶助

の精神にひきつけられていったのである。

1-2 有限責任尼崎信用組合の営業

　有限責任尼崎信用組合は，組合員数14名，役員数12名，相談役1名，主事1名，営業区域は尼崎市と兵庫県川辺郡小田村，同武庫郡大庄村で，常勤5名で営業を始めた。出資金は1口50円，組合員に対する貸出限度は1人3,000円以内，ただし担保付きが2,000円以内，信用貸しは1,000円以内であった。開業当時，3年満期で契約金額5円の"尼信積立"が好評で，契約者は毎月10銭，15銭を積み立てていった。

　尼崎信用組合は大正10年（1921年）6月に創立され，開業7カ月，第1期の大正10年末には組合員数は471名をかぞえ，預金503口，83,125円，貸出184口，95,744円，当期利益373円であった。

　昭和2年の金融恐慌のとき，尼崎信用組合は，預金取り付けに備えて，兵庫県信用組合連合会から20万円の借入を行った。また，三十四銀行尼崎支店に定期預金担保で30万円の借入を申し込んだが，「和歌山支店で取り付けが起こっているから」と断られた。恐慌の最中にも，尼崎信用組合の預金残高は昭和2年28％，3年26％と好調に増えたが，それは，10年間に及ぶ不況が続いたことが，零細な地元商工業者の尼崎信用組合への資金依存を一層強めさせたからである。

　第2次世界大戦中は，市中大銀行は軍需融資などで貸出を伸ばしたが，他の金融機関，とりわけ尼崎信用組合のような中小金融機関は年ごとに貯蓄奨励機関，国債消化機関の色合いを濃くした。尼崎信用組合の預証率は昭和10年末30.6％から16年末50.2％，20年3月末66.2％へ上昇した。昭和17年5月には，市街地信用組合統制会が発足し，政府指導の形で行われてきた国債の消化は，統制命令による強制と変わった。軍需融資については，大銀行を中心とする共同融資方式が多用され，昭和19年には軍需融資指定金融機関制度が創設され，軍需会社ごとに大銀行が指定され，尼崎信用組合のような，その他の金融機関は指定銀行へ資金を供給するだけの従属的地位に甘んじた。このような戦時中

の状態について,『尼崎信用金庫70年史』は「収益こそ確保したものの,とても金融機関とはいえぬ資産内容であった。」(p. 27) と述べているが,そのような資産ポートフォリオは国策には沿っていたのである。

　第2次世界大戦中の昭和18年 (1943年) 3月に,市街地信用組合法が公布,4月施行され,有限責任尼崎信用組合は,同年7月に,大蔵大臣の認可を得,名称中の「有限責任」の冠称を省いて再発足した。

　尼崎市の戦災は甚大であったが,終戦直後,早くも,近畿随一のヤミ市である三和復興市場が形成され,尼崎市は商店街の復興とともに生き返った。尼崎信用組合は昭和21年度に創業以来はじめて欠損を生じたが,当時の最大の問題は,戦時に強制的に持たされた軍事公債や満鉄・東洋拓殖・朝鮮銀行などの株式,債券,それに敗戦で消滅した大会社,軍需産業の株式,社債などの処理であり,最終的には戦時補償全額打切りの措置に従い,整理するしかすべはなかった。出資金全額の喪失は信用組合の解散につながるため,無出資組合員にも6カ月を限って組合員の権利を与える特例措置がとられ,尼崎信用組合は解散を免れた。終戦後の預金・貸出は,「はげしいインフレ下にもせよ,新旧勘定分離直後の21年8月末に4,525万円であった預金残高が,23年3月末8,904万円,24年3月末には2億5,874万円と5.7倍に増えた。一方,貸出面ではドッジラインの安定恐慌などで悪戦苦闘を強いられた。なにしろ困窮の極にあえぐ零細企業が多く,融資の実行をためらわざるをえなかった。」(『尼崎信用金庫70年史』p. 40) のである。

　第2次世界大戦終了後の昭和24年 (1949年) 7月,中小企業等協同組合法が施行され,尼崎信用組合は25年4月同法に基づく信用協同組合に改組した。

　尼崎信用組合の性格は次のものに見られる。
(1)「税金のかからぬ 相互庶民銀行 有限責任 尼崎信用組合」(創業時の壁看板)
(2)「税金のかからぬ相互庶民銀行」(大正15年の便箋)
(3)「お互の為の貯金は お互の為の資本 無駄に使ふな 僅かの金も貯金しませう信用組合へ」(昭和2年の便箋)
(4)「時代は組合 世は協同,協力は強力なり お互の為の貯金はお互の為の資本

無駄に使ふな 僅かの金も貯金しませう信用組合へ」(昭和6年の便箋)
(5)「所得税並に資本利子税のかからぬ庶民銀行 お互の為の貯金はお互の為の資本 無駄に使ふな僅かの金も 貯金しませう信用組合へ」(昭和9年の便箋)
(6)「郷土のお金を郷土に資金化」(昭和22年ごろの標語)
(7)「郷土のお金を郷土で資金化 中小商工庶民金融 伸ばせ太らせ 我が子と貯金 貯金し易い 利用し易い 気軽で手堅い」(昭和24年の宣伝ビラ)

2　尼崎信用金庫の時代：1951年〜

　信用金庫法が，昭和26年（1951年）6月公布・施行され，同年10月，「金融専門の協同組合」であった尼崎信用組合は「協同組織の中小企業専門金融機関」としての尼崎信用金庫に改組した。

　日本経済の主要指標のうち，工業生産，実質GNP，実質設備投資，実質個人消費，就業者1人当たり生産性は昭和26年，1人当たり実質GNP，1人当たり実質個人消費は昭和28年，実質輸入等は昭和31年，実質輸出等は昭和32年に，戦前水準（昭和9年〜11年）を上回り，わが国経済は戦後復旧を遂げて復興の段階に入った。

　尼崎信用金庫は，信用組合からの改組を跳躍台にして業容を拡大した。昭和29年5月，従来「振替口預金制度」の名目で実質的に行われてきた全信連による内国為替集中決済制度が正式に認可され，尼崎信用金庫は内国為替業務と代金取立業務を開始した。松尾高一・尼崎信用金庫理事長（当時）は，信用金庫について，「理念は協同組織であるが，組織と運営は一般銀行と変わらない」と言い，昭和38年1月から，西日本の信用金庫でははじめて日本銀行との当座取引を開始した。尼崎信用金庫は，「この時期，松尾理事長は，業容の急拡大に甘んずることなく，経営の質的充実に力点を置いた。各金融機関は消費の増大を追って消費者金融に力をいれたが，理事長は郷土の産業振興を優先し，そのための資金基盤強化のため手堅く特別貯蓄運動の推進を叫びつづけた。」（『尼崎信用金庫70年史』p. 61）とあり，また，昭和36年10月，尼崎手形交換所に

単独加盟し,直接交換の開始により取引先の利便を大きく向上させることができた。昭和39年6月には,近畿以西の信用金庫でははじめて,日本銀行の歳入代理店に指定され,国庫金収納業務を取り扱った。

日本経済は,昭和46年(1971年)8月の変動相場制への移行,48年(1973年)10月以降のオイルショック(OPECによる原油価格の4倍値上げ,供給削減の石油戦略:第1次石油危機)により,異常なインフレ,国際収支の大幅な赤字,そして戦後最大の不況という三重苦を負った。昭和49年(1974年)度の実質経済成長率は戦後初のマイナスへ転落し,約20年に及んだ世界驚異の高度成長も終幕を告げた。昭和45年(1970年)7月には,金融制度調査会が「民間金融機関のあり方について」の答申で,適正な競争原理の導入とともに「規模の利益」の追求を強調し,効率化行政の展開にともない,金融再編の動きが活発となった。高度経済成長の終焉とともに,構造的に変化したわが国経済,金融の新しい環境に適応する経営態勢を固め,時代が要請する金融効率化の課題を達成していくため,昭和49年(1974年)4月,尼崎信用金庫は浪速信用金庫と合併して「尼崎浪速信用金庫」と改称し,広域,大型の信用金庫として新発足した。昭和46年(1971年)のドルショック以来,金融の超緩慢とともに金融機関の貸出競争が激化し,相互銀行,信用金庫など中小企業専門金融機関の業務が普通銀行業務と著しく同質化したうえ,強大な都市銀行による中小企業,個人層への取引攻勢が強まったため,両信用金庫は対等合併に活路を求めた。

オイルショック(第1次石油危機)後の減速経済にあって,尼崎信用金庫は,金融の構造変化や社会的要請の高まりに即して金融の効率化を一層推進し,中小企業ならびに国民大衆の金融機関としての期待にこたえねばならなかった。このため,昭和51年度を初年度とする「安定成長3カ年計画」を策定し,経営基盤の拡充と体質強化をはかることとし,次の重点施策を基軸にした。

① 預金業務

良質で均衡のとれた預金吸収を主眼とし,預金口数の増強,預金構成比率の改善(要求払預金の増加),定期積金の増強,来店客数の増加,公共料金など自動振替・給与振込み・CDカード利用の促進をはかる。

② 融資業務

融資先数の増加，優良取引先のメイン化をはかって経営基盤を強化するとともに，割引手形・手形貸付の構成比を是正して資金の流動化を高め，代理貸付の利用を促進する。

③ 営業基盤の拡充

取引先数の増加，店周未開拓先との取引推進と各店テリトリーの確立，法人・個人取引のメイン化，地元諸団体との連携強化，会員増強をはかる。

④ 経営体質の強化

1人当たり，1店当たり預金量を増強して預金コストの低減をはかり，安定収益を確保して内部留保を充実する。また本部，営業店の組織機能の効率化をはかる。

続いて，昭和54年度を初年度とする「第2次安定成長3カ年計画」を策定し，「中小企業の健全な発展」，「豊かな国民生活の実現」，「地域社会反映への奉仕」のビジョンを掲げ，次の重点施策により「狭域高密度取引」を強く推進した。

① 預金業務

6,000億円大台の早期達成をめざし，人縁，地縁性をさらに深耕し，独自性を発揮しながら営業基盤の拡大をはかる。

② 融資業務

裾野金融に徹して個人信用部門の充実をはかる一方，企業部門については新規優良取引先を開拓するとともに，既往取引先の深耕を高め，地元密着度を拡充する。

③ 事務管理

④ 人事研修

⑤ 収益管理

コストインフレの高進など厳しい経営環境に対処し，適正利潤を確保して内部留保の充実と経営基盤の強化をはかる。

全国信用金庫協会(全信協)は,
(1) 中小企業の健全な発展
(2) 豊かな国民生活の実現
(3) 地域社会繁栄への奉仕
といった3つのビジョンの実現を通じ,地域金融機関としての使命を達成していくことを目的に,次の5つの柱を基本施策として「独自性発揮3カ年計画」(昭和57～59年度)を策定することとした。
(1) 地域密着の徹底による経営基盤の拡充強化
(2) 効率化推進による経営体質の強化
(3) 多様化する顧客ニーズへの対応と公共性の発揮
(4) 新しい時代を担う人材育成と役職員協力体制の強化
(5) 業界の団結と協調による総合力の強化

　尼崎信用金庫は,上記の3つのビジョンと5つの柱を基本施策としたうえ,重点施策を盛り込んだ「独自性発揮3カ年計画」(57～59年度)を策定した。また,昭和60年度を初年度とする「金融自由化対応3カ年計画」を策定し,「徹底した顧客志向と地域管理」,「収益の安定確保をめざした経営管理」,「人材の育成と組織の活性化」をサバイバル・テーマとして計画の基本施策に据え,金融自由化に対応した。さらに,昭和63年度を初年度とする「第2次金融自由化対応3カ年計画」を策定し,次の4項目を基本目標に掲げた。
(1) 国民から期待される金融機関としての機能の発揮
(2) 自由化・国際化への積極的な取組み
(3) 顧客志向,地域重視の経営姿勢の徹底
(4) 収益力の向上と自己資本の充実による競争力の強化
　信用金庫の伝統的特長は地縁性・人縁性と言われているが,尼崎信用金庫の性格は次のものに見られる。
(1)「郷土のお金を郷土に資金化　古い伝統・新しい内容・気楽で・手堅い」(昭和31年ごろの標語)

(2) 「世界に通ずる郷土のお金を郷土に資金化」（昭和38年ごろの標語）
(3) 「繁栄の大阪　奉仕の尼信」（昭和40年の標語）
(4) 「郷土の繁栄　奉仕の尼信」（昭和42年の標語）
(5) 「街のすみからすみまで　金融奉仕の尼信」（昭和42年の標語）
(6) 「奉仕と努力で　さらに100周年をめざします」（昭和46年の標語）

3　信用組合の誕生

　明治24年12月，内務大臣品川品川弥二郎，法制局長官平田東助は，ドイツ型の信用組合を農村振興に採り入れるため，信用組合法案を議会に提出したが，衆議院の解散で審議未了となった。しかし，品川は信用組合の設立を実地指導し，掛川信用組合を皮切りに，各地で信用組合を誕生させた。その後，明治30年2月に農商務省が信用・購買・販売・製産・使用の5組合を含めた産業組合法案を議会へ提出したが，審議未了となった。同省は，消費組合を購買組合に含めるとともに，製産・使用の両組合を生産組合に統合して4種類としたうえで，明治33年2月第2次産業組合法案を提出し，可決に持ち込んだ。

　この産業組合法は明治33年3月7日公布，9月1日施行され，信用組合はその一部として法制化された。同法は，(1)組合責任に有限責任，無限責任のほか保証責任も認め，(2)免税規定を設け，(3)設立認可権者を地方長官としたが，既存の組合は必ずしも法的根拠を望まなかった事情もあって，改組ははかどらなかった。しかし，これを機に零細商工業者や農民の間では信用組合が重視され，産業組合の中では信用組合がもっとも多く設立されるようになった。

　信用組合は，農村でこそ盛んになったが，都市では発達が遅れていた。市街地には法的根拠を持たない営業無尽や高利貸が横行していたので，大正4年（1915年）10月に無尽業法が制定され，都市の信用組合について，大正6年（1917年）6月産業組合法の一部改正により，中小零細商工業者を対象とする庶民銀行的機関として，信用事業を専業とする市街地信用組合の制度が創設された。この改正により，制限付きながら，市または市街地でのみ，員外預金の

受け入れ,組合員のための手形割引が認められ,有限責任で差し支えない信用事業専業の市街地信用組合の設立が可能となった。

　昭和2年(1927年)の金融恐慌後,農村経済更生の一環として産業組合運動が提唱されたが,それがあまりにも農村本位であったことから都市の商工業者の間で反産業組合運動が起こった。

　第2次世界大戦中は,産業組合法が改正され,信用組合にも半期ごとに資金計画書の提出が義務づけられ,余裕金の管理が強化された。第2次世界大戦中の昭和18年(1943年)3月,市街地信用組合法が公布,4月施行された。農林業団体統合関係の法律制定にともない,市街地信用組合を産業組合から分離し,都市の中小商工業者,勤労者その他一般庶民の金融機関とし,国民貯蓄増強の一翼を担わせることにしたのである。信用組合の産業組合系統からの離脱,単行法の制定は大正年間からの懸案であり,市街地信用組合の発達にともない,農業を基盤とした産業組合系統の規制や,農林省,地方庁の農政的な行政指導との間に違和が拡大したことから,大蔵省専管の金融機関としての位置付けが強く要請され続けられていたが,それが,戦時統制の産物とはいえ,産業組合離脱の宿願がかなえられた。この法律により,市街地信用組合は,

(1) 統制は強化されたが,大蔵省専管となった。
(2) 従来「区域内に居住し,かつ独立の生計を営む者」に限られていた組合員の資格が,「区域内に店舗,工場を持つ者およびこれらに勤務する者,さらに非営利法人,出資(または株金)総額5万円までの小規模営利法人」にまで拡大された。
(3) 員外貯金の預かり制限が削除された。

　なお,中央機関は引き続き農林中央金庫(昭和18年3月産業組合中央金庫を改組)であった。同法律により,市街地信用組合の組織は有限責任に限られ,事業年度も会計年度に統一された。

　しかし,準市街地信用組合から市街地信用組合法に基づく市街地信用組合へ転化したものは少なく,依然として両種の市街地信用組合が併存した。また,戦時中の昭和20年7月,市街地信用組合の中央機関が農林中央金庫から庶民金

庫へ移管され，市街地信用組合ははじめて独自の中央機関をもつに至った。

　第2次世界大戦後，ドッジラインによる不況が中小企業へしわ寄せされた際には，対日援助見返り資金による別枠融資の措置が講ぜられ，市街地信用組合には保有国債の買い上げ，大蔵省預金部余裕金の預託などが実施されたが，中小企業の資金難の基調は変わらず，中小企業金融制度の整備が喫緊の急務とされた。

　昭和24年（1949年）7月に中小企業等協同組合法が施行され，市街地信用組合は25年4月同法に基づく信用協同組合に改組した。これは，従来の商工協同組合，林産組合，市街地信用組合などの法律を一本化し，事業協同組合，信用協同組合，企業組合によって組織者の範囲を広げようとしたものである。市街地信用組合については，これより先，金融事業を行う協同組合について別個の法律制定を働きかけた結果，24年6月「協同組合による金融事業に関する法律」が制定されたが，中小企業等協同組合法は若干修正のうえ公布・施行された。

4　信用組合から信用金庫へ

　昭和24年（1949年）7月に中小企業等協同組合法が施行され，信用組合は，中小企業等協同組合法に基づき，一様に信用協同組合に改組したものの，現実には，職場または同業者を主体とする協同組合的なものと，地域を基盤とした一般金融機関の性格が強い従来の市街地信用組合とが併存し，両者の間には依然大きな違和感がつきまとった。したがって，協同組合主義と一般金融機関との2つの要請を充足するには，信用組合を中小企業専門金融機関として発展させる方向と，相互扶助的金融に徹する方向とに分けて，再編成する以外に解決の道は見あたらなかった。

　預金2億円以上の21組合で組織した中小企業金融機関設立期成同盟の「協同銀行法案要綱」の趣意書（昭和25年3月）は，「中小企業等協同組合法は事業協同組合を主に立案されたものであり，金融機関である市街地信組にとっては，

その活動を制約し，中小企業金融の疎通を阻害する結果となった。われら同志信用組合は，協同銀行法の制定を期し，協同銀行に組織を変更，大蔵大臣専管の下，中小企業金融機関として堅実な経営を確保し，中小企業者，勤労者その他国民大衆のため，目的を果たすことが最も適当である。」と明言している。
　この構想は，その後，中小企業銀行法案，組合銀行法案などに衣替えして要望されて続けられ，大蔵省内にも「信用組合は金融機関であり，中小企業等協同組合法は信用組合を規制するのに適しない」との考えが強かった。GHQの見解はやや異なったが，大蔵省当局が折衝を重ねた結果，「株式会社と協同組合の中間の組織として，農林中央金庫や商工組合中央金庫のごときものとし，金融業務を行う小型の銀行とすることを基本として，国民大衆の金融機関とする」ことになり，機能は金融機関，組織は営利を主としない協同組織の信用金庫法案が固まった。この性格は，加入脱退の自由，1人1票の議決権，最低出資総額の決定となって現れた。
　信用金庫法案は，自由・民主・社会3党の共同提案で議員立法の形をとり，昭和26年（1951年）3月国会へ提出され，若干の修正（施行令で最低出資総額規定の猶予機関延長など）を経て同年5月成立し，6月公布・施行された。信用金庫法では，市街地信用組合などが当初意図したほどには信用協同組合との相違を打ち出せなかったが，次のように金融機関としての機能をより一層強めた信用金庫が登場することとなった。

(1) 事業地区内に住所，居所または事業所（常時従業員100人以下）を持つ者，地区内で勤労に従事する者を「会員」とする協同組織の特殊法人で，「金融事業の公共性にかんがみ」，事業は大蔵大臣の免許を必要とし，その監督を受ける。
(2) 出資総額の最低限度は，東京特別区または大蔵大臣の指定する人口50万人以上の都市（大阪・京都・名古屋・横浜・神戸）に主たる事務所を持つ者は1,000万円，その他は500万円とする（ただし，経過措置として27年9月30日までは500万円と200万円）。また，加入脱退は自由であるが，金融事業の安定性を確保するため，出資金が減少しないよう，任意脱退は持分の譲渡によらね

ばならない。
(3) 会員のためにする内国為替業務と保護預りも行う。

　なお，信用金庫法はその後数回改正され，昭和27年（1952年）5月には会員事業者資格の常時従業員数が300人以下へ引き上げられ，会社の株式払込金の受け入れ，配当金などの支払い，地方公共団体，金融機関への資金貸付などが認められ，さらに43年（1968年）改正では員外貸出も認められた。

　また，信用金庫法の施行にともない，既存の信用組合は，法施行後2年以内に信用金庫に改組するか，それとも改正中小企業等協同組合法などに基づいて「相互扶助の精神」を貫き，員外取引の規制を受けつつ，地方長官（都道府県の区域を超えるものは大蔵大臣）の監督下に閉鎖性の強い信用協同組合としてとどまるか，いずれかを選択することとなった。

　こうして，信用協同組合として残ったものは「金融専門の協同組合」であり続け，信用金庫に改組したものは「金融専門の協同組合」から「協同組織の中小企業専門金融機関」に生まれ変わった。

　昭和30年以降の高度経済成長は大企業と中小企業の格差を生み，その間，中小企業対策が逐次強化された。信用金庫は，中小企業専門金融機関としての体制を確立するため，全国信用金庫協会提唱のもと，長期経営計画を策定し，全金庫挙げて金融機関化に取り組んだ。昭和32年度からの第1次拡充3カ年計画では，
(1) 資金量の倍加
(2) 経営基盤の強化，確立
(3) 近代的な経営体制の整備
を基軸に据えた。昭和35～37年度の第2次3カ年計画では，中小企業専門金融機関として一層の機能発揮と経営の近代化・体質改善を基本目標とした。昭和37年度からの基本方向推進3カ年計画では，次のように信用金庫の新しい方向をめざすこととされた。
(1) 地域金融機関としての方向を徹底し，中小企業を中心に地域内すべての人々との結びつきを強化する。

(2) 協同組合の原則は柔軟に適用する。
(3) 事業区域を経済圏,当面府県単位に拡大し,経営基盤を確立する。
(4) 経営の後進性を克服し合理化をはかる。
(5) 行政指導の弾力化を要望する。
(6) 生活金融の方向を強く志向する。

　昭和37年4月,大蔵省は,信用金庫の事業地区の拡張と相互銀行,信用金庫の同一債務者に対する信用供与限度の引き上げを認めた。これを契機に大蔵省当局もそれまでの府県単位の信用金庫行政を経済圏単位へ大きく転換させた。

　昭和39年4月,わが国はIMF (国際通貨基金)8条国へ移行し,経常取引の為替制限を廃止した。次いで,同月末OECD (経済協力開発機構)に加盟し,先進工業国に仲間入りした。これらを機に35年6月の貿易為替自由化計画大綱以来の自由化が一層強く推進され,わが国の開放経済体制への移行が加速された。開放経済体制への移行とともに経済全体の効率化が時代の要請となり,昭和42年10月,金融制度調査会は「中小企業金融制度のあり方」について答申し,「最も資金を必要とし,かつその資金使用の効果が最も高い部門に対し,より低利の資金が供給されることが金融の効率化である」と強調した。これを受けて,金融行政では従来過保護に慣れてきた金融界に競争原理を導入し,金融制度の再整備をはかる金融効率化行政が展開されるようになり,43年6月,「中小企業金融制度の整備改善のための相互銀行法,信用金庫法等の一部を改正する法律」と「金融機関の合併及び転換に関する法律」のいわゆる金融2法が制定された。

　昭和43年6月,金融制度調査会の答申に基づき,新しく中小企業金融の専門機関として信用金庫を位置づける信用金庫法の改正により,信用金庫制度は次のように改められた。

① **会員制度の強化**

　「従業員300人以下」とされてきた事業所会員の資格に,新しく「または資本金1億円以下」の基準が加えられ,そのいずれかに該当すればよいとされた。また,従来は単に「出資1口以上を有しなければならない」と規定されていた

出資の最低限度が、「東京都特別区または大蔵大臣の指定する人口50万人以上の市に主たる事務所を持つ金庫の会員は1万円以上、その他の金庫では5,000円以上」と定められ、会員意識の高揚と睡眠会員の整理促進がはかられた。

② 総代会制の改善

総代の選任は、会員の中から公平に選ばれるように改められた。また、総会の議決によらねばならなかった解散、合併、事業全部の譲渡など金庫存立に関する重要事項の決定も総代会で行えるよう、権限が拡大された。

③ 自己資本の充実

預金者保護の観点から、出資総額の最低限度が10倍(前記指定都市で1億円、他は5,000万円)に引き上げられた。

④ 業務範囲の拡大

従来、①預金(または定期積金)担保貸付、②地方公共団体貸付、③金融機関貸付に限られていた会員外貸出の範囲が広がり、新たに「卒業生金融」(事業の成長により会員資格を失った者に対する一定期間の融資)と30万円以下の「小口員外貸出」が行えるようになった。

また、付随業務では、内国為替取引、有価証券の払込金受け入れ、元利金・配当金の支払い、保護預かりの利用範囲が会員外にもひろげられた。

金融の効率化は、金融2法とともに、競争原理を高める一連の行政指導によって推進された。昭和44年3月期決算から統一経理基準が導入され、経営責任明確化のため一層厳しい経理態度が要請された。そして、その経過期間(3カ年)の終了とともに一定の範囲で配当規制が緩和されたが、信用金庫については行政指導で最高配当率年8％が据え置かれた。

金融2法の成立を機に、信用金庫界は、
(1) 中小企業の健全な発展
(2) 豊かな国民生活の実現
(3) 地域社会繁栄への奉仕
を新しいビジョンに「躍進5カ年計画」(昭和44〜48年度)を推進し、また昭和48年7月に会員資格の引き上げなどの信用金庫法の改正が行われた。

高度経済成長とともに、信用金庫業界は、業容の拡大、業績の向上を遂げたが、規模の拡大が重視されるあまり、協同組織としての充実がともなわず、一般金融機関化の傾向が強まった。「中小企業金融制度のあり方」の答申では、信用金庫の会員意識の希薄化が指摘され、そのため、金融2法は、信用金庫に対しては、与信面では協同組織性を残すとともに、受信面では一般金融機関性を持たせることを基盤に、信用金庫の体質強化をはかろうとした。昭和46年10月の信用金庫大会では「地域協調しんきん運動」の実施が採択され、「躍進第2次3カ年計画」（昭和48～50年度）では、「地域協調しんきん運動」を基調に体質強化が以下の7点によりはかられた。

(1) 地域協調しんきん運動を一層推進し、ビジョンの実現を期する。
(2) 地域内全企業、全世帯との取引実現をめざし、シェアを拡大する。
(3) 独自性の発揮、体質強化により競争力を強化する。
(4) 地域社会から信頼される金融機関として自己責任体制を確立する。
(5) 近隣金庫との融和を深め、相互協力して協調体制を強化する。
(6) 信用金庫および全信連の諸機能の拡充、為替のオンライン全国ネット化などにより業界総合力の発揮に努める。
(7) 役職員の能力向上と協力体制を一層推進する。

また、信用金庫業界は、オイルショック（第1次石油危機）以降の厳しい経営環境に対応するため、昭和51年度から、「安定成長3カ年計画」のもと、「地域密着の強化」、「経営体質の強化」、「人材育成と役職員協力体制の強化」による総合力の発揮に取り組んだ。さらに、昭和54年度からは、金融構造の変化に対応して信用金庫の独自性と経営体質の強化をはかり、社会的・公共的要請にこたえていくため「第2次安定成長3カ年計画」を策定し、協同組織の金融機関として地域との深い連帯感で結ばれ、運命共同体の立場にある信用金庫の独自性発揮に一層力を入れた。

金融2法の制定以来、金融効率化の要請が高まり、競争原理の導入と金利機能の活用が重視されるようになった。金融制度調査会は、「中小企業金融専門

機関等のあり方について」を審議し，昭和55年11月，金融機関に対する国民のニーズの多様化に対応し，3種類（相互銀行，信用金庫，信用組合）の中小企業専門金融機関がそれぞれに業務内容を拡充整備しながら，適正な競争により金融の効率化をはかる必要性を強調した答申を行い，中小企業専門金融機関それぞれの改善事項を列挙した。昭和56年6月，信用金庫法は改正され，

(1) 信用金庫にも外国為替業務取扱いの道が開かれた
(2) 法人会員資格の資本金基準額（2億円）が4億円へ引き上げられた
(3) 信用金庫が代理業務を行っている公庫・公団などの公金取扱いが認められた

など，信用金庫の機能は一段と拡充された。しかし，これが一層，金融機関の業務同質化を促し，競争原理がより大きく働く環境を生み，新金融効率化がますます強く追求されることとなった。

わが国の金利・金融の自由化は，昭和50年代はじめの大量国債の流動化に始まった。金融の自由化・国際化は金利と市場整備の面で顕著に進展し，これに関連して金融機関の業務面でも自由化・弾力化が進んだが，遅れがちの業際問題も金融制度改革の方向性が固まり，金融自由化は核心に迫った。

専門性，分業性をよりどころにしてきたわが国の金融制度は，経済・金融構造の変化，国民意識や金融ニーズの変化，さらには国際的な資本取引の拡大という時代にあって，すでに形骸化したと言われる。ことにオイルショック以後，普通銀行と専門金融機関の間では業務の同質化傾向が著しく，都市銀行などの中小企業向け，個人向け融資のリテール攻勢が中小企業専門金融機関，地域金融機関との間の競合を年々激化させた。また，利用者の側からも，業態を問わず総合的ないし広範多岐な金融機能の提供を望むニーズが増大し，金融機関の同質化が加速された。

昭和60年9月，金融制度調査会は「専門金融機関制度をめぐる諸問題研究のための専門委員会」（制度問題研究会）を設置し，制度問題研究会は，62年12月に「経済システムの効率化を進めるため（中略）各金融機関が競争原理により自律的に自らの専門分野あるいは経営上の力点，セールスポイントなどを選択

していく状態が生み出されることを期待する」との報告を行った。これを受けて、金融制度調査会第1委員会は昭和63年10月から協同組織金融機関のあり方を検討し、平成元年5月その中間報告(「協同組織金融機関のあり方について」)をまとめた。その概要は次のとおりである。

1．協同組織金融機関の基本的あり方
(1) 協同組織金融機関として、わが国には信用金庫、信用組合、労働金庫および農林系統金融機関の4業態が存在し、それぞれ中小企業、農林漁業者、個人などの金融の分野で活動している。
(2) 今後、一層の金融自由化と金融機関経営の効率化が展望される中で、以下の諸点を考慮すると、中小企業・個人等の分野で十分な金融サービスを確保するため、協同組織金融機関の存在は今後とも必要である。
① 中小企業・個人等は貸付規模が比較的小口であり、リスク判断に個別の事情を参酌する必要がある。取引先は多数にのぼり、金融ニーズもきわめて多様であるうえ、安定的な資金供給の確保が必要である。
② 協同組織形態を採ることにより、地縁・人縁を基盤に非営利組織の特質を発揮し、利用者ニーズに即したきめ細かな金融サービスの提供が可能になり、会員・組合員との強い密着性、連帯にもとづき、長期的な観点から借り手の立場に立った幅広い与信判断が期待される。

2．協同組織金融機関の業務のあり方
(1) 協同組織金融機関は、預金および貸出の基本業務について、会員・組合員との取引を中心とすることにより、相互扶助を基本理念とする協同組織の性格を維持することが重要である。
(2) その他の金融業務に関しては、会員・組合員の金融ニーズの多様化に対応するため、新規業務の遂行能力などを十分検討のうえ、弾力的な対応を行うのが適当である。
　このような弾力的対応を行っても、一般金融機関との業務の同質化が金融制度のあり方の上で直ちに問題になることはないと考えられるが、業務範囲の拡

大には協同組織の性格維持を基本とし，一般金融機関との同質化の問題が生じないよう留意する必要がある。

3．協同組織金融機関の組織のあり方

　協同組織の原則を損なわない範囲で，金融環境の変化や地域経済の実情に即し，組織および業務の弾力的運営が可能となるよう，適切な対応が必要である。

4．連合組織の役割および機能のあり方

　(略)

5．合併・転換

(1) 協同組織金融機関は総じて規模が小さく，金融自由化の進展などに対応し，経営基盤の強化，競争力の確保などのため規模の拡大が要請されることが多いため，合併については前向きの姿勢で対処することが期待される。

　　行政面でも，関係する協同組織金融機関の自主性を尊重しつつ，適切な合併はこれを推進するよう配慮する必要がある。

(2) 協同組織金融機関の4業種は，ひきつづき存続させることが必要であるが，業務面で一定の制約を課されているため，個別により広範囲な業務が可能な業態へ転換するための一つの方途として，「金融機関の合併及び転換に関する法律」にもとづく適切な対処が適当である。

　上記の報告は，協同組織金融機関の4業態について，会員または組合員を基盤とした相互扶助の非営利組織であること，地域の中小企業，個人に密着した地域密着性などを重視し，ますます多様化する地元企業，地域住民の金融ニーズにこたえ，長期的に安定した資金供給をはかるため，制度の存続はもとより，業務範囲拡充の必要性も確認している。

参考文献

Berger, A. N. and G. F. Udell, "A more complete conceptual framework for SME finance," *Journal of Banking & Finance*, 30, 2006, pp. 2945-2966.

Birchall, J. and L. H. Ketilson, "Resilience of the Cooperative Business Model in Times of Crisis", *International Labour Organization*, 2009, pp. 1-37.

Boyer R., *Finance Et Globalisation, La crise de l'absolutisme du march*, 2011（山田鋭夫・坂口明義・原田佳裕監訳『金融資本主義の崩壊　市場絶対主義を超えて』藤原書店，2011年5月）。

Chaney, P. K. and A. V. Thakor, "Incentive Effects of Benevolent Intervention— The Case of Government Loan Guarantees," *Journal of Public Economics*, 26, 1985, pp. 169-189.

Diamond, D. W., "Financial Intermediation and Delegated Monitoring," *The Review of Economic Studies*, Vol. 51, No. 3, July 1984, pp. 393-414.

Drucker, P., *Post Capitalist Society*, New York, Harper Business, 1993.

Elsas, R., "Empirical Determinants of Relationship Banking," *Journal of Financial Intermediation* 14, 2005, pp. 32-57.

Emmons, W. R. and W. Mueller, "Conflict of Interest between Borrowers and Lenders in Credit Cooperatives: The Case of German Co-operative Banks," *Working Paper Series* (The federal Reserve Bank Of St. Louis), 1997-009A, 1997.

Fama, E. F. and M. C. Jensen, "Separation of Ownership and Control," *Journal of Law and Economics*, Vol. 26, No. 2, June 1983 (a), pp. 301-325.

Fama, E. F. and M. C. Jensen, "Agency Problems and Residual Claims," *Journal of Law and Economics*, Vol. 26, No. 2 June 1983 (b), pp. 327-349.

Fay, C. R., *Co-operation at Home and Abroad : A Description and Analysis*, P. S. King & Son, 1908.

Gale, W. G., "Federal Lending and The Market for Credit," *Journal of Public Economics*, 42, 1990, pp. 177-193.

Gale, W. G., " Economic Effects of Federal Credit Programs," *American Economic Review*, Vol. 81, No. 1, March 1991, pp. 133-152.

Gale, D. and M. Hellwig, "Incentive-Compatible Debt Contracts : The One-Period Problem," *The Review of Economic Studies*, Vol. 52, No. 52, No. 4, Oct. 1985, pp. 647-663.

Georges, Fauquet, *Le Secteur Coopératif-Essai sur la place de l'Homme dans les Institutions coopératives et de celles-ci dans l'Economie*, 1935, 1942（中西啓之・菅伸太郎訳『協同組合セクター論』日本経済評論社，1991年12月）。

Hart, O. and J. Moore, "The Governance of Exchange : Members' Co-operatives versus Outside Ownership," *Oxford Review of Economic Policy* 12, 1996, pp. 53-69.

Hansmann, H., *The Ownership of Enterprise*, Harvard University Press, 1996.
Innes, R., "Investment and Government Intervention in Credit Markets when There is Asymmetric Information," *Journal of Public Economics*, 46, 1991, pp. 347-381.
Japanese Consumers' Co-operative Union, JCCUNews, January 2012.
Laidlaw, A. F., *Co-operatives in the Year 2000 : a study of trends and prospects of cooperative development and enterprise*, proposed synopsis of the study prepared by Dr. A. F. Laidlaw for the International Cooperative Alliance, January 1979 (日本協同組合学会訳編『西暦2000年における協同組合(レイドロー報告)』日本経済評論社, 1989年11月).
Macleod, G., *From Mondragon to America*, University College of Cape Breton Press, 1997 (中川雄一郎訳『協同組合企業とコミュニティ―モンドラゴンから世界へ―』日本経済評論社, 2000年11月).
MacIver, R. M., *Community*, London, Macmillan, 1917 (中 久郎・松本通晴訳『コミュニティー社会学的研究；社会生活の性質と基本法則に関する一試論』ミネルヴァ書房, 2009年7月).
Mankiw, N. G., "The Allocation of Credit and Financial Collapse," *The Quarterly Journal of Economics*, Vol. 101, No. 3, August 1986, pp. 455-470.
Marshall, A., *Co-operation*, 1889, In A. C. Pigou ed., *Memorials of Alfred Marshall*, Kelley & Millman, 1956.
Marshall, A., *Principles of Economics* (8th Ed.), Macmillan, [1890] 1920 (永沢越郎訳『経済学原理』岩波ブックサービスセンター, 1997年5月).
Marshall, A. and M. P. Marshall, *The Economics of Industry*, London : Macmillan and Co., First Edition 1879, Second Edition 1881 (橋本昭一訳『産業経済学』関西大学出版部, 1985年3月).
Panzar, J. C. and J. N. Rosse, "Testing for "Monopoly" Equilibrium," *Journal of Industrial Economics*, Vol. 35, No. 4, June 1987, pp. 443-456.
Penner, R. G. and W. L. Silber, "The Interaction between Federal Credit Programs and the Impact on the Allocation of Credit," *American Economic Review*, Vol. 63, No. 5, Dec. 1973, pp. 838-852.
Porta, F. L., F. Lopez-de-Silanes, and A. Shleifer, "Government Ownership of Banks," *NBER Working Paper Series* 7620, March 2000, pp. 1-47.
Pigou, A. C. ed., *Memorials of Alfred Marshall*, Kelley & Millman, 1956.
Smith, B. D. and M. Stutzer, "Credit Rationing and Government Loan Programs : A Welfare Analysis," *American Real Estate and Urban Economics Association Journal* 17, 1989, pp. 177-93.
Smith, B. D. and M. J. Stutzer, "Adverse Selection and Mutuality : The Case of the Farm Credit System," *Journal of Financial Intermediation* 1, 1990, pp. 125-149.
Thakor, A. V., "The Design of Financial Systems: An Overview," *Journal of Banking & Finance*, 20, 1996, pp. 917-948.
Townsend, R. M., "Optimal Contracts and Competitive Markets with Costly State Verification," *Journal of Economic Theory*, Vol. 21, 2, Oct. 1979, pp. 265-93.

Williamson, S. D., "Costly Monitoring, Financial Intermediation, and Equilibrium Credit Rationing," *Journal of Monetary Economics*, Vol. 18, September 1986, pp. 159-179.

Williamson, S. D., "Costly Monitoring, Loan Contracts, and Equilibrium Credit Rationing," *Quarterly of Journal Economics*, Vol. 102, No. 1, February 1987, pp. 135-46.

Williamson, S. D., "Do Informational Frictions Justify Federal Credit Programs ?" *Journal of Money, Credit and Banking*, Vol. 26, No. 3, Part 2, Aug. 1994, pp. 523-544.

青木　茂「生活者からみたコミュニティ・バンク」(川添　登・榊田喜四夫編［1978］第2章第2節)。

青木　武「協同組織金融機関の未来」『信金中金月報』2006年6月号，pp. 18-37。

青山保光『信用金庫法の解説』大蔵財務協会，1951年12月。

安孫子勇一「経済活動と貸出行動」(堀江康煕編『地域金融と企業の再生』中央経済社，2005年6月，第4章) pp. 85-114。

安孫子勇一「第6章　沖縄県の相対的な高金利―全国との比較による計量分析」(筒井・植村編［2007］)，pp. 161-192。

尼崎信用金庫『尼崎信用金庫70年史』1992年6月，尼崎信用金庫。

荒井一久「地域金融機関の課題―主として信用金庫を中心に」(吉野・藤田編［2007］第2章)，pp. 21-54。

石川英文『地域中小企業向け貸出市場の現実』中央経済社，2012年10月。

伊藤善市「地域開発とコミュニティ・バンク」(川添　登・榊田喜四夫編［1978］第1章第1節)。

井上有弘「信用金庫の規模の経済性と合併効果―生産関数の推計と合併事例による分析―」『信金中金月報』2003年2月増刊号，pp. 1-28。

岩佐代市編『地域金融システムの分析』中央経済社，2009年5月。

岩坪加紋「信用金庫・信用組合の現状と動向―環境変化と取引実態―」(岩佐代市編［2009］所収，第4章)。

岩坪加紋「協同組織金融の理念と現実―これまでとこれから―」(岩佐代市編［2009］所収，第5章)。

植村修一「第8章　地域銀行のガバナンス」(筒井・植村編［2007］)，pp. 225-248。

内田浩史「リレーションシップバンキングの経済学」(筒井義郎・植村修一編［2007］所収，第1章)。

内田浩史「リレーションシップバンキングは中小企業金融の万能薬か」(渡辺・植杉［2008］第4章)，pp. 109-136。

小川一夫「貸しはがしの影響は深刻だったのか」(渡辺・植杉［2008］第3章)，pp. 79-108。

小倉義明「第3章　地域金融市場の競争度と新規参入企業の融資利用可能性」(筒井・植村編［2007］)，pp. 81-100。

小野有人「リレーションシップ貸出における担保・保証の役割―中小企業庁『金融環境実態調査』に基づく実証分析―」『みずほ総研論集』2006年1号，pp. 1-41。

小野有人「担保や保証人に依存した貸し出しはやめるべきか」(渡辺・植杉［2008］第5章)，pp. 137-168。

賀川豊彦「自由組合論」(賀川豊彦全集刊行会編『賀川豊彦全集11』キリスト新聞社，1963年5月所収)。

賀川豊彦「家庭と消費組合」(賀川豊彦全集刊行会編『賀川豊彦全集11』キリスト新聞社，1963年5月所収)．

賀川豊彦「社会構成と消費組合」(賀川豊彦全集刊行会編『賀川豊彦全集11』キリスト新聞社，1963年5月所収)．

閣議決定「規制改革推進のための3カ年計画」2007年6月．

加藤秀俊「地域文化論」(川添 登・榊田喜四夫編 [1978] 第1章第3節)．

加納正二「第4章 リレーションシップバンキングはどのような場合に中断されるのか―関西地域における実証分析」(筒井・植村編 [2007])，pp. 101-126．

神吉正三「協同組織金融機関の『地区』に関する考察」『RIETI』(ポリシーディスカッションペーパー) 06―P―001，独立行政法人経済産業研究所，2006年6月．

神吉正三「第9章 協同組織金融機関の『地区』に関する考察」(筒井・植村編 [2007])，pp. 249-276．

川添 登・榊田喜四夫編『コミュニティ・バンク論―地域社会との融合をもとめて』京都信用金庫，1973年9月．

川添 登・榊田喜四夫編『コミュニティ・バンク論II』京都信用金庫，1978年9月．

川添 登「コミュニティ・バンクの歴史的意味」(川添 登・榊田喜四夫編 [1978] 序論)．

規制改革・民間開放推進会議「規制改革・民間開放の推進に関する第3次答申―さらなる飛躍を目指して―」2006年12月．

木村隆治「地域金融機関の課題について―主として信用金庫を中心に」(吉野・渡辺編 [2006] 第3章)，pp. 47-72．

清野 学「銀行融資：金融環境の変化と銀行の動き」(薮下史郎・武士俣友生編 [2002] 所収，第4章)．

金融制度調査会「新しい金融制度について」(答申)，1991年6月 (全国銀行協会連合会『金融』532，1991年7月所収)．

金融制度調査会金融制度第一委員会「協同組織形態の金融機関のあり方について」(中間報告)，1989年5月 (全国銀行協会連合会『金融』507，1989年6月所収)．

金融制度調査会金融制度第一委員会「協同組織金融機関の業務及び組織のあり方について」(作業部会報告)，1990年5月 (全国銀行協会連合会『金融』519，1990年6月所収)．

金融制度調査会金融制度第一委員会「地域金融のあり方について」(中間報告)，1990年6月 (全国銀行協会連合会『金融』520，1990年7月所収)．

金融制度調査会金融制度第二委員会「新しい金融制度について」(中間報告)，1989年5月 (全国銀行協会連合会『金融』507，1989年6月所収)．

金融制度調査会金融制度第二委員会「新しい金融制度について」(第二次中間報告)，1990年2月 (全国銀行協会連合会『金融』520，1990年7月所収)．

金融審議会報告「中期的に展望した我が国金融システムの将来ビジョン」2002年9月．

金融審議会金融分科会基本問題懇談会「報告～今次の金融危機を踏まえた我が国金融システムの構築～」2009年12月．

金融審議会金融分科会第二部会「リレーションシップバンキングの機能強化に向けて」2003年3月．

金融審議会金融分科会第二部会「地域密着型金融の取組みについての評価と今後の対応について―地域の情報集積を活用した持続可能なビジネスモデルの確立を―」2007年4月．

金融審議会金融分科会第二部会・協同組織金融機関のあり方に関するワーキング・グループ「中間論点整理報告書」2009年6月。
金融審議会・我が国金融業の中長期的な在り方に関するワーキング・グループ「我が国金融業の中長期的な在り方（素案）」2012年3月。
金融審議会金融分科会第二部会リレーションシップバンキングのあり方に関するワーキング・グループ「『リレーションシップバンキングの機能強化に関するアクションプログラム』の実績等の評価等に関する議論の整理」2005年3月28日。
金融庁「中小・地域金融機関向けの総合的な監督指針」2005年12月。
小平權一『産業組合金融 上』（産業組合全書）高陽書院，1936年10月。
小平權一『産業組合法』（解釋法令叢書）日本評論社，1938年2月。
小西 大・長谷部 賢「公的信用保証の政策効果」『一橋論叢』第128巻5号，pp. 522-533。
今 喜典『中小企業金融と地域振興』東洋経済新報社，2012年3月。
近藤万峰・播磨谷浩三「地域密着型金融推進行政の下における信用金庫の事業展開—名古屋市内での店舗展開に注目して—」『会計検査研究』第40号，2009年9月，pp. 43–54。
佐藤寛次『信用組合論』産業組合中央会，1918年，1922年（再版）（佐藤寛次『協同組合の名著 第4巻』家の光協会，1971年3月）。
佐藤寛次『新訂 産業組合講話』成美堂書店，1913年，1925年10月（再版）。
産業組合史編纂会編『産業組合発達史（第1巻）』産業組合史刊行会，1965年6月。
鹿野嘉昭『日本の金融制度（第2版）』東洋経済新報社，2006年7月。
島袋伊津子「銀行貸出におけるソフト情報生産に関する実証分析」『生活経済学研究』第22・23巻合併号，2006年3月，pp. 101-122。
信用金庫研究会編『信用金庫便覧2004』金融財政事情研究会，2004年9月。
全国信用金庫協会編『信用金庫読本（第7版）』金融財政事情研究会，2003年1月。
全国信用金庫協会編『信用金庫50年史』全国信用金庫協会，2002年。
全国地方銀行協会事務局・地方銀行読本編集委員会編『新・地方銀行読本』金融財政事業研究会，2006年10月。
信金中央金庫（地域・中小企業研究所）『全国信用金庫概況（2009年度）』2010年10月。
信金中央金庫『地域金融における新たな展開〜信用金庫経営への示唆として〜』（信金中央金庫総合研究所 金融研究会報告）2007年9月。
高橋克英『信金・信組の競争力強化策』中央経済社，2009年6月。
高橋俊樹『融資審査 第2版』（新金融実務手引シリーズ）金融財政事情研究会，2009年8月。
滝川好夫「なぜ地域金融機関は地域貢献活動を行うのか」『神戸大学経済学研究年報』51，2004年，pp. 1-16。
滝川好夫『リレーションシップ・バンキングの経済分析』税務経理協会，2007年2月。
滝川好夫『資本主義はどこへ行くのか 新しい経済学の提唱』PHP研究所，2009年2月。
滝川好夫「協同組織金融機関の特質と貸出条件」『経済学研究』年報58（2011）。
滝川好夫『大学生協のアイデンティティと役割 協同組合精神が日本を救う』日本経済評論社，2012年7月。
多胡秀人『実践！リレーションシップバンキング』金融財政事業研究会，2003年7月。
竹澤康子・堀 雅博・松浦克己「中小企業金融円滑化策と倒産・代位弁済の相互関係—EC3

SLSによる都道府県別パネル分析—」内閣府社会経済総合研究所ディスカッションペーパー NO. 87, 2004年2月。

谷地宣亮「信用金庫・信用組合の存在意義に関する一考察：金融制度調査会および金融審議会の報告書を中心に」『日本福祉大学経済学論集』40, 2010年3月, pp. 161-182。

谷地宣亮「信用組合の存在理由に関する考察：信用金庫業界が策定した長期経営計画を中心にして」『日本福祉大学経済学論集』42, 2011年3月, pp. 81-103。

谷地宣亮「信用組合の存在理由に関する考察：信組運動を中心にして」『日本福祉大学経済学論集』43, 2011年9月, pp. 79-101。

筒井義郎・植村修一編『リレーションシップバンキングと地域金融』日本経済新聞出版社, 2007年5月。

筒井義郎「序章　今、なぜ中小企業金融・地域金融が重要なのか」(筒井・植村編 [2007])、pp. 1-10。

筒井義郎「第5章　地域分断と非効率性」(筒井・植村編 [2007])、pp. 127-160。

筒井義郎「終章　地域金融の活性化に向けて—課題と展望」(筒井・植村編 [2007])、pp. 311-319。

中小企業庁編『中小企業白書（平成13年度）』(中小企業庁事業環境部企画課調査室「企業資金調達環境実態調査」2001年)、ぎょうせい、2001年5月。

中小企業庁編『中小企業白書（平成14年度）』(中小企業庁事業環境部企画課調査室「金融環境実態調査」2002年)、ぎょうせい、2002年5月。

中小企業庁編『中小企業白書（平成15年度）』(中小企業庁事業環境部企画課調査室「企業金融環境実態調査」2003年)、ぎょうせい、2003年5月。

中小企業庁編『定本　中小企業等協同組合法詳解』学陽書房、1952年10月。

中小企業庁編『定本　中小企業等協同組合法逐次解説』中小企業調査協会、1971年7月。

寺岡寛『中小企業の社会学—もうひとつの日本社会論—』信山社、2002年7月。

刀禰和之・品田雄志「信用金庫の定期積金の動向」『信金中金月報』第11巻第11号、2012年11月、pp. 56-58。

富永健一「企業の社会的責任の考え方について」(川添登・榊田喜四夫編 [1978] 第2章第3節)。

中原准一「産業組合法の制定経過について（序）」『北海道大学農經論叢』第28集、1972年3月、pp. 94-110。

中村中・森田昭男『中小企業と地域活性化のための　リレーションシップバンキング』中央経済社、2004年6月。

新田町尚人「信用金庫の貸出しにおける担保の実証分析」Mimeo, 2012。

日本銀行金融研究所「『組織形態と法に関する研究会』報告書」『金融研究』2003年12月。

日本経済新聞「『共助の時代』担う力を大きく育てよう（新しい日本を創る　最終回）」(社説) 2011年5月9日。

日本生活協同組合連合会編『21世紀を拓く新しい協同組合原則』コープ出版、1996年1月。

貫井志幸「中小企業と信用金庫」(吉野・渡辺編 [2006] 第4章)、pp. 73-92。

根本忠宣「欧米における協同組織金融機関改革の現状と展望」『貯蓄経済季報』(日本郵政公社)、2005年冬号、pp. 1-28。

根本忠宣「日本の金融機関における審査体制とソフト情報の収集・活用〜中小企業向け融資

におけるリレーションシップ形成のインセンティブ要因~」『商工金融』商工総合研究所, 2011年1月号, pp. 8-37。
野間敏克「第7章 地方銀行パフォーマンスと地域経済―地域における『金融深化』とは」（筒井・植村編［2007］), pp. 193-224。
蓮池公咲『産業組合法通義』高陽書院, 1934年10月。
長谷川 勉『協同組織金融の形成と動態』日本経済評論社, 2000年7月。
長谷川 勉「協同組織金融における社会関係資本へのアプローチ」（信金中央金庫［2007］所収), pp. 55-91。
原 司郎『地域金融と制度改革』東洋経済新報社, 1990年8月。
花輪俊哉「福祉金融とコミュニティ・バンク」（川添 登・榊田喜四夫編［1978］第2章第1節）。
平田東助『産業組合法要義』大日本産業組合中央会, 1899年8月（平田東助・杉山孝平・高橋昌・横井時敬・品川弥二郎『協同組合の名著 第1巻』家の光協会, 1970年10月）。
平田東助・杉山孝平『信用組合論』楽善堂, 明治24年（平田東助・杉山孝平・高橋昌・横井時敬・品川弥二郎『協同組合の名著 第1巻』家の光協会, 1970年10月）。
星野靖雄「信用金庫の合併効果の計量分析」『オイコノミカ』第21巻第2・3・4合併号, 1985年, pp. 379-393。
細野 薫「中小企業向け融資は適切に金利設定されているか」（渡辺・植杉［2008］第2章), pp. 49-78。
堀内昭義・倉沢資成「中小企業金融専門化規制の帰結」『季刊現代経済』17, Spring 1975, pp. 96-113。
堀江康熙「地域金融機関の行動分析」『経済学研究』（九州大学経済学会）第64巻第1・2号, 1997年9月, pp. 15-37。
堀江康熙「地域経済と金融（上）合併効果, コスト削減前提」日本経済新聞, 2002年7月10日。
堀江康熙『地域金融機関の経営行動』勁草書房, 2008年8月。
堀江康熙・川向 肇「信用金庫の営業基盤と合併問題」『経済学研究』第68巻第4・5号, 九州大学経済学会, 2002年8月, pp. 83-116。
間下 聡「信用金庫と地域銀行の地域密着型金融への取組み」『信金中金月報』2006年6月号, pp. 4-17。
間下 聡「地域密着型金融推進計画の業態別実施実績と今後の課題」（信金中央金庫［2007］所収), pp. 92-109。
松原治郎「地域社会論」（川添 登・榊田喜四夫編［1978］第1章第2節）。
峰岸信哉「信用金庫・信用組合の市場競争度」『生活経済学研究』34, 2011年9月, pp. 1-14。
村上真理「協同組織金融機関における組合員のローン行動：JA信用事業をモデルとした考察」『パーソナルファイナンス学会年報』11, 2011年7月, pp. 30-45。
村上義昭「中小企業の役割」（薮下史郎・武士俣友生編［2002］所収, 第1章）。
村本 孜『リレーションシップ・バンキングと金融システム』東洋経済新報社, 2005年2月。
村本 孜「リレーションシップ・バンキングの充実に向けて―ソフト情報としての知的資産経営―」（信金中央金庫［2007］所収), pp. 1-25。

村本　孜『リレーションシップバンキングと知的資産』金融財政事情研究会，2010年12月。
安田行宏「信用金庫の貸出行動と信用保証との関係についての実証分析」『東京経大学会誌』第268号，2010年11月，pp. 19-35．
安田原三・相川直之・笹原昭五編『いまなぜ信金信組か』日本経済評論社，2007年10月。
柳田国男『最新産業組合通解』1902年（柳田国男・岡田良一郎・福住正兄・加納久宜『協同組合の名著　第 2 巻』家の光協会，1971年 5 月）。
家森信善『地域金融システムの危機と中小企業金融』千倉書房，2004年 3 月。
家森信善『地域金融システムの危機と中小企業金融―信用保証制度の役割と信用金庫のガバナンス―』千倉書房，2004年 3 月。
家森信善・内田委千弘「信用金庫の経営と地域経済活動の関係について」『信金中金月報』2007年 2 月（増刊号），pp. 1-15．
家森信善「第 2 章　リレーションシップバンキング機能は強化されたか―関西地域企業アンケートに基づく分析」（筒井・植村編［2007］），pp. 47-80．
薮下史郎『金融システムと情報の理論』東京大学出版会，1995年10月。
薮下史郎・武士俣友生編『中小企業金融入門』東洋経済新報社，2002年 9 月。
薮下史郎「中小企業と金融」（薮下史郎・武士俣友生編［2002］所収，序章）。
湯野　勉編『京都の地域金融』日本評論社，2003年 3 月。
吉野直行・藤田康範編『中小企業金融と金融環境の変化』（信金中央金庫寄付講座　中小企業金融論第 3 巻）慶応義塾大学出版会，2007年 3 月。
吉野直行・藤田康範・土居丈朗編『中小企業金融と日本経済』（信金中央金庫寄付講座　中小企業金融論第 1 巻）慶応義塾大学出版会，2006年 8 月。
吉野直行・渡辺幸男編『中小企業の現状と中小企業金融』（信金中央金庫寄付講座　中小企業金融論第 2 巻）慶応義塾大学出版会，2006年 8 月。
ロバート・シラー「世界経済　危機脱却の処方箋は」（「日曜に考える」）『日本経済新聞社』2012年 5 月20日。
渡辺　努・植杉威一郎編『検証　中小企業金融』日本経済新聞出版社，2008年 9 月。
2012国際協同組合年（IYC）全国実行委員会『2012国際協同組合年ってなに？〜日本の協同組合のいま〜』IYC全国実行委員会。

索　　引

1995年 ICA 声明　1
CSR（企業の社会的責任）　17
ICA（国際協同組合同盟）　5
　　――の定款　14
OHR　107
RAROA（リスク調整後資産収益率）　238
RAROC（リスク調整後資本収益率）　238

〔あ〕

アクションプログラム　207
安全性　89
1店舗当たり
　　――貸出金残高　134
　　――業務純益　132
　　――預金残高　134
一般金融機関　265
　　――性　56
一般融資　91
員外貸出　41
運営上の効率性　87
運動　2, 18
営利　10
　　――性　12
　　――法人　30
エクィティによる資金調達手段　199
エージェンシー問題　73
オペレーション　46
オペレーショナル・リスク　215, 216

〔か〕

会員　31
　　――資格　26, 33, 181
　　――数　89
会員・組合員
　　――間の相互チェック　178
　　――資格　56
　　――の選好　76
会員率1　140

会員率2　140
外部担保　93, 222
外部負債比率　97
賀川豊彦　6, 256
格付け　215
貸出
　　――期間　241
　　――供給関数　78, 248
　　――需要関数　78, 248
　　――取引におけるリレーションシップ　148
　　――の基準金利算出マニュアル　240
　　――の予想損失額　215
　　――ハーフィンダール指数　189
　　――ポートフォリオ　216
　　――利回り　251
貸出金　126
　　――格差　115
　　――の貸出先別構成　92
　　――の金利別構成　92
　　――の形態別構成　93
　　――の残存期間別構成　92
　　――の使途別構成　92
　　――の担保・保証別構成　93
　　――の特性　91
　　――ローレンツ曲線　116
貸出金利　83, 238
　　――設定の実際　246
　　――の構成要素　238
　　――の水準　237
　　――の設定　216, 248
　　――の平準化　235
貸手・借手間の情報の非対称性　203
貸手としての組合員　73
株主主導型経営　73
借入者
　　――志向　74
　　――余剰　80

284　索　引

――― 利益　74
借入・預金選好の加重平均志向　86
借手・貸手の属性　238
借手としての組合員　73
監視　77
監事　48
間接有限責任　11
監督機関　26, 179
期間スプレッド　242
企業
　――― 短期経済観測結果　226
　――― の最適な資金調達構造　199
　――― のタイプ　200
議決権　27
疑似エクイティ的融資　122
基準金利　243
期待損失額（信用コスト）　238
規模変数　125
逆選択モデル　223
逆選択問題　177
狭域高密度取引　261
業種リスク　253
競争の激しさ　188
共通金融機関評価システム（CAMELS）
　　102
協同組合　8, 19
　――― 金融　39
　――― 主義　265
　――― 人　18
　――― 性　1, 51
　――― 精神の4つの価値　15
　――― のアイデンティティ　13
　――― の価値観　14
　――― の経済的目的　19
　――― の根拠法　8
　――― の社会的目的　19
　――― の整理分類　7
　――― の存在理由　14
　――― の定義　14
　――― の7つの原則　14, 15
　――― の名称　8
　――― の理念型　11

　――― 法　11
　――― 4原則　25
協同組合組織性　41, 139
　――― の総合的指標　139, 140
　――― のランキング　141
協同組合組織の6つの価値　14
協同性　74
協同組織金融機関　1, 54, 230
　――― の経済的特質　229
　――― の目標　76
　――― 法　175
協同組織形態　55
　――― を採ることの意義　204
協同組織性　55, 152
業務粗利益率　104
業務分野規制　112
寄与率　130
銀行　30
　――― 信用のアベイラビリティ　205
　――― 法　30, 112
金融
　――― 機関間競争　205
　――― 機関性　51
　――― 検査マニュアル　253
　――― サービスの均霑　60
　――― 審議会　38, 71
　――― 制度調査会　40, 54
　――― 仲介機関の経済的特質　74
　――― 仲介の効率性　85
　――― と実物の1対1の対応　169
金利上乗せの根拠　229
金利更改期間　241
区域（事業地区）　4, 23, 176
区域・地区の意義　181
組合員　31
　――― 資格　31, 179
　――― の信条　14
　――― の相互扶助　11
軍需融資指定金融機関制度　257
景気予測調査　226
経常収益経常利益率　104, 131
経費効率性　89, 126, 133

経費率　242
健全性　89, 125
公益性　13
講学上の中間法人　10
公共性　13
合成変量　125
　　──の分散　129
公的金融　203
公的保証制度　203
行動特性　152
高リスク借手　229, 237
効率性　89, 125
国際協同組合年（IYC）　6
国債消化機関　257
小口員外貸出　59
コミットメントコスト　236, 252
コミュニティ　172
　　──バンク　172
固有値　129
固有ベクトル　129

〔さ〕

債務者格付　241
産業組合　2
　　──法　23, 255, 263
　　──法案　2, 176
市街地信用組合　23, 255
　　──法　23
事業　2, 18
　　──パフォーマンス　125
事業地区　39, 89
　　──の特性　98
資金運用勘定の利回り　105
資金運用利回り　89
資金調達勘定の利回り　105
資金調達源泉　200
資金配分の効率性　87
自己資本比率　106, 131
資産の部　89
市場
　　──金利　242
　　──集中度　251

　　──性　74
　　──リスク　215, 216
システムリスク　215
私的独占禁止法　25
ジニ係数　115
事務リスク　215
地元還流率　186
収益性　89, 125
主成分　125
　　──得点　126
　　──分析法　125
出資　26, 34
出資者への配当率　230
主要行等　169
シュルツェ式の信用組合　2, 18
純資産
　　──当期利益率　132
　　──の部　89
　　──利益率　104
常勤役職員1人当たり
　　──貸出金残高　134
　　──業務純益　132
　　──預金残高　134
情報の非対称性　177
剰余金の配当　29
昭和2年の金融恐慌　257
所管行政庁　179
職員外理事　47
所有者構造　76
所有と経営の分離　73
人格
　　──金融　53
　　──経済　18
　　──平等　15
　　──民主主義　47
信金中央金庫　49
人件費率　106, 133
申請区分　243
申請レート　241
人的リスク　215
信用
　　──コスト　241

286　索　引

──の利用可能性　234
──排除　224
──保証　224
──保証協会　203
──リスク　215, 216
──リスク・エクスポージャー　92
──リスク管理　215
──リスクに応じた貸出金利　229
──リスクに応じた適正金利　236
──割当　224
信用（無担保・無保証）　94
──に基づく貸出　148, 151
信用協同組合　31, 258
信用金庫　23, 113
──貸出　219
──が直面しているリスク　215
──業界　123
──数　53
──のアイデンティティ　38
──の安全性　108
──の会員資格　40
──の貸出シェア　114
──の貸出利回り　245
──のガバナンス　45
──の規模　126
──の規模別特性　91
──の業務範囲　41
──の業務目的　43
──の経営理念　40
──の経費効率性　106, 133
──の決算開示　48
──の健全性　106, 130
──の行動特性　167
──の効率性　106, 132
──の互助性（非営利性）　195, 250
──の事業　29, 32
──の事業パフォーマンス　91
──の収益性　102, 131
──の順位付け　126
──の所在地別特性　91
──の生産性　107, 134
──の存在意義　62

──の存在理由　51
──の地域別特性　98
──の地域別分類基準　121
──の定款　32
──の定義　26
──のディスクロージャー誌　92
──の特性　90, 167, 248
──のビジョン　139
──の本業　41
──の3つのビジョン　43
──の役割　62
──の預金シェア　114
──の利益構造　102
──のリスクテーキング度　151
──のリレーションシップ度　148
──のリレーションシップ・バンキング　204
──のリレーションシップ・バンキング性　149
──のリレーションシップ・バンキング度　250
──の連合会　49
──ベースH統計量　191
──法　23, 24, 174, 175, 259
──法案　266
信用金庫らしさ　139, 152
──指標　152
信用金庫連合会　24
──の事業　29
信用組合　2, 23, 24
──の事業　31
──法案　2, 175, 263
スーパー・リージョン　172
政策金融　223
──機関　124
──による信用保証　228
──による直接貸出　228
生産性　89, 126
制度融資　91
政府系金融機関　203
政府の失敗　18
専決　243

索　引　287

専門金融機関　112
総会　36
総合的
　――規模指標　126
　――経費効率性指標　133
　――健全性指標　131
　――効率性指標　133
　――指標　126
　――収益性指標1　131
　――収益性指標2　132
　――生産性指標1　134
　――生産性指標2　135
　――地域金融機関性指標　143
　――中小企業金融機関性指標　146
　――リレバン性指標　149
相互庶民銀行　258
相互組織の本質　179
総資金利鞘　104
総資産経常利益率　131, 132
総資産利益率　103
総代会　28, 36, 47
想定デフォルト率　241
組織運営　56
組織形態　10
卒業生金融　31, 205
ソフト情報収集度　123

〔た〕

第1次産業組合法案　175
第1主成分　129
大企業　226
大銀行（メガバンク）　169
貸借対照表　89
大都市圏　89
　――以外　89
第2主成分　129
第二地方銀行　112
代表理事　35
代理融資　91
担保　222
担保カバー率算出表　241
担保・保証条件　238

地域　169, 172
　――CLO　184
　――間経済格差の是正　60
　――銀行　38, 112
　――金融　38, 169, 170
　――集中リスク　70, 181, 184
　――情報のネットワーク　207
　――の範域　196
地域金融
　――市場の競争度　189, 205, 251
　――の定義　170
　――の役割　61
地域金融機関　38, 44, 51, 112, 152, 169
　――の特徴　174
地域金融機関性　51, 139
　――の尺度　186
　――の総合的指標　143
地域別　89
地域密着型金融　63, 207
地縁性・人縁性　261
地区（事業地区）　33, 123, 169, 174, 175
　――の高齢化率　98
　――の人口密度　98
　――範囲　56
　――面積　98
　――を定める理由　177
地方銀行　112
中堅企業　226
中小企業　226
　――金融機関性　51, 114, 139, 152
　――金融機関性の総合的指標　144, 146
　――金融機関度　146
　――金融の特徴　199
　――個人等専門金融機関　44
　――の資金調達　201, 202
　――の資金調達条件　233
　――の資金調達の特徴　201
　――の融資利用可能性　205
　――白書　201, 233
中小企業等協同組合法　24, 175, 258, 265
　――に基づく信用組合　24
中小企業等向け貸出の1件当たり平均残高

288 索引

146
中小銀行　169
中小工業問題　256
中小・地域金融機関　113, 169, 173
直接貸出　224
直接融資　203
貯蓄奨励機関　257
通常総会　28
低リスク借手　229, 237
デット・エクイティ・スワップ　122
デットによる資金調達手段　199
デフォルト確率　238
デフォルト時の損失率　238
店舗
　———数　89
　———ハーフィンダール指数　189
　———の特性　98
　———配置密度　143
道徳金融　53
特性値　125
独占禁止法　11
都市銀行　112
都道府県内
　———貸出シェア　186
　———店舗率　186
　———預金シェア　186

〔な〕

内部格付（信用度合）　238
内部担保　93, 222
人間本位の金融　53
農林系統金融機関　23

〔は〕

配当　38
ハイブリッド型ファイナンス　236
発展性　89
ハーフィンダール指数　188
非営利　19, 252
　———相互扶助組織　77
　———法人　30
1株1票　76

人の結合体　177
1人1票　16, 20, 76, 82
風評リスク　215
負債の部　89
普通銀行　73, 230
物件費率　107, 133
不良債権比率　106, 131
プリンシパル・エージェント　73
フルビジネスライン度　104
平均短期借入金利　233
変動係数　136
変量　125
法人格　10
法定準備金　29, 38
法務リスク　215
保証　93, 222
保全率別信用コスト　241
本申（本部申請）　243

〔ま〕

マクファーソンの最終案　15, 19
マネジメント　46
メインバンク機能　205
目的規定　30
モラルハザード　177, 178
　———防止策　219
　———モデル　223

〔や〕

役員　28, 35
役職員数　89
役職員の特性　97
有形資産リスク　215
預金
　———格差　115
　———金利　83
　———ハーフィンダール指数　189
　———ローレンツ曲線　116
預金者
　———志向　74, 85
　———余剰　80
　———利益　74

預金積金　126
　　───の会員・会員外別構成　96
　　───の特性　95
　　───の満期別構成　95
　　───の預金者区分別構成　96
預金取扱金融機関　73
預証率　257
与信科目　240
与信金額　240
預貸率　143, 167

〔ら〕

ライファイゼン式の信用組合　2, 18
利益（業務粗利益）の構造　104
利鞘　242
理事会　28, 36, 48
利子負担補償　230
利子補給　224

リージョン　172
リスクテーキング度　151
リスクを加味した収益性評価指標　238
流動性リスク　215, 216
利用者主導型経営　73
リレーションシップ
　　───貸出　123, 206
　　───貸出度　149
　　───・バンキング　63, 227
　　───・バンキング依存度　205
　　───・バンキング機能　205
　　───預金度　149
リレバン度　215
累積寄与率　135
レイドロー報告　19
労働金庫　23
ローレンツ曲線　115

執筆者紹介

1953年　兵庫県に生まれる
1978年　神戸大学大学院経済学研究科博士前期課程修了（矢尾次郎ゼミ）
1980-82年　アメリカ合衆国エール大学大学院
1993-94年　カナダブリティシュ・コロンビア大学客員研究員
現在　神戸大学大学院経済学研究科教授（金融経済論，金融機構論）

主要著書

『現代金融経済論の基本問題－貨幣・信用の作用と銀行の役割－』勁草書房，1997年
『ケインズなら日本経済をどう再生する』税務経理協会，2003年
『あえて「郵政民営化」に反対する』日本評論社，2004年
『ファイナンス理論【入門】』PHP研究所，2005年
『リレーションシップ・バンキングの経済分析』税務経理協会，2007年
『どうなる「ゆうちょ銀行」「かんぽ生保」　日本郵政グループのゆくえ』日本評論社，2007年
『ケインズ経済学を読む：『貨幣改革論』『貨幣論』『雇用・利子および貨幣の一般理論』』ミネルヴァ書房，2008年
『資本主義はどこへ行くのか　新しい経済学の提唱』PHP研究所，2009年
『サブプライム危機―市場と政府はなぜ誤ったのか―』ミネルヴァ書房，2010年
『図解雑学　ケインズ経済学』ナツメ社，2010年
『図でやさしく読み解く　ケインズ『貨幣改革論』『貨幣論』『一般理論』』泉文堂，2010年
『サブプライム金融危機のメカニズム』千倉書房，2011年
『大学生協のアイデンティティと役割　協同組合精神が日本を救う』日本経済評論社，2012年

[JCOPY]〈(社)出版者著作権管理機構　委託出版物〉

本書のコピー，スキャン，デジタル化など無断複写は著作権法上での例外を除き禁じられています。複写される場合は，そのつど事前に（社）出版者著作権管理機構（電話03-3513-6969, FAX 03-3513-6979, e-mail: info@jcopy.or.jp）の許諾を得てください。また，本書を代行業者などの第三者に依頼してスキャンやデジタル化することは，たとえ個人や家庭内での利用であっても一切認められておりません。

『信用金庫のアイデンティティと役割』

2014年4月10日　初版第1刷発行

著作者　滝川好夫

発行者　千倉成示

発行所　㈱千倉書房　〒104-0031 東京都中央区京橋2-4-12
　　　　　　　　　電　話・03（3273）3931㈹
　　　　　　　　　http://www.chikura.co.jp/

©2014滝川好夫, Printed in Japan
印刷・シナノ書籍印刷／製本・井上製本所
ISBN978-4-8051-1025-6